세계 복음화를 위한
로잔운동의 역사와 신학

세계 복음화를 위한
로잔운동의 역사와 신학

조종남 박사 지음

신교횃불

추천사

한국교회는 위기에 처해있다. 신학적 측면에서도 그렇고 윤리적 측면에서도 그렇다. 둘 다 교회의 퇴락의 원인이다. 한국교회를 신학적으로나 윤리적으로나 위기에서 구할 수 있는 대안이 무엇인가? 우리는 그것이 〈로잔운동〉이라고 믿는다. 〈로잔운동〉의 정신이 무엇인지, 그 신학이 무엇인지를 한국교회에 널리 알리는 것은 아마도 한국교회를 위기에서 탈출시키고 새롭게 하며 건강하게 할 가장 믿을 만한 길일 것이다.

〈로잔운동〉의 역사와 신학을 일목요연하게 정리한 저서가 나왔다. 저자 조종남 박사는 초교파적으로 널리 알려진 신학자이기도 하지만 특히 〈로잔운동〉에 관해서 한국의 권위자이다. 그는 〈로잔운동〉이 태동할 때부터 그 운동에 참여해왔으며 국제로잔위원회, 아시아로잔위원회, 한국로잔위원회의 지도자로서 열정적으로 활동한 〈로잔운동〉의 산 증인이다. 〈로잔운동〉의 모든 것을 정리하여 한 데 모은 그의 새 저서 〈세계복음화를 위한 로잔운동의 역사와 신학〉은 신학생들을 의한 교재로 뿐 아니라 평신도 교육용으로도 귀중하게 활용될 것이며 〈로잔운동〉의 이해를 돕는 최고의 입문서로서의 독보적인 지위를 오래 유지할 것을 믿어 의심치 않는다.

이수영
(한국로잔위원회 의장, 새문안교회 담임목사)

추천의 글

세계 복음화를 위한 로잔운동의 세계 선교사적 의미와 그 중요성은 원 사도들의 복음 사역이래 강조를 하지 않아도 로잔의 위치와 함께 자타가 공인하는 바다.

WCC와 WEA와 같은 국제적 연합 기구와 달리 로잔은 조직보다는 하나의 운동(movement)으로 신학적으로 WCC나 WEA 어느 편에 서 있든지 예수 그리스도의 복음 전도를 교회의 우선 순위로 놓는 이라면 누구나 참여할 수 있다.

1974년 1차 로잔대회부터 지금까지 모든 로잔대회에 직접 참여하시고 아시아와 한국 로잔위원회 창설 멤버로 공헌하신 조종남 박사께서 「로잔 운동의 역사와 신학」이라는 뜻있는 책을 펴낸 것은 한국교회 지도자들과 특히 선교 신학에 관심을 갖고 있는 이들에겐 큰 자산을 물려받는 계기가 될 것이다.

조직 신학자로서 로잔 신학이 성경에 근거한 건강한 신학임을 입증함으로 신학문제로 교단 분열과 교회가 찢어지고 있는 한국 교계에 가늠대와 같은 척도를 제시했다 할 수 있을 것이다. 남북통일이 되어 북한에 교회를 세우게 될 때 한국의 수백 개의 교단마다 자기들 교파를 심는다면 복음 전도에 큰 혼란이 야기 될 것이 분명하다. 우리는 세계복음주의자들이 공인한 로잔 언약을 근거로 한 공동신앙 선언문을 이미 한기총 신학위원회로 하여금 만들어 통일된 한국교회를 세워야 할 것을 제시한 바 있다.

땅 끝까지(공간적으로), 세상 끝 날까지(시간적으로), 모든 세상에(Whole World) 모든 복음을(Whole Gospel) 모든 교회가(Whole Church) 전하자는 로잔 운동의 확산을 우리 주님은 간절히 소원하실 것임으로 이 일에 관심 있는 이들의 일독을 권하면서 독자와 함께 이 책이 세상에 나오기까지 집필에 수고하신 조종남 박사께 고마운 마음을 드린다.

이 종 윤
(아시아로잔위명예의장, 서울교회원로목사, 한국기독교학술원원장)

서 문

20세기 세계 선교의 이정표를 이룩했던 선교운동은 1910년에 열렸던 영국의 에든버러 세계선교대회이다. 이를 뒤이어 국제선교협의회(The International Missionary Council)가 조직되어 활동하여 오다가, 1961년에 세계교회협의회(WCC)에 흡수되어, 그 안에 선교위원회(Commission on World Mission and Evangelism)로 오늘날의 선교에 있어 하나의 전통을 세워오고 있다.

이러한 세계적인 운동에 견줄 수 있는 또 하나의 선교 운동이 있다. 그것이 바로 세계복음화를 위한 로잔운동이다. 이 운동은 1974년에 시작되어 오늘날 폭넓게 세계적으로 일어나고 있는 복음주의 선교운동이다.

필자는 이 운동에 시작부터 깊이 참여하여 왔다. 로잔운동의 태동이라고 할 수 있는 1966년 독일, 베를린에서 열린 세계전도대회(World Congress on Evangelism)에 참석하는 것을 시작으로, 1974년 제1차 로잔대회는 물론, 그 후의 로잔의 주요 대회와 신학협의회에 참여하였다. 그리고 1974년에 초대 로잔위원회의 위원으로 활동하였으며, 이후 로잔국제위원회의 부의장으로 10년간, 아세아로잔위원회의 의장으로 15년간 봉사하였다. 뿐만 아니라 한국에서는 한국로잔위원회의 창립멤버이며, 임원으로 지속적인 활동을 하였으며, 현재 고문으로 섬기고 있다.

필자는 로잔운동을 사랑한다. 이 운동이야 말로 오늘의 세계선교에서 가중 중요한 역할을 담당하고 있다고 믿는다. 따라서 이 운동이 보다 많은 사람에게 바로 알려져 더 많은 참여자들이 생기기를 소원한다. 이를 위하여 로잔에 관한 문헌의 일부를 한국어로 번역하였다. 그리고 1990년에 『로잔 세계복음화 운동의 역사와 정신』이라는 책을 출판하였다. 현재는 횃불 트리니티 신학대학원 대학교에서 '로잔운동의 역사와 신학' 이라는 과목을 강의하고 있다. 이에 필자는 1990년에 출판한 그 책을 보완하여 출판할 필요를 느꼈고, 이번에 이 책을 집필하게 되었다.

이 책에서는 3부에 걸쳐 로잔운동을 소개한다. 1부와 2부는 로잔운동의 역사 편으로, 1부에서는 1966년의 세계선교대회로부터 제1차 로잔대회와 2차, 3차 로잔대회를 거치면서 로잔이 걸어온 역사를 다루고, 2부에서는 아세아와 한국에서의 로잔의 활동을 다루었다. 3부에서는 로잔신학을 다루었다. 로잔의 신학은 로잔언약을 중심으로 다루었으며, 로잔언약의 내용을 확인하며 보완한 마닐라선언문과 케이프타운서약서를 참고하여 서술하였다. 또한 스토트(Stott) 박사가 저술한 『로잔언약에 대한 해설(LOP 3)』을 비롯하여 최근에 나온 로잔에 관한 여러 소논문들을 참고하였다. 마지막으로 부록에 로잔언약, 마닐라선언문 그리고 케이프타운서약의 번역문을 수록하였다.

이 책이 세계복음화를 위한 로잔운동을 이해하고자 하는 신학생과 여러 성도들에게 큰 도움이 되며, 세계복음화, 곧 온 세계교회를 불러 온전한 복음을 온 세상에게 선포하는 하나님의 선교사역에 도전과 격려가 되기를 희망한다.

끝으로 이 책을 출판함에 있어 원고 정리에 도움을 준 박영미, 박수진 전도사와 출판을 맡아 준 선교햇불의 김수곤 장로님께 감사를 표한다.

2013년 8월 8일
저자 조종남
(한국로잔위원회 고문, 전 서울신학대학)

세계선교대회, 개회식(1966)

로잔1차대회(1974)

개회 설교하는 그래함 목사(1966)

로잔 2차대회(1989)

2004포럼(2004)

로잔 3차대회(2010)

ALCOE V, (2002-r)

Alcoe 6 (2006)

기자회견 장면(2002)

성경강해하는 존 스토트(1966)

존 스토트와 조종남

기조연설하는 조종남의장(1992, ALCOE III)

로잔 아시아 위원들과(1992)

로잔 중앙위원들(1998 카나다에서)

로잔위원회 회장 버셀과 함께. 이종윤, 조종남

로잔위원회 전의장 버셀과 신임의장 말콤오(2013)

목차

추천의 글 / 5
저자의 서문 / 8
약어표 / 18

I. 로잔운동의 태동과 역사

I-1. 로잔운동의 역사적 배경과 세계 선교대회(1966) / 21
I-2. 제1차 로잔대회(1974)와 로잔운동의 성격 / 26
I-3. 제2차 로잔대회(1989)와 그 후의 과도기 / 33
I-4. 세계선교를 위한 2004 포럼(2004) / 39
I-5. 제3차 로잔대회(2010)와 그 후 / 44

II. 아세아에서의 로잔운동

II-1. 아시아 로잔위원회 / 51
II-2. 한국 로잔위원회 / 63

III. 로잔의 신학

III-1. 로잔의 선교신학의 접근방법 / 79
III-2. 하나님의 목적 / 83

Ⅲ-3. 성경의 권위와 능력 / 88

Ⅲ-4. 그리스도의 유일성과 보편성 / 93

Ⅲ-5. 전도의 본질 / 97

Ⅲ-6. 전도와 사회참여 / 100

Ⅲ-7. 교회와 전도 / 115

Ⅲ-8. 전도를 위한 협력 / 120

Ⅲ-9. 전도와 문화 / 124

Ⅲ-10. 교육과 리더십 / 143

Ⅲ-11. 전도와 성령 / 147

Ⅲ-12. 자유와 핍박 / 156

Ⅲ-13. 그리스도의 재림 / 160

Ⅲ-14. 맺음 말 / 164

Ⅳ. 부록

Ⅳ-1. 로잔 언약 / 169

Ⅳ-2. 마닐라 선언 / 183

Ⅳ-3. 케이프타운 서약 / 215

약어표

1. LC, Lausanne Covenant (로잔언약)

2. MM, Manila Manifesto (마닐라 선언문)

3. CTC, Cape Town Committment: A Confession of Faith (케이프타운 서약 제1부, 신앙고백)

4. CTC II, Cape Town Committment: A Call to Action(케이프타운 서약 제2부, 행동으로의 부름)

5. LOP 3, John Stott, The Lausanne Covenant - An Exposition and Commentary (Lausanne Occasional Papers No. 3)

:제1장:
로잔운동의 태동과 역사

1
로잔운동의 태동과 역사

I-1.
로잔운동의 역사적 배경과 세계 전도대회(1966)

제1차 로잔대회 때 프로그램위원회의 의장이었던 포드 박사는 "이 로잔대회는 하나의 대회나 행사라기보다는 과정으로 계획되었고 그 준비와 연구에 있어서도 계속적인 활동의 결과"[1]라고 지적했다. 이는 이 대회의 시대적 배경을 설명해 주고 있다.

1960년대에 이르러 세계정세와 교회는 급변하는 상황에 처하고 있었다. 중국대륙이 공산주의에 휩싸였으며 그와 함께 제3세계라고 알려진 많은 나라에서 반서방주의적 사상의 영향으로 외국 선교사를 배척하는 기운이 감돌고 있었다.

그리고 대부분의 큰 교회들이 자유주의신학으로 흐르고 있어서 복음주

---
[1] Leighton Ford, *A Vision Pursued*, p.9.

의자들은 큰 도전을 받고 있었다. 여기에 더하여 복음주의자들은 자기방어 의식인 게토(Ghetto)정신 비슷한 침체에 빠져있는 듯 보였으며, 18세기와 19세기에 있었던 대부흥운동의 열기도 식어가고 있었다. 세계선교 면에서도 위축되고 있어서, 1910년에 에든버러 대회에서 시작된 세계 선교운동의 조직체인 국제선교협의회(IMC, The International Missionary Council)가 1961년에 세계교회협의회(WCC)의 한 부분으로 흡수되면서 전도의 비전과 열정을 잃어가고 있었다.

다른 한편에서는 빌리 그래함 박사의 전도활동을 중심으로 하여 전도의 열심을 되찾으려는 복음주의운동이 일어나고 있었으나 이는 매우 미미하였다.

여기에 위기의식을 느낀 복음주의 지도자들, 특히 그래함 전도협회의 그래함(Billy Graham) 박사와 *Christianity Today*의 헨리(Carl Henry) 박사의 주최로 1966년에 베를린에서 세계전도대회(The World Congress on Evangelism)가 개최되었다.

이 대회에는 100개 나라에서 약 1,200여 명의 복음주의자들이 모였다. 한국에서도 한경직 목사와 김활란 박사를 비롯하여 7명이 참석하였다. 그 당시 미국에서 대학교수직에 있던 필자도 7명 가운데 한 사람으로 참석하는 영예를 갖게 되었다.

이 대회는 2차 세계대전 후 처음으로 각처에 있는 복음주의 지도자들이 모인 회의였다. 여기에서 참석자들은 "변화하는 세상을 향하여 오늘날 교회가 할 일은 무엇인가?", "변화하는 세계 가운데 불변의 복음이 아직도 있는가?"를 심도 있게 논의하였다. 이 대회에서 발제된 논문들은 학문적으로 그릇된 방향으로 향하고 있는 현대신학의 주장들을 날카롭게 비판하여 복음적 입장을 제시하는 것이었다. 이와 관련하여 그룹별로 심도 있는 토의를 하였다.

강연과 토의한 주제를 간단히 소개하면,

1. 전도에서의 권위 문제(The authority for Evangelism)라는 주제 아래, 성서의 권위, 전도에서의 성서 사용, 전도에 대한 주님의 지상 명령, 전도에 있어서의 성령의 역사, 주님의 재림, 교회의 전통과의 관계, 방법들을 토의하였다.
2. 전도에 대한 기본적인 신학(The Basic Theology of Evangelism)이라는 주제 아래, 인간의 타락, 죄와 도덕적 율법, 칭의와 성화, 구원사역에서의 성령의 역사, 구원(사죄)의 근거 등을 발제하고 토의하였다.
3. 교회 안에서의 전도의 장애물들(Hindrances to Evangelism in the Church)이라는 주제 아래, 교회에 성행하고 있는 그릇된 신학 사상들, 이단 사상들을 다루었다.
4. 세상에서 전도를 방해하고 있는 것들(Obstacles to Evangelism in the World)이라는 주제 아래, 유물주의 사상, 새로운 종교운동, 정치적 국가주의 등을 다루었다.
5. 마지막으로, 전도의 방법, 개인전도, 그룹전도 등 각 지역에서의 실례를 들면서 토의하였다.

이렇듯 이 대회에서 우리에게 변치 않는 구원의 복음이 있음을 확인하고, 교회가 할 일이 바로 이 복음을 전하는 일이라고 외쳤던 것이다. 이 대회에서 다루어진 모든 것은 두 권으로 출판된 대회의 보고서, 〈One Race, One Gospel, One Task. 2 vols.〉에 수록되었다.

이런 발제문과 토의는 아주 깊이 있는 것이었으며, 필자에게 큰 감명을 주었다. 필자는 에모리 대학교(Emory University)에서 박사과정을 마치면서 온 교회가 자유주의 또는 급진적인 신학으로 지배되고 있는 것에 위기의식을 느끼고 있었는데, 이 대회를 통하여 아직도 복음적 신학자들이 많음을 보고 큰 용기를 얻게 되었다. 또한 헨리 박사의 기조연설은 나에게 큰 교훈을 주었다. 그는 오늘의 교회에서 목회자들에게 필요한 것은 신학이 있는 목회이며, 신학자에 필요한 것은 전도에 연결되는 신학을 하여야 한다고 주장하였다. 즉, 단순한 신학자(mere theologian)가 되어서는 안 되고 신학자이면서 동시에 전도자(theologian-evangelist)이어야 한다는 것이었다. 이는 신학자의 길을 걷기 시작하는 시기의 내게 큰 교훈이 되었으며 지금도 내가 주장하는 바이다.

이런 면에서 1966년 독일의 베를린에서 모였던 세계전도대회(The World Congress on Evangelism)는 큰 성공을 거두었다.

이 대회를 계기로 그 동안 잃었던 전도의 열기가 다시 살아나는 것 같았다. 이러한 전도의 후속운동은 각 지역에서 전도대회를 개최하며 퍼져 나갔다. 아시아(1968년의 싱가포르 대회), 남아메리카(1969년, 보고타 대회), 유럽(1970년, 프랑크푸르트 대회), 오스트레일리아(1971), 미국(1973년, 시카고 대회)에서 지역 전도대회가 개최되었다. 한국도 이 대회에 참가한 후, 김활란 박사를 위원장으로 세우고 한국복음화운동을 전개하였다. 김활란 박사는 이 대회를 통해 큰 영향을 받았다. 김활란 박사는 대회 중에 발제가 끝난 다음 모두 무릎을 꿇고 기도를 하는 것 등을 보고 처음에는 조금 어색해 하였으나 대회의 중반에 와서는 대회 분위기에 적극적으로 호흡을 같이 하였다. 김활란 박사는 대회에서 귀국한 후 *Christianity Today*잡지의 애독자가 되었고, 한국복음화운동을 주도하였다. 그때 필자는 총무부장의 직책으로 봉사하였다.

그러나 이 운동은 더 거센 도전을 받게 되었고 이는 선교신학의 양극화 현상으로 나타났다. 이 양극화 현상은 1973년 방콕에서 '오늘의 구원(Salvation Today)'이라는 주제로 모였던 WCC계통의 대회를 통하여 심화되었다. 그로 인해 세계 교회에서 복음주의 계통의 소리는 작아지고 그들의 소리가 높아졌으며, 선교에서 말하는 구원의 개념도 내용이 변질되는 듯, 신학적 혼돈을 가져왔다. 마침내 방콕대회는 서방선교의 모라토리움(Moratorium), 곧 해외선교를 보낼 필요도 없고 현재의 선교사도 철수하라고 제창하기에까지 이르렀다.

이런 시점에서 복음주의자들은 1966년 베를린대회의 연속으로 1974년의 로잔대회 개최의 필요성을 느낀 것이다. 복음주의자들은 교회에서 유행되고 있는 선교의 모라토리움 사상과는 대조적으로 아직도 복음을 듣지 못하고 있는 많은 지역이 있는 현 상황에서 우리에게 맡겨진 선교의 대과제를 인식했다. 특히 선교에 있어서 전도와 사회참여 문제로 양극화 되어가고 있는 상황에서 야기된 신학적 혼돈(confusion) 속에서 복음주의자들이 함께 모여 성경의 빛 아래서 신학적 입장을 정립하며, 적절한 선교방법을 모색하고, 온 교회가 이에 협력하여 세계복음화에 헌신할 필요를 느꼈다. 이와 같은 시대적 요청에서 빌리 그래함 박사는 세계에 있는 100명 가량의 복음주의 지도자들과 상의하여 1974년에 세계복음화를 위한 국제대회, 곧 로잔대회를 소집하였다.

I-2.
제1차 로잔대회(1974)와 로잔운동의 성격

1) 제1차 로잔대회

로잔세계복음화운동의 기원이 되었다고 볼 수 있는 제1차 세계복음화를 위한 국제대회(The International Congress on World Evangelization)는 1974년 7월 16일부터 10일간 스위스 로잔에서 있었다. 이 대회에는 150여 국가에서 약 2,700여명의 복음주의 교회지도자들이 모였고, 한국에서도 65명이 참석했다. 그 때 필자는 한국 참석자들의 대표직을 맡았다.

이곳에 모인 목회자, 신학자, 선교사, 평신도 지도자들은 성령 안에서 하나 된 성도로서의 친교를 즐기며, 하나님의 놀라운 구원과 역사에 대하여 찬양하며, 함께 기도하고 연구하고 토의하는 가운데서 지난날의 부족함을 회개하며 '세계선교'에 헌신할 것을 다짐했다.

이 대회가 끝나자 「타임지(Time)」는 이 대회에 대한 기사를 크게 다루면서 "스위스 로잔 호수 주변에서 모였던 대회야말로 지금까지 모였던 크리스천 모임 가운데 아마도 가장 광범위한 모임으로서 보수적이요, 성경적이요, 선교에 관심을 가지고 있는 기독교의 활기를 보여준 모임이었다."고 평했다. 그뿐만 아니라 이 대회는 로잔에서 30마일 떨어진 제네바에 본부를 둔 세계교회협의회(The World Council of churches)가 주도하고 있는 '입장(prevailing philosophy)'에 대해 큰 도전이 되었다. 또한 복음주의자들은 이 대회를 계기로 대회 후에도 지속적인 모임을 가지며, 결국에는 하나의 생기 있는 국제협의회로 진전할 수 있는 기초를 닦았다고 타임지는 평가했다.

기독교 밖에서 보는 이런 평가는 기독교 내에서는 더 큰 반향을 불러왔다. 독일의 선교신학자 피터 바이엘하우스(Peter Beyerhause)는 로잔대회를 평가하기를 이 대회는 마치 지금까지 별로 알려지지 않은 작은 강들이 한데 모여서 그 물길이 크고 깊어져 복음주의적인 고깃배의 떼를 나를 수 있게 되었고, 20세기 후반기 기독교의 건조한 땅을 영적으로 비옥케 만든 것과 같이, 참석자들의 신학적 사고와 선교활동에 막대한 자극을 주었을 뿐만 아니라, 그 변화된 참석자들을 통해 세계에 흩어져 있는 복음주의자들은 물론 전체 기독교에 끼친 영향이 크다고 하였다.[2]

그리하여 지금까지 별개의 선교 활동을 하며 별로 공적인 관계를 갖고 있지 않았던 많은 선교 단체들이 이제는 로잔운동이라는 깃발 아래 함께 모여 일을 하게 되었다. 여러 독립적 선교단체 또는 초교파적 선교협의회들로 조직된 IFMA(The International Foreign Missions Association), 미국 NAE의 EFMA(The Evangelical Foreign Missions Association), 그리고 빌리 그래함 전도협회(The Billy Graham Evangelistic Association), 세계복음주의협의회(WEF), 선명회(World Vision), IVF(Inter Varsity Christian Fellowship), CCC(Campus Crusade for Christ) 등의 단체들과 그리고 여러 신학교들, 예를 들면 풀러 신학교, 아즈베리 신학교, 트리니티 신학교 등이 로잔운동에 함께 모여 일하고 있다. 또한, 로잔에는 세계의 전 대륙에서 복음주의 교회지도자들이 개인적 또는 그룹별로 참여하고 있다. 이처럼 로잔대회는 세계 각처에 놓여 있는 선교단체들이 모여 선교의 고깃배를 띄울 수 있는 큰 강을 흐르게 한 것이다.

이 대회에서도 1966년 세계전도대회에서 있었던 것과 같이 세계선교에 연관된 여러 분야에서 주제 발표와 토의가 있었다. 이 대회의 보고서(Compendium)인 〈Let the Earth Hear His Voice〉에 그것들이 수록되어

---

2) Lausanne Committee for W.E, "World Evangelization", vol.14 no.46, March 1987, p.7.

있다. 무엇보다도 이 대회에서는 세계선교의 기초가 되며, 함께 세계선교에 협력함에 있어서의 근거가 되는 신학적 입장과 고백을 로잔언약(The Lausanne Covenant)이라는 제하에 발표하였다. 그에 나타난 신학적 입장은 다음에 취급하겠으나, 한마디로 요약해서, 로잔언약은 성경에 근거한 복음적 세계선교의 이정표를 제시하고 있다.

이런 면에서 이 대회의 역사적, 신학적 의의는 대단히 크다고 할 것이다. 로잔대회에 모였던 지도자들은 성경의 권위를 재확인하며, 성경에 근거하여 그리스도의 복음의 유일성과, 전도의 필요성과 긴박성을 재확인하며 전도하여야 할 큰 세계를 주목할 수 있게 된 것이다. 그리고 로잔은 선교에서 모라토리움의 물결을 역류시키면서 온 세계의 교회 특히, 제 3세계의 교회들을 세계선교로 부른 것이다.

이런 점에서 1974년의 로잔대회는 복음주의 운동이 약진하는 결정적인 계기(decisive breakthrough)가 되었으며, 현대 기독교 선교 역사에서 하나의 전환점이 되었다.

2) 로잔운동의 성격과 과제

제1회 로잔대회를 마무리 하면서 대회의 후속 조치에 대한 토의가 있었다. 일부에서는 이를 계기로 큰 조직체를 구성하여 복음적 선교를 추진하자고 주장하였다. 그러나 기도하는 가운데, 로잔은 또 하나의 조직체로 나가는 것보다, 하나의 운동으로서 모든 사람, 곧 어느 연합체나 교파에 속하여 있던지, 성경을 하나님의 말씀으로 믿고 선교하기를 원하는 모든 사람이 함께 모여 함께 일할 수 있는 하나의 선교 촉진체로 일하기로 하였다.

그리하여 제1차 로잔대회에서 참가자들이 함께 헌신할 것을 '언약' 한 세계복음화운동을 수행해 나가기 위하여 대륙별로 추천된 사람들을 중심하여 "로잔위원회(The Lausanne Committee for World Evangelization)"를 구성함으로 지속적인 운동으로 이어나가기도 하였다. 그리하여 대륙별로 선거하여 로잔위원회를 구성하였다. 그때 필자가 아시아를 대표하는 위원의 한 사람으로 추천이 되었다.

국제로잔위원회의 초대 의장으로는 포드 박사(Dr. Leighton Ford)가 선임되었고, 초대 총무는 아프리카의 오세이-멘사 목사(Rev. Gottfried Osei-Mensah)가 임명되었으며, 1987년에 2대 총무로 왕 목사(Rev. Thomas Wang)가 임명되어 1989년까지 섬겼다.

위에서 말했듯이, 로잔위원회는 어떤 권력구조를 의미하는 것이 아니라 복음주의적 선교사업을 추진하는 촉매제적 역할을 하는 모임이다. 이는 하나의 '운동'(movement)이지, 교회들의 연합회와 같이 가입한 회원 교회나 단체들의 대표로 구성되는 기구가 아닌 것이 특징이다. 이런 점에서 하나의 조직체가 아니기에 약점도 있으나, 다른 측면 기성의 조직체들을 넘어 어느 단체에 속했던 로잔언약과 정신에 동의하는 사람은 누구나 참여할 수 있는 장점이 있다. 이런 관점에서 로잔 국제위원회가 있고, 각 대륙이나 지역 그리고 국가에는 자의로 모인 로잔위원회가 조직되어, 로잔운동을 전개하여 오고 있다.

로잔의 이러한 특징은 WCC(세계교회협의회)나 WEA(세계복음주의협의회)와 구별된다. 로잔은 로잔언약의 정신과 신학적 입장에서 세계복음화에 뜻을 같이하는 사람들이 그 일에 서로 협력하고, 또 서로 협력할 수 있는 기회와 계기를 제공하는 일을 담당한다. 그러기에 로잔은 참여자의 소속 교회나 기관의 다양함을 개의치 않는다. 이런 운동으로서, 로잔운동이 행하여 온 과제들을 다음과 같이 요약할 수 있다.

첫째, 로잔운동은 복음주의적 선교단체와 개인 및 지도자들을 한 자리에 모아 세계복음화를 위해 함께 기도하고, 함께 의논하고, 함께 일할 수 있는 기회를 마련해 주었다. 이것이 로잔세계복음화위원회가 담당하고 있는 주요한 임무이다. 로잔은 큰 조직체라기보다도 기능을 중심한 위원들이 각 분야와 각 교회의 복음주의자들로 하여금 그곳에서 복음주의 운동과 세계복음화에 촉매작용을 하게 하는데 그 관심이 있다.

그리하여 위원회 안에 신학연구위원회, 선교전략연구위원회, 홍보위원회 및 기도위원회 등을 두고 세계복음화에 관련되는 여러 문제에 대한 국제협의회를 주최하며, 또 여러 기관들과의 협력을 도모하여 오고 있다.

둘째, 로잔운동은 서방선교회가 선교의 모라토리움을 제창하여 등한시하고 있던 해외선교, 특히 아직도 복음을 듣지 못한 27억의 사람들에 대한 관심을 불러일으키고, 선교의 중요 과제를 인식케 하는데 크게 공헌을 했다. 이렇게 선교를 위해 각각 다른 나라, 다른 교회에서 온 대회 참석자 2,700여명이 "세계복음화를 위해 함께 기도하고 함께 계획을 세우고 함께 일하겠다."고 하나님 앞에 엄숙히 서약한 것은 선교의 모라토리움을 제창하는 WCC계통의 선교신학에 크나큰 도전이 되었다.

이런 운동은 지금까지 타문화권선교에 있어, 피선교권이라고 생각해 오던 제 3세계 교회들의 참여를 불러일으키게 했다. 오히려 27억이라는 불신자에게 전도하기 위해서는 한국교회와 같은 제3세계 교회의 제 일선에 앞장서는 참여가 긴요하다는 것을 역설하게 되었다. 교회선교에 있어서 이런 획기적인 전환점을 로잔운동이 가져왔다는데서 이 운동을 높이 평가해야할 것이다. 이런 영향 하에 최근 제 3세계 교회들의 활발한 해외선교를 볼 수 있다. 더 나아가 이러한 각성은 각성 자체에 머문 것이 아니라 그 실행을 예수 그리스도의 재림 이전, 즉 이번 세기 안에 성취해야겠다는 다짐으로 이어졌다. 그리하여 로잔운동에서는 "온 세계로 복음을 듣게 하자.(Let the earth hear His voice)"라는 제호와 더불어, 제2차 로잔대회 이후는 "그리스도의 온전한 복음을 온 세계에 전하자."라는 주제 아래 선교전략 내지 방법을 연구하여 세계복음화를 촉진케 하는 일에 기여하고 있다.

셋째, 로잔위원회가 또한 중요시하며 시행해오고 있는 것은 기도운동이다. 계절별로 나오는 선교에 대한 정보교환과 보급을 위한 기관지「World Evangelization」과 함께 통신을 통하여 온 세계 성도들의 기도운동을 일으킴으로 세계복음화를 촉진시켜왔다. 1984년 한국 서울에서 열렸던 "세계복음화를 위한 세계 기도대성회"와 잇달아 개최된 지역별 기도성회는 로잔운동의 한 면을 보여주는 것이라 하겠다.

넷째, 로잔운동이 성취한 공헌은 세계복음화에 대한 신학적 근거를 정리한 것이다. 이러한 측면에서 로잔은 선교운동에 있어 선배들의 신학적 입장과의 연속성을 지니면서 신학적 기반을 정리하는데 그 성숙함을 보였다고 말할 수 있다. 1910년에 시작한 국제선교협의회(IMC)운동 같은 것은 선교에 대한 열심은 있었으나 그 운동을 뒷받침하고 보호할 분명한 신학적 기초를 갖고 있지 않았던 것이다. 그러나 로잔에 모인 복음주의자들은 세계복음화를 위한 복음주의운동에 기초가 되는 신학을 정리할 것을 원했던 것이다. 이것이 1974년의 로잔언약(The Lausanne Covenant)과 1989년의 마닐라선언문(The Manila Manifestation)에 표현되었다. 그리고 2010년에 열린 제 3차 로잔대회에서 발표한 케이프타운서약(Cape Town committment: A confession of faith and a Call to Action)에서 사랑이라는 언어로 확대 표현되었다.

이 로잔언약은 로잔운동의 신학적 기초와 복음주의자들의 협력의 기준과 공통분모가 되고 있다. '언약(Covenant)'이라고 표현했듯이, 이는 하나의 신학선언문과는 달리 복음주의자들이 자신들이 마땅히 했어야 할 일을 이행치 못한 것에 대한 회개와 주님의 부르심에 새로운 헌신을 언약하는 정신에서 이루어진 것이다. 로잔위원회는 이 로잔언약에 나타난 신학적 입장에 따라서 현대선교에 연관된 중요한 문제들을 신학적으로 분석하고 해석하여 줌으로 세계선교를 바른 길로 인도하는 역할을 하고 있다.

로잔은 국제적으로 또는 지역적으로 여러 차례 신학협의회를 주최하여 그 결과를 책자로 출판하여왔다. 1978년에는 버뮤다에서 '복음과 문화'에 대한 협의회가 있었다. 그리고 1980년에는 태국 파타야에서 800여 명의 교회지도자, 신학자, 선교사들이 모여서 세계복음화에 관한 협의회(Consultation on World Evangelization)를 10일간 가졌다. 17분과로 나뉘어져 각 분과 별로 당시의 선교에서의 문제되는 과제들을 토의하고 그 결과를 로잔의 단일 문서(Occasional Paper)로 출판하였다.

1982년에 미국 그랜드래피즈(Grand Rapid)에서 열린 '전도와 사회참여의 관계'에 관한 신학협의회, 1985년에 노르웨이 오슬로에서 열린 '전도에서의 성령의 역할'에 관한 신학협의회 등은 매우 중요한 것이었다. 그 외에도 1980년에 '신도의 생활 형태(life style)'에 관하여, 그리고 1988년 1월에는 홍콩에서 '회심(conversion)'에 대한 신학협의회가 있었다. 이런 연속된 신학 작업을 반영하여 로잔은 1989년의 마닐라대회에서, 로잔언약을 "마닐라선언문(The Manila Manifest)"으로 보완하기에 이르렀다. 2004년에는 태국, 파타야에서 '세계복음화를 위한 2004포럼(2004 Forum for World Evangelization)'을 주최하여 오늘날의 선교에서 가장 긴요한 과제들(issues)에 대한 토의를 하였고, 이를 30여개의 Occasional Paper로 3권에 걸쳐(약 1,900쪽에) 발표하였다. 그리고 2010년 제 3차 로잔대회에서는 케이프타운서약을 통하여, 지금까지의 신학적 입장을 재확인 하는 동시에, 앞으로 관심을 갖고 세계복음화를 위하여 수행하여야 할 과제(A Call to Action)들을 제시하는 등, 선교에서의 Think-Tank의 역할을 계속하고 있다.

I-3.
제2차 로잔대회(1989)와 그 후의 과도기

1) 제2차 로잔대회

로잔운동이 십여 년간 역사하여 오는 가운데 로잔운동의 지도자들은 다시 한 번 세계에 흩어져 있는 교회지도자들이 한자리에 모여서 로잔신학과 정신에 입각한 세계선교를 확산해 나가도록 해야겠다고 느꼈다. 그리하여 1986년에 6대륙의 대표적인 복음주의 지도자들로 구성된 국제자문위원회가 네덜란드 암스테르담에서 모여, 1989년에 제2차 로잔대회를 소집할 것을 결의하고 그 대회의 목적과 프로그램의 방향을 정하였다. 그때 한국에서는 필자가 참석하였다. 그 후 2년의 준비 끝에 제 2차 로잔국제대회가 1989년 7월에 필리핀의 마닐라에서 개최되었다.

이 대회는 그동안 하나님께서 세계 각 곳에서 행하신 선교사역에 대한 찬양의 축제였다. 우리는 제1차 로잔대회에서 느꼈던 선교의 모라토리움의 물결이 완전히 역류하여 세계교회가, 특히 제3세계 교회들이 해외선교를 활발히 행하고 있음을 찬양하게 되었다. 이번 대회에는 수많은 나라와 교회(교파)에서 참가자들이 왔었다. 이는 선교협력의 폭이 제1차 대회보다 크게 넓어졌으며, 참가 교파들이 매우 다양해졌음을 의미한다.

이 대회는 1989년 7월 11일부터 10일간 필리핀의 마닐라 국제회의장(International Convention Center)에서 열렸다. 약 170개 나라에서 3,000여 명(방청객과 기자들을 포함하면 4,336명)의 복음주의 사역자들이 한자리에 모여 함께 기도하고 찬양하며 하나님의 말씀을 공부하면서 주 안에서 사귐을 나눴다.

이 대회에 참석한 한국 사람만 해도, 미국 등 각지에서 온 사람들을 합치면 100명이 넘었으며, 자유세계는 물론 동구권과 소련 그리고 베트남, 캄보디아, 몽고, 쿠바 등 공산주의 치하에 있는 기독교 지도자들과 이슬람 등 타종교 권에 속하는 국가인 중동, 인도네시아에서도 대표들이 왔다.

참석자들의 교회 배경은 참으로 폭 넓고 다양하였다. 성공회에서 시작하여 루터교회, 장로교회, 감리교회, 성결교회, 침례교회, 그리고 오순절교회와 단독 교회들, 다양한 선교단체에서 참가자들이 왔다.

이 대회의 보고서(Compendium), 'Proclaim Christ Until He Comes: Calling the Whole Church to Take the Whole Gospel to the Whole World' 에서 보듯이, 이 대회에서는 "온 교회(The Whole Church), 온전한 복음(The Whole Gospel), 온 세계(The Whole world)"라는 주제 아래, 여러 주제 발표와 토의가 있었으며, 그 외에 49개 이상의 소그룹 워크숍(Track)이 있었다. 토의는 아주 다양하며 깊이 있는 것이었다.

매일 아침 성경공부로 일과를 시작하였다. 이 시간에는 존 스토트(John Stott)와 페르난도(A. Fernando) 그리고 팬맨(D. Panman) 박사의 로마서 강해가 있었다. 이런 큰 국제 대회에서 스토트 박사와 같은 대가와 페로난도 같은 스리랑카의 30대 목사를 강사로 배정한 것은 혁명적인 것이었으나 모두 은혜로운 시간들이었다. 그리고 저녁 집회는 각 나라와 지역에서의 선교 활동의 보고와 간증으로 채워졌으며, 모두가 헌신을 다짐하는 시간으로 마감하곤 하였다.

이 대회에서 강연, 설교 등의 순서를 맡은 사람들의 배경이나 프로그램의 문화적 배경 등은 제1차 로잔대회 또는 어느 국제대회 때의 것보다 더욱 다양하고 넓어서, 마치 세계교회가 한곳에 모인 기분이었다. 또한 지금까지 복음주의자들의 모임에는 카리스마적인 교회는 거의 제외되었으나 이번 대회에는 그들도 합류하였다. 이는 로잔운동이 온 세계 각 문화권 속에서 숨 쉬며 역사할 수 있도록 그 활동 저변이 세계적으로 확대되었다고 평가될 만한 부분이다.

이 대회에서는 또한 급격히 변화하는 오늘의 사회와 타종교, 이데올로기의 변천 상황과 그들의 도전도 나누고 검토하며, 그에 따르는 신학적인 정리를 하였다. 그래서 1974년의 로잔언약의 기조에서 그를 보완하는 "마닐라선언문(The Manila Manifesto)"을 발표하였다. 참가자 일동은 세계선교를 보다 촉진하여 20세기가 끝나기 전에 복음을 듣지 못한 사람이 지구상에 한 명도 없게 하기 위하여 하나님께서 "모든 교회를 부르시어 온전한 복음을 전 세계에 전하게 하신다(Calling the Whole Church to Take the Whole Gospel to the Whole World)."라고 고백하며, 예수 그리스도께서 재림하시는 그 날까지 복음을 전파하기로 언약하면서 대회를 마쳤다.

2) 제2차 로잔대회 이후의 과도기

제2차 로잔대회가 끝난 후, 왕성하던 로잔운동은 잠깐 동안 시험에 빠지는 듯하였다. 대회가 끝나자, 대회의 총무였던 토마스 왕 목사(Thomas Wang)가 루이스 부쉬(Luis Bush)와 함께 대회 기간 중 하나의 소그룹 워크숍이었던 AD2000을 주축으로 하여 하나의 새로운 운동을 펼쳐 나갔는데, 이는 2,000년까지 온 세계를 전도하자는 운동으로 각 대륙에서 호응을 얻었다. 이 운동의 준비 과정에서 회장과 총무 사이에 의견의 마찰이 있었던 것 같았다. 그리고 지금까지 로잔운동의 재정을 책임져왔던 미국의 로잔위원회는 더 이상 적극성을 띠지 않게 되었다. 이로 인해 로잔운동은 하나의 위기를 맞는 듯하였다.

로잔운동이 전개되어온 바탕에는, 조직에 속해 있지는 않지만 뒤에서 든든히 지원하던 빌리 그래함 박사가 있었다. 그리고 안에서는 영국의 존 스토트(John Stott) 같은 학자들의 지도가 큰 영향을 미쳤다. 그러나 조직상으로는 레이튼 포드(Leighton Ford)가 회장을, 아프리카의 오세이-멘사(Gottfried Osei-Mensah)가 초대총무를 맡았고, 그 뒤를 이어 2차 대회 개최되기 전까지 중국의 토마스 왕(Thomas Wang)이 총무를 맡았다. 그러나 로잔운동의 주도권은 미국에 있었다. 그러다가 미국의 태도가 소극적으로 변하고, 토마스 왕이 총무직을 사임한데 이어서 포드(Ford)회장이 사임함에 따라 로잔운동은 새로운 국면을 맞게 되었다.

이에 로잔은 1994년 2월에 독일 남부에 있는 슈투트가르트(Stuttgart)에 모여 대책을 강구하였다. 이 때 호주의 존 레이드(John Reid) 주교와 선명회의 마이어스(Bryant Meyers)가 지도적 역할을 하였으며 한국에서 참석한 필자도 한 몫을 했다. 토의 끝에, 로잔의 중앙위원회를 다르게 구성하기로 하였다. 지금까지는 각 나라의 위원회는 아무 연관도 없이 기존의 위원회가 스스로 새 위원을 선임하여 자동적으로 지속되어 왔었다. 그러나 이번에는 각 나라와 지역에 있는 로잔위원회의 대표들로 위원회를 조직하게 하고, 이 위원회를 '로잔국제위원회(The Lausanne International committee)'라고 칭하기로 결정하였다.

이 로잔국제위원회는 2년 마다 모이기로 하였으며, 로잔국제위원회의 운영을 위하여 각 나라와 지역의 로잔위원회가 연회비를 납부하기로 하였다. 그리고 국제위원회 안에 실행위원회(Administrative committee)를 두어 운영해 나가기로 하였다.

이는 큰 변화이다. 지금까지의 미국 주도의 로잔의 운영방법과는 다르게, 각 나라와 지역의 로잔위원회가 로잔운동의 주축이 된 것이다.

이렇게 개혁을 하면서, 로잔의 지도권은 미국에서 구라파로 옮겨 갔다. 그리고 새 임원을 선출했다. 그 결과 새 의장으로 영국의 맥도날드(Fergus MacDonald)를, 부의장으로 한국의 조종남을, 서기로는 호주의 클레이돈(Robyn Claydon)을 선출하고, 영국의 휴스턴(Tom Houston)을 총무

(Minister at Large)로 임명하였다. 그리고 로잔의 기관지인 World Evangelization Magazine의 발행은 노르웨이 로잔위원회가 맡아 하기로 하였다.

결국, 이번에는 영국과 노르웨이가 로잔운동의 중심이 되었다. 노르웨이의 요르겐(Knud Jorgen)이 신학분과위원회의 의장이 되어 작은 신학협의회 등을 개최하며 로잔운동은 계속하여 진행되었다.

1996년 2월에, 다시 로잔국제위원회가 독일 슈투트가르트(Stuttgart)에서 모여 회의를 진행하였다. 여기에서 실행위원(Administrative Committee)으로는 의장과 총무, 그리고 노르웨이의 피엘스타트(Hilde Fjeldstad), 한국의 이종윤, 그리고 미국의 마이어스(Bryant Meyers)를 선정했다.

그러는 가운데 의장인 맥도날드(Fergus MacDonald)가 개인 사정으로 의장직을 사임하게 되었다. 그리고 새 의장을 물색하는 가운데, 로잔국제위원회가 1998년 3월에 캐나다 토론토에서 모이게 되었다. 영국과 유럽 대표들은 여전히 자기들이 중심이 되어야 한다고 생각하는 듯하였다. 그러나 필자와 독일의 대표 마쿼아르드트(Horst Maquardt)는 다르게 생각하였다. 아무래도 미국이 다시 주도권을 가지고 로잔을 활성화시켜야 하겠다고 생각하고 활동하였다. 그 결과 미국의 폴 시더(Paul Ceder)를 새 의장으로 선임하였다. 이는 큰 변화였다. 그리고 부의장에는 한국의 조종남, 서기에는 호주의 클레이돈(Robyn Claydon), 회계로 미국의 파렛(Roger Parratt)을 선임하였다. 그리고 실행위원회(Administrative committee)위원으로, 정·부의장, 서기, 회계 그리고 독일의 마쿼아르드트(Horst Maquardt), 영국의 브리얼리(Peter Briely), 구세군의 로빈슨(Earl Robinson), 노르웨이의 요르겐(Knud Jorgen), 뉴튼(Jim Newton)을 선임했다. 임시 총무로 미국의 스위트(John Swiert)를 임명하였다. 후에 호주의 데이비드 클레이돈(David

Claydon)이 총무로 임명되어 활발하게 일하였다.

   그리하여 로잔운동의 주도권은 다시 미국으로 돌아갔다. 그리고 미국의 주도 아래 로잔운동은 활기를 되찾았다.

I-4.
세계선교를 위한 2004 포럼
(2004 Forum for World Evangelization)

미국의 시더(Ceder)박사가 로잔 국제위원회의 의장이 되면서, 로잔운동은 다시 활기를 찾게 되었다. 여러 차례 국제위원회를 개최하여 기구를 정비하였으며 세계복음주의 협의회(WEF)와 대화도 진행되어 상호 협력의 길을 협의하곤 하였다. 또한 재정도 미국에서 조달되기 시작하여, 각 나라와 지역 로잔위원회에서 부담금을 내는 일도 없어지게 되었다.

시더 박사와 함께한 국제위원회가 공헌한 것은 2004년에 태국, 파타야에서 '세계선교를 위한 2004 포럼'을 개최한 것이다.

이 대회를 개최하기로 한 취지와 목적은 세계선교에 있어 방해가 되거나 크게 문제가 되는 주제를 찾아 연구하고 토의하여 그에서 벗어날 전략을 제시하고자 하는데 있었다. 그리하여 로잔 국제위원회에서 의제들(issues)에 관하여 심도 깊은 토의를 하였고, 나아가 영국의 브리얼리(Peter Brierley)가 주관하는 선교연구소를 통하여 세계 각처에 있는 4,000명가량의 교회지도자들에게 문의하여, 오늘의 선교에 연관되어 가장 중요한 문제들이 무엇인가를 수집하였다. 그리고 그들이 지적한 중요성의 순서에 따라 로잔국제위원회에서 31개의 주제(issue)를 선택하였다. 그리하여 그 문제를 가지고 세계에 있는 신학자, 선교사 그리고 교회지도자들이 사전에 분야별로 연구한 후, 대회에 참석하여 함께 토의하게 하였다. 그렇게 종합된 관찰과 연구와 토의를 통한 해결방안을 제시하여 세계선교에 도움을 주고자 하였다.

세계선교의 지속과 장래를 위해서는 젊은 지도자와 여성의 참여가 중요하다는 것을 인식하였기 때문에, 49세 이하 연령의 사람들이 대회 참가자의 70%를 차지할 수 있도록 함과 동시에 참가자의 35%는 여성들로 채워질 수 있도록 한다는 목표를 세웠다. 이는 로잔국제위원회로서는 힘에 벅찬 계획이었다. 그러나 하나님은 크게 역사하셨다.

그리고 마침내 2004년 9월 29일부터 10월 5일까지 태국의 파타야에서 대회가 개최되었다. 이 대회에는 1,500명 가량의 신학자와 교회지도자들이 모였다. 이름 그대로 진지한 토의와 협의를 이루는 모임(working consultation)이었다. 이 대회에서는 총 31개의 주제를 다루었다.

참석자들은 대회에 참석하기 전에 자기가 참여할 주제를 정하고 그에 대하여 나름대로 연구한 후 대회 기간 동안에 해당 주제 그룹에 참여하여 토의하고, 견해를 종합하였으며, 해결방안(Action plan)을 도출하곤 하였다. 한국에서도 24명이 참석하여 공헌하였다.

이 대회에서 토의한 결과는 대회장이었던 파렛(Roger Parratt)박사와 당시 총무였던 클레이돈(David Claydon)목사에 의하여 편집되어 3권에 걸쳐(약 1,900 페이지) 출판되었으며, 이는 세계선교 전략에 있어서 큰 공헌을 하였다. 그 책의 이름은, "A New Vision, A New Heart, A Renewed Call: The Compendium of 2004 Forum for world Evangelization" 이다.

이 대회에서 논의된 주제들(issues)은 다음과 같다.
1) 세계화 시대에 있어서의 복음: 오늘의 세계에서의 선교 (Globalization and the Gospel: Rethinking Mission in the comtemporary world)
2) 포스트모던 시대에서의 그리스도의 유일성 문제와 세계종교들의 도전(The Uniqueness of Christ in a Post-modern World and the Challenge of the World Religions)

3) 핍박 받은 교회(The Persecuted Church)

4) 통전적 선교(Holistic Mission)

5) 모험에 처한 사람들(A Risk People)

6-A) 미전도 지역에서의 전도(Ministry among Least Reached people groups)

6-B) 신체장애자들을 위한 전도(Ministry among People with Disabilities)

7) 흩뜨려진 가정들을 위한 전도(Non Traditional families: Reaching families with the Good News)

8) 오늘의 도시와 종교들을 변화시키는 일(Towards Transformation of our Cities/Religions)

9) 전도에서의 협력과 동반(Partnership and Collaboration)

10) 선교에서의 개교회의 역할(Local Church in Mission)

11) 직장에서의 전도(Marketplace Ministry)

12) 미래 지도자 양성(Future Leadership: A Call to Develop Christ-like Leaders)

13) 전도와 기도(Prayer in Evangelism)

14) 교회의 변화(The Realities of the Changing Expressions of the Church)

15) 제 2, 3세계의 교회(The Two-Third World Church)

16) 서방 세계에서의 종교적 영성과 비종교적 영성(Religious and Non-religious Spirituality in the Western World)

17) 예술을 하나님이 의도하신 대로 회복시키는 일(Redeeming the Arts: Restoration of the Art to God's Creational intention)

18) 어린이 전도(Evangelization of Children)

19) 미디어와 응용과학(Media and Technology)

20) 무슬림에 대한 이해(Understanding Muslims)

21) 9/11 사태 이후에 종교적 국가주의가 세계선교에 끼치는 영향(The Impact on Global Mission of Religious Nationalism and 9/11 realities)

22) 하나님의 선교에서의 화해: 분열되고 갈등 속에 있는 세계에서의 성실한 그리스도인의 증거(Reconciliation as The Mission of God: Faithful Christian Witness in a World of Destructive Conflicts and Divisions)

23) 청년 전도(The 12/25 Challenge: Reaching the Youth generation)

24) 남녀가 능력을 받아 복음 전도에 있어 은사를 함께 사용하는 일(Empowering Women and Men to use their gifts together in advancing the Gospel)

25) 구두 학습자를 양성하는 일(Making disciples of Oral Learners)

26) 디아스포라와 국제 유학생들(Diaspora and International Students)

27) 전도와 선교를 위한 자금조달(Funding for Evangelism and Mission)

28) 세계선교를 위한 효율적인 신학 교육(Effective Theological Education for World Evangelization)

29) 생명 윤리: 이것이 복음을 위해 방해가 되나 아니면 기회가 되나(Bioethics: Obstacles or Opportunity for the Gospel)

30) 선교로서의 직업(Business as Mission)

31) 유대인을 위한 전도(Jewish Evangelism)

이 대회가 끝날 때에, 그곳에 모인 로잔국제위원회 위원들은 지금까지의 임원의 사임을 받고 새로운 임원들을 선임하였다. 이로서 필자는 10년간의 부의장직에서 물러나면서 1974년에 시작한 로잔운동에서 은퇴를 한

셈이다.

　임원 선거에서, 의장에 미국의 버셸(Doug Birdsall)을, 부의장에 인도의 마슈(Grace Mathews)를 선임하고, 국제 총무에 일본계 미국인 야마모리(Ted Yamamori)를 임명하였다. 총무는 2년 후에 야마모리의 후임으로 영국의 브라운(Lindsay Brown)이 임명되었다.

I-5.
제 3차 로잔대회와 그 후

2004년 태국 파타야에서 새로 선출된 버셀(Birdsall)의 지도팀은 과감한 기구개편을 단행하였다. 곧 지금까지 각 나라와 지역의 로잔위원회의 대표들로 구성되던 국제위원회를 각 나라와 지역대표와는 상관없이 중앙에 이사회(Board of Directors)를 조직하고, 국제 총무 산하에 지역총무(International Deputy Director)를 두어, 일을 전개하여 나갔다.

버셀(Doug Birdsall)팀이 이룬 큰 행사는 2010년에 남아프리카 케이프타운(Cape Town)에서 제 3차 로잔대회를 성공적으로 개최한 것이다. 사실 제 3차 로잔대회의 비전은 2004년에 파타야에 모였던 대회가 끝나면서 바로 싹 텄었다. 2010년은 1910년 영국 에든버러에서 열렸던 세계선교대회의 100주년이 되는 해가 된다. 또한 2004 포럼에서 연구되고 제시되었던 안건들 중에는 '온 세계에 관련된 문제들(Global Issues)'이 있었기 때문에 로잔은 이를 전 세계 사람들과의 대화(Global Dialogue)를 통해 세계적 영향력(Global Impact)을 발휘할 필요가 있음을 절감하였던 것이다.

그리하여 로잔은 2005년부터 2009년에 이르면서 여러 차례 회의와 소규모 대회(consultation)를 거치면서, 2010년 대회에서 다룰 의제와 제반 사항을 연구, 검토하고 제 3차 로잔대회를 개최하기에 이르렀다.

제 3차 로잔대회는 2010년 10월 16일부터 25일까지 남아프리카의 케이프타운(Cape Town)에서 개최되었다. 무려 198개 국가에서 4,000여명의 교회지도자들이 참석하였다. 한국에서도 100여 명이 참석하였다. 그리고 WCC, 로마 가톨릭 교회, 동방 정교회(Orthodox Church)등에서의 방청객들(Observers)도 참석하였다. 또한 이 대회는 인터넷(Global Link)을 통하여 세계 각 곳에 있는 신학교에 중개되기도 하였다. 이 대회는 준비 단계부터 세계복음주의협의회(World Evangelical Alliance)와 유대를(partnership) 가졌다. 크리스처니티 투데이(Christianity Today)잡지는 평하기를, 이 대회야말로 기독교 2,000년 역사에서 가장 많은 기독교 지도자들이 모인 대회였다고 하였다.

"하나님께서 그리스도 안에서 우리를 자기와 화목케 하신다.(God, in Christ, reconciling the world to himself, 고후 5:19)"라는 주제아래 모인 이 대회에서는 세계 도처에서 역사하고 있는 하나님의 선교사역에 대한 보고와 간증, 그리고 성경공부(에베소 서신)를 모두가 전체적으로, 또한 그룹별로 공부하며 기도하였다.

그리고 주제 발표를 통하여, 다원주의 시대에 있어 예수 그리스도의 진리를 확인하고 굳건히 설 것과, 분열되고 깨진 세상에서 화해의 역사를 일으킬 것을 호소하는 등 선교에서의 협력 문제 등을 다루었고, 교회지도자들이 겸손과 자기 존엄과 단순함(Humility, Integrity, Simplicity)을 지켜야 한다고 호소하였다. 그리고 분과별로는 선교에 직면한 여러 가지 문제들을 심도 있게 토의하며 기도하였다.

그리고 이 대회에서 논의된 것을 집약할 뿐 아니라 로잔이 앞으로 나가는데 지침이 될 수 있는 케이프타운서약(The Cape Town Commitment: A Confession of Faith and a Call to Action)을 발표하였다. 여기에서 로잔은 사랑의 언어로 복음적 기독교 신앙을 성서적으로 확인하고, 온 교회가 여러 분야에서 세계 선교에 행동으로 나올 것을 호소하였다.

제3차 로잔 대회가 끝나면서, 로잔은 케이프타운 서약에서 제기하고 호소한 실천 과제들을 연구하는 각종 협의회들(Lausanne Issue-Based

Consultations)을 활발히 개최하였다.

2012년 5월에 4일 간에 걸쳐 31개 국가에서 온 신학교의 교장과 교수들이 미국 보스톤에 있는 골든-콘웰 신학교(Gordon-Conwell Theological Seminary)에 모여서 '신학교육에 관한 협의회(Consultation of Global Theological Consultation)'를 가졌다. 그리고 2012년 10월에 자마이카(St Ann, Jamaica)에서 '우주를 보살피는 일과 복음에 대한 협의회(Consultation on Creation Care and the Gospel)', 2012년 12월에 스페인에서,' 전도와 음악 사역(Evangelism and Music Ministry)'에 관한 협의회, 2013년 4월에 태국의 샹마이(Chiang Mai)에서 '직업을 통한 선교(Business As Mission)'에 관한 협의회, 2013년 5월에 미국의 달라스(Dallas, Texas)에서 '선교에서의 예술에 관한 협의회(Consultation on Arts in Mission)' 등을 개최하였다.

그리고 2013년 6월에는 인도의 방가로레(Bangalore)에서 ' 로잔의 세계지도자 포럼(Global Leadership Forum)'을 개최하였다. 이 대회는 60개 국가에서 350명의 로잔의 지도자들이 모여 3차 로잔 대회에서 제시한 과제들(issues)들이 어떻게 진전되고 있는가를 평가하고 케이프타운 서약에서 호소한 행동지침들을 협력하여 추진하도록 격려하는 모임이었다.

그리고 이 대회의 마지막에는 2004년부터 국제로잔 위원의의 의장직을 맡아온 Birdsall 박사가 새로 선임된 의장인 Michael Young-Suk Oh 박사에게 정식으로 의장의 직무를 인계하는 예식을 가졌다. Birdsall은 미국 성서공회의 회장으로 가면서 로잔위원 의장직을 사임하였다. 로잔의 지도층은 성서공회와 깊은 인연이 있는 것으로 보인다. 로잔의 2대 의장이었던 Fergus MacDonald도 영국 성서공회 회장이 되어 의장직을 사임하였기 때문이다.

이번에 새로 선임된 Oh 박사는 한국계 미국시민으로서 미국에서 공부하고 일본에 선교사로 나와 일본 나고야에 그리스도 성서 신학교(Christ Bible Institute)를 설립하고 그 학교의 교장으로 사역하고 있는 42세의 젊은이다. 이는 로잔 운동에서 또 하나의 변혁이라고 하지 않을 수 없다. 이제 로잔운동의 중심이 미국에서 아시아로 옮겨진 것이다.

: 제2장 :
아세아에서의 로잔운동

2

아세아에서의 로잔운동

II-1.
아시아 로잔위원회

아세아로잔위원회의 조직

세계복음화를 위한 국제대회 곧 제1차 로잔대회(1974)가 끝난 후, 처음으로 새로 조직된 로잔위원회가 1976년에 미국, 애틀랜타(Atlanta, Georgia)에서 개최되었다. 그 때 아세아에서 온 위원들이 함께 모여 여러 가지를 의논하는 가운데, 아세아에도 로잔위원회를 조직하여 세계복음화 운동의 창구 역할을 하도록 하자는데 합의하였다. 그리하여 당시 아세아에서 온 로잔위원들은 아세아위원회(Asia committee for world Evangelization)를 조직하였으며, 그 때의 위원은 아래와 같다.

의 장, Dr. Akira Hatori (Japan)

서 기, Dr. Chongnahm Cho (Korea)
위 원, Dr. Saphir Athyal (India)
Dr. Isabelo Magalit (Philippine)
Rev. James Wong (Singapore)
Rev. Petros Octavianus (Indonesia)

이후, 위원회의 이름을 아세아로잔위원회(Asia Lausanne Committee for World Evangelization)로 변경하고 위원을 확대하였다. 곧 위원은 아세아 지역을 대표하는 현재 로잔위원회 위원 외에, 아세아에 있는 각국 로잔위원회 대표와 아세아로잔위원회의 실행위원회에서 추천하는 저명한 인사, 곧 세계복음화에 지대한 영향력을 지닌 아세아 교회지도자들로 구성하기로 하였다.

이 위원회는 아세아 지역에서의 로잔의 정신과 사역을 확장시켜 나가기로 하고, 우선 주기적으로 아세아 전도를 위하여 '전 아세아 교회지도자대회'를 개최하기로 하였다.

1) 제1차 아세아 교회지도자들의 전도대회(ALCOE I, 1978)

앞에서 언급한 대로, 아세아에 있는 복음주의자들이 협력하는 일(cooperative movement)은 1968년에 이미 시작되었다. 이는 1966년에 베를린에서 열린 세계전도대회(World Congress on Evangelism)의 후속 조치로서 1968년 11월 5일-13일에 싱가포르에서 아세아-남태평양 전도대회(The Asia-South Pacific Congress on Evangelism)가 '그리스도는 아세아를 찾으신다.(Christ Seeks Asia)'라는 주제 아래 개최되었다.

그 대회가 개최된 지 10년이 되는 1978년에는 아세아로잔위원회의 주최로, 싱가포르에서 아세아 선교를 위한 '제1회 아세아 교회지도자 전도대회(Asian Church leaders' Conference for Asia Evangelization(ALCOE I)'가 열렸다. 이는 1974년에 열린 제1차 로잔대회의 후속 대회(Asia regional follow up)였다.

이 대회의 주제는 '아세아의 전도를 위해 함께 그리스도께 순종하자.(Together Obeying Christ for Asia's Harvest)였으며, 아세아의 25개국에서 아세아 교회지도자, 신학자, 선교사 등 280명이 참석했다.

이 대회의 임원은 아래와 같다.

의 장, Rev. Ben Watti (India)
부의장, Dr. Chongnahm Cho (Korea)
총 무, Cannon James Wong (Singapore)

이 대회에 모인 아세아 교회지도자들은 하나님께서 자신들을 부르시어 20억이 되는 아세아 사람들에게 복음을 전파하라 하심을 새롭게 깨달았다. 동시에 아세아 교회지도자들은 자신들의 아세아를 복음화하라는 주님의 분부를 온전히 순종하지 못하고 실패했다는 것을 하나님 앞에서 깨달았다. 그러면서 앞으로 아세아 전도를 위하여 함께 그리스도를 순종할 것을 서약하였다.

이 대회의 진행과 토의된 내용은, 출판된 대회 보고서(Compendium), 〈Together Obeying Christ for Asia's Harvest, 1978〉에서 볼 수 있다.

이 대회를 계기로, 아세아 지역에서 서로 협력하기 위하여 분야별로 여러 단체들이 조직 되었다. 곧 아세아선교협의회(Asia Mission fellowship), 아세아신학협의회(Asia Theological Association)등이다.

2) 제2차 아세아 교회지도자들의 전도대회(ALCOE II, 1987)

1987년 10월 20일-27일에 싱가포르에서 제2차 전도대회가 개최되었다. 이는 '제1차 아세아 교회지도자들의 전도대회' 개최 후 10년 만에 열린 것이다.

대회장으로 한국의 조종남이 수고하고 대회 집행위원장(Convention director)으로는 싱가포르의 찬(David Chan)목사가 수고하였다.

대회의 주제는 '아세아로 하나님의 음성을 듣게 하자.(Let Asia Hear His Voice)'로, 제 1차 대회 이후에 아세아에서 일어난 일들을 점검하고, 앞으로 필리핀 마닐라에서 있게 될 제 2차 로잔대회를 준비하는 대회였다.

참석자들은 함께 모여 어떻게 하면 아세아에서의 전도활동을 활발하게 할 수 있을까를 논의하였다. 특히 아세아에 있는 각 나라에서의 전도 사역을 위한 기도의 시간을 많이 가졌다. 개회 첫 시간에, 한 시간 이상을 각 나라의 사정을 듣고 하나님 앞에 내어 놓고 중보기도를 하였다. 기도 시간에 사회를 맡은 필자는 큰 감동과 은혜를 체험하였다.

이 대회에는 아세아에 있는 14국가에서 100여 명이 모인 작은 규모의 대회였다. 그러나 제 1차 대회와는 달리, 모든 대회 경비가 아세아에서 조달 되었으며, 모든 강사도 아세아 교회지도자였다. 이 대회의 결과는 출판된 대회 보고서(Compendium), 〈Let Asia Hear His Voice, 1987〉에서 볼 수 있다.

이 대회에서, 아세아로잔위원회의 임원을 다음과 같이 새로 선임하였다.

의　장, Dr. Chongnahm Cho (Korea)
부의장, Rev. David Chan (Singapore)
회　계, Canon James Wong (Singapore)

서기 겸 총무, Dr. Isabelo F. Magalit (Philippine)

3) 제3차 아세아 교회지도자들의 전도대회(ALCOE III, 1992).

아세아로잔위원회는 1992년 11월 23일-28일에 인도네시아(Indonesia)의 보갈(Bogar)에서 제 3차 대회를 개최하였다.

대회장으로 조종남(Korea)이, 대회 총무로는 싱가포르의 데이비드 찬(David Chan), 그리고 프로그램 위원장으로 싱가포르의 제임스 왕(James Wong)이 수고하였다.

이 대회는 1989년 마닐라에서 있었던 제 2차 로잔대회의 후속 조치로서 모인 것이었는데, 이때가 바로 소련(Soviet Unicn)이 개방되기 시작하는 시점이어서, 아세아에 있는 공산주의 국가에서도 대표들이 참석을 하였다. 이렇게 아세아에서의 전도사역의 범위가 넓어진 것이다. 대회의 주제는 '온 아세아가 주님의 말씀을 들을 때까지 전도하자.(Until All Asia Hears the Word of the Lord)' 였다.

이 대회의 분과 토의에서의 중요한 과제(issue)는 새로 일어나고 있는 신흥 종교, 곧 뉴에이지운동(New Age movement)과 공산주의에서 벗어난 국가들(post-Marxist nations)에서의 전도방법에 대한 것이었다. 또한 유능한 전도사역자를 양성하는 문제, 전도 사역에서 여성의 역할 등도 중요한 과제였다. 이런 모든 내용은 추후에 출판된 대회 보고서(Compendium), 〈Until All Asia Hears the Word of the Lord, 1992〉에 수록 되어 있다.

3.1) **통전적 전도(Holistic Models of Evangelism)에 관한 신학협의회, 1995.**

아세아로잔위원회는 1995년 5월에 홍콩, 천차우 섬(Cheung Chau

island, Hong Kong)에서 통전적 전도의 형태(Holistic Models of Evangelism)에 관한 신학협의회를 주최하였다. 이 협의회의 집행자(Conference director)로 말레이시아의 고겟펭(Goh Keat Peng)이 수고하였다. 아세아의 16국가에서 28명의 젊은 지도자들이 모여서, 각 나라에서 시행되고 있는 통전적 전도의 형태를 소개하며 효율적인 형태를 모색하는 데 힘썼다. 토의 결과는 그 후에 출판 된 보고서(Compendium), 〈Witnessing to the whole Gospel, 1996〉에 수록되었다.

4) 제4차 아세아 교회지도자들의 전도대회(ALCOE IV, 1996)

아세아로잔위원회는 다시 1996년 10월 21일-25일에 말레이시아, 쿠알라룸푸르(Kuala Lumpur, Malaysia)에서 제4차 대회를 개최하였다. 대회 총무는 고겟펭(Goh Keat Peng(Malaysia)이었고, 프로그램 위원장은 필리핀의 마가릿트(Dr. Bel Maglit)였으며, 대회장으로 한국의 조종남(Dr. Chongnahm Cho)이 수고하였다.

이 대회는 '온전한 복음을 오늘의 아세아에 전하자.(Taking the whole Gospel to Asia Today)' 라는 주제 아래, 아세아 15국가에서 106명의 교회 지도자들이 참석하여 회의를 진행하였다. 이 대회에서는 아세아의 미전도 지역에 대한 전도의 긴박성이 특히 강조되었다. 이 대회에서 진행된 강연과 토의 내용은, 그 후에 출판된 대회 보고서(Compendium), 〈Taking the whole Gospel to Asia Today, 1997〉에서 읽을 수 있다.

이 대회가 끝나면서 아세아로잔위원회의 임원을 다음과 같이 새로 선임하였다. 또한 아세아를 3지역으로 나눠 각 지역에 지역 총무를 두기로 하였다.

의 장, Dr. Chongnahm Cho, (Korea)
부의장, Dr. Bel Magalit, (Philippines)
회 계, Mr. Lim Khay Tham, (Singapore)
총 무, Mr. Lalchuangliana, (India)
　동북아 아세아 지역 총무, Dr. Lee Jong Yun, (Korea)
　남동 아세아 지역 총무, Rev. Steve A. Mirpuri, (Philippines)
　남 아세아 지역 총무, Mr. Lalchuangliana, (India)

5) 제5차 아세아 교회지도자들의 전도대회(ALCOE V, 2002)

아세아로잔위원회는 2002년 8월26일-29일에 한국, 서울에서 제5차 대회를 개최하였다. 이 대회는 서울교회에서 열렸으며, 서울교회의 김치세미나(KIMCHI, Korea Institute for Missions and Church renewal International)의 재정 지원으로 이루어졌다.

이 대회의 대회장은 한국의 조종남 박사이며, 총무(Conference Director)로는 이종윤 박사가 수고하였다.

이 대회는 '복음 전파에 협력하자: 21세기 아세아에서의 로잔운동(Partnership in the Gospel: The Lausanne Movement in 21st Century in Asia)' 이라는 주제 아래, 아세아의 여러 나라, 곧 방글라데시, 중국, 홍콩, 인도, 인도네시아, 일본, 한국, 라오스, 마카오, 말레이시아, 몽골, 미얀마, 네팔, 파키스탄, 팔라우공화국, 필리핀, 싱가포르, 스리랑카, 태국, 오스트리아(Bangladesh, China, Hong Kong, India, Indonesia, Japan, Korea, Laos, Macao, Malaysia, Mongolia, Myanmar, Nepal, Pakistan, Palau, Philippines, Singapore, Sri Lanka, Thailand, Australia) 등 20개 국가에서 120명의 교회지도자들이 참석하였다.

이 대회는 한국에서 열리는 관계로, 과거의 대회와는 다르게 진행되었다. 한국에서 매일 아침 오전 5시 30분에 이루어지고 있는 새벽기도에 참석함으로 대회를 시작했다. 그리고 오전에는 8개의 강연과 그에 따르는 토의가 있었고, 오후에는 서울에 있는 한국의 교회들, 성서공회와 기독교 대학교들을 방문하는 것으로 채워졌다. 저녁 집회에는 예배와 각 나라의 선교 상황과 기도 제목을 듣고 위하여 기도하는 시간을 보냈다.

대회를 통하여 참석자들은 아세아에 온전한 복음이 전파되어야 한다는 것을 새롭게 확인하고, 아세아에서 로잔정신에 따른 선교협력이 개발되어야 한다는 것을 절감하였다.

이 대회의 내용은 그 후에 출판된 대회 보고서(Compendium), 〈Partnership in the Gospel: The Lausanne Movement in 21st Century Asia, 2002〉에 수록되어 있다.

이 대회에서 새로 선임된 아세아로잔위원회의 실행위원회 임원은 아래와 같다.

의　장, Lee Jong Yun (Korea)
부의장, Hwa Yung (Malaysia)
서　기, Makito Masaki (Japan)
회　계, Lim Kay Tham (Singapore)
명예의장, Cho Chongham (Korea), Saphir Athyal (India)
위　원, Stephen Mirpuri (Philippines), Ken Gnanakan (India)

6) 제6차 아세아 교회지도자들의 전도대회(ALCOE VI, 2006).

아세아로잔위원회는 2006년 5월 22일-26일에 필리핀, 라구나(Laguna)

에 있는 수양관(Caliraya Recreational Center)에서 제6차 아세아 교회지도자 전도대회를 개최하였다. 대회장으로는 한국의 이종윤 목사, 대회 총무로는 필리핀의 데이비드 림(Rev. David Lim)이 수고하였다. '아세아 선교를 위하여 새롭게(A new Heart for the Evangelizing of Asia)' 라는 주제 아래, 다음의 목적을 가지고 대회가 개최되었다.

1) 아세아 복음화를 위한 새 열정을 갖기 위하여(to reawaken or passion for the evangelization of Asia).
2) 아세아 복음화를 위한 효율적인 전략을 찾기 위하여(to identify effective strategies).
3) 주어진 과업에 새롭게 헌신하기 위하여(to recommit our hearts to the task).

이 대회에는 아세아에 있는 19개 국가에서 150명의 교회지도자들이 참석하였다. 참석자들은 함께 하나님을 예배하며 서로를 위하여 기도하였다. 특히 북한에서 고통당하고 있는 교회를 위하여 기도하기를 다짐하였다. 우리들은 일부 미전도 지역에서 하나님께서 역사하시며, 그곳에서 복음 전파가 계속되고 있다는 보고를 듣고 감사했다.

그러면서 참석자들은 자신이 속한 각자 다른 환경 속에서 하나님의 주권 아래 전도 사역에 새롭게 헌신할 것을 다짐하였다. 교회들로 하여금 하나님이 원하신 바로 그 교회가 되고, 하나님이 명하시는 것을 행하는 교회가 되어 아직도 남아 있는 미전도 지역에 복음으로 다가갈 것을 다짐하였다.

또한 참석자들은 각 지역에 적합한 전도 전략을 개발하고 환경을 돌보며 젊은 지도자 양성에 힘쓸 것을 다짐하였다. 또한 로잔운동의 문헌들을 아세아 여러 지역에 보급시키는 일에도 힘쓸 것을 다짐하였다.

그리고 마지막으로 이런 사역을 위하여 우리들이 함께 기도하며 일함에 있어 하나님께서 우리 모두에게 하나님과 이웃을 위한 열정을 새롭게 하여 주시기를 기도하였다.

이 대회에서 있었던 일들은 그 후에 출판된 이 대회 보고서(Compendium), 〈A New Heart for the Evangelization of Asia, 2006〉에서 읽을 수 있다.

7) 제7차 아세아 교회지도자들의 전도대회(ALCOE VII, 2011)

2011년 6월 1일-4일에, 제7차 아세아 교회지도자 전도대회가 몽골 울란바타르(Ulanbataar, Mongolia)에서 개최 되었다. 이 대회의 대회장은 이종윤 박사였고, 이광순 박사와 인도의 그나나겐(Dr. Ken R. Gnanaken)이 프로그램 위원으로 수고하였다.

이 대회는 '아세아 선교를 위하여 변치 않는 복음(The unchanging Gospel for a changing Asia)' 이라는 주제 아래, 아세아 8개 국가에서 300명이 참석하였다. 그 중에 200명은 몽골 교회의 지도자들이었다. 이처럼 몽골 교회의 관심은 매우 컸다. 또한 몽골 교회가 로잔언약을 중심으로 하나의 교파로 성장하고 있음은 매우 기쁜 소식이었다.

이 대회는 전에 있던 대회와 마찬가지로 아침에 성경공부를 시작하고, 전체 회의와 토의시간에는 주로 새로 성장하는 몽골 교회를 생각하면서, 우주화 문제(Globalization), 통전적 선교(Holistic Mission), 선교와 직업(Business as Mission), 그리고 신학 교육의 문제(Education)등을 다루었다.

이 대회에서 있었던 일들은 그 후에 출판된 이 대회 보고서(Compendium), 〈The Unchanging Gospel for a Changing Asia, 2012〉에서 읽을 수 있다.

이 대회에서 새로 선임된 실행 위원은 다음과 같다.

의　　장, Hwa Yung (Malaysia),
부의장,　Lee Kwangsun (Korea),
서　　기, Atsuko Tateishi (Japan),
회　　계, Lee Soo Young (Korea)
위　　원, Cho Chongnahm (Korea), David Lim (Philippines),
　　　　　Lee Jong Yun (Korea), Richard Howel (India),
　　　　　Lawrence Ko (Malaysia)

지금까지 우리는 아세아에서의 로잔운동의 활동을 간략하게 살펴보았다. 아세아는 큰 대륙이다. 로잔위원회 지역 중에서 아세아가 가장 큰 지역이다. 아세아는 우리가 주목하여야 할 큰 특징을 지니고 있다.

1) 아세아에는 세계에서 가장 많은 인구를 가진 나라들이 있다. 중국, 인도, 인도네시아, 일본, 방글라데시, 파키스탄만 해도 세계 인구의 절반이 된다.
2) 아세아에는 다른 큰 종교들이 있다. 이슬람 힌두교, 불교, 그리고 공산주의 국가 등이 있다.
3) 아세아에는 기독교 선교를 허용하지 않는 나라들, 기독교가 박해를 받고 있는 국가가 있다. 북한은 아직도 전도의 문이 닫혀 있다.
4) 아세아에는 가장 큰 미전도지역이 있다. 어떤 통계를 보면, 아세아에 있는 27개 국가(45개 국가 중에)에는 그리스도인이 2%에 불과하다고 한다.

이런 특징을 가진 아세아가 로잔운동에 주는 도전과 기회는 크다. 이에 아세아 로잔운동은 로잔정신을 되살리며 종종 전도대회를 개최하면서 아세아 복음화의 촉매제의 역할을 감당해왔다. 그리고 아세아로잔위원회라는 우산 아래, 동북아 아세아와 남동 아세아 그리고 남 아세아의 교회가 함께 협력하게 되었다. 아세아로잔위원회는 그 우산의 역할을 계속 해나가야 할 것이다.

또한 '제 7차 아세아 교회지도자 전도대회' 기간 중에 권고한 대로, 앞으로 아세아로잔위원회는 다음과 같은 일을 계속 해 나가야 할 것이다.

1. 선교에 있어 중요한 과제들(issues)에 관한 작은 워크숍을 개최하여, 아세아 선교에 도움을 주도록 하며,

2. 뜻을 같이 하는 개인과 기관들과의 네트워크를 구축하여 프로그램이나 기타에 대하여 의견을 교환하도록 하며,

3. 계속하여 주기적으로 큰 대회를 개최하도록 하며,

4. 위의 일들을 실행함에 있어 아세아에 있는 아세아복음주의협의회와 같은 다른 복음주의 단체와 협력하여 일하도록 할 것이다.

II-2.
한국 로잔위원회

1) 한국로잔위원회의 조직

한국로잔위원회는 1989년에 정식으로 조직되었다. 1989년 7월 필리핀 마닐라에서 열린 제2차 로잔대회에 참석하고 돌아온 한국교회 지도자들에 의하여 한국로잔위원회가 창설되었다.

그러나 실상 이 운동의 시작은 1974년으로 소급된다. 1974년에 열린 제1차 로잔대회에 많은 한국교회 지도자들이 참석하였고 그곳에서 그들은 큰 영향을 받았다. 그리고 그 대회에서 우연히 박조준, 조종남, 한철하가 한 방에 유하게 되었다. 거기서 그들은 한국에도 세계복음주의 운동의 창구의 역할을 할 조직이 필요하다는 것을 느꼈다. 그리하여 귀국한 후 영락교회 당회장실에서 모여 그런 창구의 역할을 할 수 있는 기구를 창립하자는데 합의를 보았으며, 대회에 참석했던 몇 사람이 모여, 한국복음주의협의회를 조직하였다. 그 당시는 교단의 분열로 장로교의 합동측과 통합측 지도자들이 동석하는 일이 드문 때였다. 그러나 로잔대회는 그러한 벽을 허물었다. 나누어진 교단의 중진들이 함께 모여서 교파를 뛰어넘은 한 물결을 만들게 된 것이다. 이를 옆에서 바라보는 필자는 감격하여 감사의 눈물을 흘렸다.

초대 회장에 박조준 목사, 그리고 부회장에 조종남 목사를 선임하였다. 그리고 해를 거듭하며 모임을 이어나갔다. 그러던 중에 변화가 생겼다. 곧 한국복음주의협의회가 당시에 조직을 강화하여 나가는 세계복음주의협의회(WEF)의 아세아 지부인 아세아복음주의협의회의 정식 회원으로 가입을 한 것이다. 초교파적으로 시작한 한국복음주의협의회가 세계복음주의협의회의 회원이 되어 버리자 일부 한국복음주의협의회 임원은 한국에 로잔위원회가 따로 있을 필요가 없다고까지 주장하였다.

그러는 가운데 필리핀 마닐라에서 제2차 로잔대회가 열렸고, 이 대회에 한국에서 많은 분이 참석하면서 로잔운동이 크고 중요한 운동이라는 것을 실감하게 되었다. 그리고 그들은 필자를 보고, 한국에 로잔위원회를 따로 조직하라고 권고를 하기에 이르렀다. 그 결과 로잔인들은 1989에 한국로잔위원회를 조직하기에 이르렀다. 그리하여 일 년에 수차례 광림교회 선교관에 모여서, 예배와 토의시간을 갖곤 하였다.

그 때 선임된 한국로잔위원회의 임원은 다음과 같다.

의　　장, 김선도
부의장, 조종남, 박조준
총　　무, 이종윤
회　　계, 김문희
중앙위원, 정진경, 전산초, 전재옥, 곽선희, 임영수, 이재범, 김장환,
　　　　　김영백, 박종순, 김선도, 조종남, 박조준, 이종윤, 김문희

2) 제2차 한국로잔위원회 총회

1995년 5월 22일에 한국로잔위원회는 2차 총회를 열고 다음과 같이 임원을 선출하였다.

의　　장, 이종윤
부 의 장, 조종남, 서정운

총   무, 한철호
서   기, 박종순
회   계, 전산초
감   사, 박래창, 오정수
자문위원, 정진경, 윤남중, 박조준, 곽선희, 김장환, 김선도
중앙위원, 이종윤, 조종남, 전산초, 전재옥, 김영백, 임연수, 김문희,
         박종순, 한영태, 홍성철, 한인수, 이광순, 홍기영, 김인호,
         이동주, 김의환, 김영한, 서정은, 한철호

그리고 1995년 11월 29일에는 라마다 르네상스 호텔에서 로잔국제위원회 의장인 Fergus MacDonald를 환영하는 만찬회를 가졌다. 이후 한국로잔위원회는 매년 국제위원회에 미화 10,000불을 헌금하는 등, 국제위원회와의 유대를 지속적으로 가졌다.

3) 1996년-1999년간의 사역

1996년 2월 9일에 서울교회에서 한국 교회의 현재와 미래라는 주제로 조찬기도회를 가졌는데 이때 의장 이종윤 박사는 발제를 통해 '한국교회의 성장 둔화의 원인과 그 대책'을 논했으며 부의장 조종남 박사는 '로잔신학과 한국 교회'라는 주제로 발표하였다. 1996년 2월 26일-3월 1일에는 독일 슈투트가르트에서 열린 로잔국제위원회에 의장 이종윤 박사와 부의장 조종남 박사가 참석하였다. 그리고 3월 29일, 서울교회에서 슈투트가르트에서 열린 로잔국제위원회에 대한 보고회를 가졌다. 이어 1996년 7월 19일에 로잔국제위원회 총무였던 Tom Houston을 초청하여 서울교회에서 좌담회를 가졌는데 이때의 주제는 '세계복음화와 한국교회'였다.

1996년 10월 21일-25일 말레이시아 쿠알라룸푸르에서 열린 '제4차 아세아 교회지도자 전도대회(ALCOE IV)'에는 한국대표 20명이 참석하였다. 그리고 이에 대한 보고대회를 12월 10일에 가졌는데 한철호 박사가 'ALCOE IV에 대한 전반적인 보고'를, 조종남 박사가 '아세아로잔운동의 방향과 한국교회'라는 소고를 발표하였다. 1998년 3월 9-13일에는 캐나다 토론토에서 열린 로잔국제위원회와 그곳에서 개최된 Leadership Conference에 조종남, 이종윤이 참석하였다. 1999년 11월 18일에는 한국 로잔위원회 조찬 간담회를 가진 자리에서 송태승 박사가 '명목상의 신자 문제를 어떻게 할까? 라는 제목으로 발제하였다.

그리고 이 사역기간 동안 한국로잔위원회는 1,000부의 뉴스레터를 발행하여 배부하였다.

4) 2000년-2005년간의 사역

2001년 5월 10일에 제6차 신학 심포지엄을 서울교회에서 가졌는데 '새로운 전도 모델'이라는 주제로 송태승 박사가 발제하였다. 2002년에는 '제 5차 아세아 교회지도자들의 전도대회(ALCOE V)'가 8월 26-29일에 서울에서 열렸다. 한국에서 120명 참석하였다. 같은 해 11월 19일에는 제7차 신학 심포지엄을 서울교회에서 가졌다. 발제는 이관순 박사가 '한국교회 성장과 저성장의 원인분석과 그 대책'이라는 주제로 맡아 하였다.

2004년 4월 12일에 한국로잔위원회의 정기총회가 있었다. 그리고 다음과 같이 임원이 선임되었다.

고　　문, 김선도, 조종남,
의　　장, 이종윤

부 의 장, 이수영, 조일래, 오정현
서　　기, 김태연
회　　계, 손종세
총　　무, 한철호
협동총무, 최형근, 홍기영, 한정국
감　　사, 김기홍, 전재옥
　　신학분과위원장, 최형근
　　교회갱신 성장위원장, 이광순
　　선교위원장, 강승삼
　　사회위원장, 김태연
　　청소년위원장, 한철호
　　자문위원, 김장환, 박조준, 윤남중, 전진경, 서정은
　　중앙위원, 이종윤, 조종남, 전호진, 이광순, 강승삼, 한철호, 최형근,
　　　　　　김정석, 오정현, 피영민, 조일래, 이수영, 이동휘, 김태연,
　　　　　　김기홍, 손종세, 전재옥, 한영태, 홍기영, 홍성철

2004년 9월 29일-10월 5일, 태국 파타야에서 '세계복음화를 위한 2004 포럼'이 개최되었을 때, 한국에서 20명이 참석하였다. 그리고 이에 대한 보고대회를 2004년 11월 25일에 서울교회에서 가졌다. 조종남, 이종윤, 한철호, 최형근, 윤용섭, 김태연, 유승관, 한정국, 야마모리(국제 총무)가 보고자로 나섰다.

5) 2006년-2010년간의 사역

2006년 5월 22-26일에 필리핀에서 ALCOE VI가 개최되었다. 이 대회에

서 한국로잔위원회는 6월 25일을 북한 구원을 위한 세계기도일로 정하여 시행하여 줄 것을 로잔국제위원회 의장 Birdsall에게 제안하였고, 이 안건이 채택되었다. 같은 해 6월 29일, 서울교회에서 열린 ALCOE VI에 대한 보고회에서 조종남, 이종윤, 이광순, 최형근 박사가 보고 및 발표를 하였다. 이어 9월 23-30일에 말레이시아에서 Lausanne Younger Leaders Gathering이 있었다. 한국에서 12명이 참석하였다.

2007년 11월 30일, 국제위원회 의장 Birdsall이 한국을 방문하였고 그를 환영하는 만찬회를 가졌다. Birdsall 의장은 '제3차 로잔대회(Cape Town 2010)'에 대한 준비상황을 전해주었다. 그리고 익년 2008년 3월 14일, Cape Town 2010의 준비를 위한 'Lausanne International Leadership Meeting'을 서울에서 할 수 있도록 하여 달라는 Birdsall의장의 요청이 있었다. 한국로잔위원회에서는 그 청을 받아들였고 대회의 호스트(host)가 되기로 하였다.

이러한 결정 및 진행과 관련하여 2008년 10월 13일에 서울교회에서 한국의 각 교단 총무 또는 선교부장을 초청하여, 로잔에 관하여, Cape Town 2010에 대하여 설명회를 가졌다. 이때 조종남 박사가 '로잔의 역사와 한국 교회'에 대하여, 이종윤 박사가 '제3차 로잔대회(Cape Town 2010)'에 대하여 발제하였다.

2008년 11월 17일에는 한국로잔위원회의 총회를 하였고 이를 통해 다음과 같이 임원이 선출되었다.

의　　장, 이종윤
명예의장, 김선도, 조종남
부 의 장, 이수영, 강승삼
서　　기, 한철호, 황병구

회　　계, 이광순, 변창욱
감　　사, 옥일환
총　　무, 김태연, 협동총무, 한정국, 최형근
　　선교분과위원장 한정국
　　신학분과위원장 성기호
　　교회성장분과위원장 정삼지
　　청년분과위원장 한철호
　　사회분과위원장 강경민
　　중앙위원 이종윤, 이수영, 이광순, 한정국, 한철호, 김태연, 이재경, 김정석, 송기성, 오종현, 강승삼, 김은호, 조종남, 최형근, 옥일환, 성기호, 정삼지, 변창욱, 황병구

2008년 12월 17일에는 'Lausanne Internationa. Leadership Meeting'의 conference director인 Blair Carlson이 한국을 방문하였다. 그리고 한국로잔위원회 임원들과 좌담회를 가졌다. 이틀 후 한국로잔위원회 중앙위원회가 모여, 2009년 'Lausanne International Leadership Meeting'를 위한 준비위원회를 구성하였고 Cape Town 2010 참가자에 대한 논의를 하였다. 2009년 1월 6일, 중앙위원회의 결의에 따라 월례모임을 가진 자리에서 조종남('로잔세계복음화 운동의 역사')과 이종윤('로잔언약의 신학적 적합성')의 발제가 있었다. 그리고 일본 로잔위원회의 의장, Kanemoto Satoruo와 WEF의 회장 김상복 목사의 인사가 있었다.

2009년 3월 26일에는 로잔 3월 월례모임에서 한국을 방문한 Blair Carlson(conference Director)의 특강이 있었다. 로잔 4월 월례모임에서는 최형근 박사의 발제가 있었다. 주제는 '온교회(the whole church)에 대한 로잔 신학위원회의 입장'이었다. 5월의 월례모임에서는 조무성 박사의

'건강도시화와 샬롬 공동체'라는 주제의 발표 시간을 가졌다. 로잔 6월 월례모임의 발표자는 이광순 박사였다. 이광순박사는 장신대에서 열린 'Lausanne International Leadership Meeting'에 대한 경과보고를 하였다. 9월 월례모임은 2009년 9월 24일에 있었는데 앞으로 월례모임에서 제3차 로잔대회에서 있을 에베소서 연구와 토의될 주제들에 대한 연구를 미리 하기로 결정하였다. 발제자 이종윤 박사는 '신약 에베소서 1장 연구'를, 발제자 조종남 박사는 '하나님은 그리스도 안에서 세상을 자신과 화목케 하신다'라는 주제로 발표를 하였다.

2009년 10월 22일에 가진 로잔 10월 월례모임에서 남아프리카공화국의 기독교 및 한국 선교사 현황에 대한 설명의 시간을 가졌다. 11월 26일의 11월 월례모임에서는 박영환 박사가 '세계선교와 한국 교회'라는 주제로 발제하였다.

2010년 3월 25일에 로잔 3월 월례모임이 있었다. 이종윤 박사의 '에베소서 2장 연구'에 대한 발제가 있었고, 성기호 박사의 '분열되고 깨진 세계에 그리스도의 평화를 세우기 위하여'라는 주제에 관한 발제가 있었다. 2010년 5월 6일 월례모임의 발제는 '에베소서 3장 연구'(이종윤), '다른 종교인들에게 그리스도의 사랑을 실천함'(이동주)이었다. 2010년 9월 16일의 9월 월례모임에서도 역시 이종윤 박사가 '에베소서 5, 6 장 연구'를 발제하였고 김상복 박사는 '세계평화를 이루기 위하여 그리스도의 방법을 찾자'는 주제로 발제하였다.

2010년 10월 14-23일에 있었던, Cape Town 2010 대회에 한국 대표 88명이 참석하였다. 이어 2010년 11월 25일에는 Cape Town 2010에 대한 보고대회를 가졌는데, 이동주, 성기호 박사가 각각 선교적 입장과 신학적 입장에서 보고하였고, 이종윤, 조종남 박사가 대회에 대한 총평을 하였다.

2010년 12월 9일, 서울교회에서 한국로잔위원회의 5차 총회를 가졌다.

선출된 임원은 다음과 같다.

의　　　장　이수영
부　의　장　오정현, 성기호, 이광순, 김정석
서　　　기　한철호
회　　　계　박재언
총　　　무　김태연
협동총무　한정국, 최형근
중앙위원　전년도 위원들이 유임되다.

6) 2011년-2012 년간의 사역

이수영 신임 의장의 지도하에 한국로잔위원회는 역시 이전과 같이 매달 월례회로 모여 당면한 일들을 처리하였다. 2011년 5월 11일에는 그 동안의 로잔운동을 위한 공로에 대하여 조종남 목사에게 공로패를 증정하였다. 2011년 6월 1-4일, 몽골에서 개최된 '제7차 아세아 교회지도자 전도대회(ALCOE VII)'에 이종윤 목사 외 수 명이 참석하였다. 2012년의 1월 27일, 새문안 교회에서 제 6차 한국로잔위원회 총회를 열었다. 이번 총회에서는 정관에 따라 임원 개선은 하지 않았으며 사업의 연속선상에서 동일한 사업과 사역을 지속적으로 추진하기로 중지를 모았다.

그리고 2012년 6월 7일부터 8일까지 서울에서 열린 아세아로잔실행위원회를 호스트(host)하였다. 그리고 1년 후 2013년 6월 25-27일에는 아시아로잔위원회의 주최로 서울에서 열린 아세아 교회지도자 포럼(Asian Church Leaders Forum)를 주관하였다. 이 대회는 "New Horizons — Asian Christianity in 21th Century"라는 주제 하에 장로교 신학대학교 캠퍼스에서 모였는데, 98명이나 되는 중국의 교회 지도자들을 비롯하여 중국선교에 관심을 가진 많은 세계 선교 지도자들이 참석하였다.

2010년부터 2012년에 이르는 이 기간 동안에 한국로잔위원회가 주력을 들여 행한 사역은 그 무엇보다도 두 가지로 집약된다. 한국교회에 로잔운동을 알리기 위하여 한국의 대표적 교회를 순회하며 로잔을 소개하는 로잔순회예배의 시간을 가진 것과, 각 신학교에 로잔운동을 연구하는 학생 동아리나 모임을 결성하도록 독려한 일이다.

한국교회와 신학생들에게 로잔운동을 알리기

첫 로잔 헌신예배는 2011년 3월 30일에 새문안교회에서 드렸다. 영상으로 로잔운동을 소개하고 조종남 목사가 설교를 하였다.

2011년 5월 17일에 서울신학대학교에서 신학생들을 위한 로잔세미나가 있었는데 '로잔운동의 역사와 로잔 선교신학의 특징'이라는 주제로 조종남 박사가 발제하였고, 이어 최형근 박사가 Cape Town 2010에 대하여 소개하는 시간을 가졌다.

2011년 6월 8일에 이수영 목사의 설교로 사랑의 교회에서 로잔헌신예배를 드렸다. 2011년 6월 29일에는 영락교회에서 '로잔의 밤(예배)'을 가졌다. 이 날 이종윤 목사가 설교하였다. 2012년 6월 7일에는 횃불 트리니티 신학대학원 대학교에서 로잔순회예배를 실시하였다. 이 자리에서 조종남 박사가 '세계복음화와 로잔운동'이라는 제목으로 설교를 하였다. 2012년 9월 4일, 장신대에서 이종윤 박사의 설교로 로잔순회예배가 있었다. 이어서 2012년 9월 10일에는 이수영 박사의 설교로 주안대학원대학교에서 '로잔순회예배'가 있었다. 11월 16일에는 아세아연합신학대학원에서 이종윤 박사가 로잔운동에 대한 특강을 하였다.

신학교 안에서의 로잔동아리의 활동

여러 신학교에 선교학 교수의 지도하에 로잔을 소개하고 연구하는 신학생 동아리가 생겼다. 장신대(지도교수, 박보경), 서울신학대학교(지도교수, 박영환), 침신대(지도교수, 안희열), 아세아연합신학대학교(지도교수, 이동주), 성결대학교(지도교수, 노윤식), 합신대(지도교수, 김학유), 총신대학교(지도교수, 김성욱), 백석대학교(지도교수, 장훈태), 고신대학교(지도교수, 신경규) 등지에 로잔 동아리가 결성된 것이다.

2012년 5월 4일에는 제 1차 로잔 캠퍼스 동아리 지도교수 회의를 열었다. 이 자리에는 이수영, 김광성, 장훈태, 김성욱, 정홍호, 이동주, 박보경, 박영환, 이성숙, 김태연 교수가 참석하였다. 이어 2012년 6월 1일, 제2차 로잔 캠퍼스 동아리 지도교수 회의를 열었다. 이 자리에는 이수영, 박영환, 박보경, 김광성, 장훈태, 김성욱, 정홍호, 홍기영, 장남혁, 이성숙, 김태연 교수가 참가하였다. 2012년 8월 14일의 로잔 캠퍼스 동아리 지도교수 모임에서는 김성욱, 최형근, 정홍호의 발제와 더불어 토의가 있었다.

2012년 11월 23-24일에는 '제1회 로잔캠프'가 광림세미나하우스에서 한국로잔위원회 주최, 로잔연구교수단 주관으로 개최되었다. 학생 56명, 교수 14명, 로잔중앙위원 5명 내외로, 총 75명 내외가 참석하였다. 교수단 신임 임원을 선출하는 시간을 가졌는데 회장으로 장훈태(백석대), 총무로는 김승호(한국성서대), 서기 및 회계로 소윤정(서울기독대) 교수가 선출되었다. 이 자리에서, 로잔캠프를 1년에 한번 개최하기로 하되 11월 추수감사주일을 지낸 금-토요일 양일간 하기로 하자는 결의가 있었다. 그리고 로잔교수모임을 확대하자는데 뜻을 모았다. 특히 대전 이남의 학교들을 섭외하여 동아리를 확장하도록 하고, 동아리 지도교수뿐 아니라 각 학교에서 로잔정신에 동의하는 교수들을 더 섭외하여 참여토록 독려하기로 하였다.

한국로잔위원회 제7차 총회

2013년 1월 9일, 새문안교회에서 한국로잔위원회 제7차 총회를 개최하였다. 총회 참석자의 만장일치로 이수영 목사가 의장으로 재선임되었고, 그 외 임원도 의장의 요청에 따라 유임하기로 하다. 이 자리에서 결의한 주력 사업계획은 다음과 같다.
(1) 교회 순회예배를 통한 로잔의 이해와 저변 확산
(2) 12개 신학교의 로잔 동아리 지원과 캠프 지원 사업으로 차세대 양성
(3) 2012년도부터 진행되어온 로잔문서 번역 출판 계획 등 로잔 관련 출간 사역 지속

2013년 현재 한국로잔위원회의 임원은 아래와 같다.
고　　　문: 조종남, 김선도
명예의장: 이종윤
의　　장: 이수영
부 의 장: 오정현, 성기호, 이광순, 김정석
서　　　기: 한철호
회　　　계: 박재언
총　　　무: 김태연
협동총무: 한정국, 최형근

각 분과위원장
신학위원회: 이동주

교회갱신과 성장위원회: 박영환

선교위원회: 유승관

사회위원회: 김종성

청소년위원회: 황병구

전문인위원회: 박상은

기도위원회: 박보경

중앙위원 : 조종남, 이종윤, 이수영, 강승삼, 이광순, 성기호, 한정국, 한철호, 김태연, 오정현, 김정석, 최형근, 황병구, 박영환, 홍기영, 강대흥, 장정일, 유승관, 이동주, 이철신, 김종성, 안희열, 박보경, 정현구, 한기채, 박상은, 조일래, 박재언

: 제3장 :
로잔의 신학

3
로잔의 신학

III-1.
로잔의 신학적 근거와 접근방법

그러면 로잔운동의 근거가 되며 상호협력의 기초가 되는 로잔운동의 신학적 입장과 정신은 어떠한 것인가.

위에서 언급한대로 로잔운동의 신학적 입장은 제1차 로잔대회 때 발표한 로잔언약(The Lausanne Covenant)에 기초하고 있다. 그리고 그것이 마닐라선언문(The Manila Manifesto)에서 보완되었으며, 케이프타운서약(The Cape Town Committment: A Confession of Faith and a Call to Action)에서 재확인되고 적용되었다. 이렇게 로잔대회들을 통하여 개진된 신학적 입장을 상고함에 있어 우선 로잔의 신학적 근거와 접근방법의 특징을 살펴보고자 한다.

로잔언약은 '하나님의 목적'에 관한 교리에서 시작해서 '그리스도의 재림'에 관한 교리에 이르기까지 15개 문단으로 광범위하게 신학을 다루고 있다. 물론 로잔은 신학 내용에 있어 전통적 복음주의 신학에서 출발한다. 곧 성경은 영감으로 기록된 하나님의 말씀으로서 그의 권위와 능력(The Authority and Power)을 확인한다. 로잔 선교신학은 성경에 근거하여 하나님이요 구주로서의 예수 그리스도의 유일성과 구원의 복음의 유일성을 전제한다. 또 구원이 하나님과의 화해이며 이는 하나님의 은혜로 인하여 믿음으로써만 얻어진다는 이신득의(Justification by faith)의 교리를 확인한다.

그러므로 교회가 전파하는 구원은 예수 그리스도로 말미암아 죄에서 용서받고 성령의 자유케 하시는 선물을 받는 것이다. 이렇게 함으로 사회, 정치적 참여로 인한 인간화에서 하나님의 구속 사역이 체험되는 것처럼 말하는, WCC가 주최한 '방콕' 73의 입장을 배제하였다. 또한 '그리스도의 유일성과 보편성'을 확인함으로 자유주의자들의 혼합주의나 만인구원론(Universalism)을 배격함과 동시에 세계선교의 동기를 제공하고 있다. 로잔언약은 선언한다.

"죄를 인하여 모든 사람이 멸망하고 있지만, 하나님은 모든 사람을 사랑하시어 모두가 회개하여 구원받기를 원하신다. 그럼에도 불구하고 그리스도를 거절하는 자는…스스로 정죄함으로써 하나님으로부터 영원히 분리된다."[3]

로잔은 신학을 전통적인 복음주의적 신학의 토대 위에서 시작하되, '세

---

3) LC, 3문단.

계복음화'라는 관심과 '오늘의 선교'라는 상황(Context)에서 다루었으며 '이 과업에 새롭게 헌신하려는 자세'에서 이루어졌다. 이것이 로잔신학의 매력이기도 하다. 이런 면에서 로잔언약은 과거의 복음주의 신학의 반복이 아니라 거기에서 진일보한 것이며, 나아가 살아있는 선교신학(missionary theology)을 개진한 것이다.

또한 로잔언약은 선교를 삼위일체적으로 개진한다. 선교는 삼위일체 하나님의 사역에서 시작하며, 선교의 형태와 그 내용 그리고 모델은 바로 예수의 선교사역에 기초를 둔데서 연인(連引)된다. 하나님께서 당신의 나라를 확장해 나가는 일을 친히 하고 계시다(고후 5:19). 그러기 위하여, "하나님은 자기를 위하여 세상으로부터 한 백성을 불러내시며 다시금 그들을 세상으로 내보내시어 그의 나라의 확장과 그리스도의 몸의 건설과 그의 이름의 영광을 위하여 그들이 그의 종과 증인이 되게 하신다."[4]

이런 견해는 선교를 교회중심으로 이해하던 전통적인 이해와는 달리, 선교하시는 하나님의 사역에 동참하는 것으로 이해하는 것이다. 곧 하나님이 모든 사람을 사랑하시어 한 사람도 멸망하지 않고 모두가 회개할 것을 원하시기 때문에[5] 예수 그리스도를 세상에 보내심과 같이 그리스도께서는 그의 구속받은 백성들을 또한 세상에 내보내시어 선교사역을 하게 하시는 것이다(요 20:21). 로잔은 이와 같이 하나님께서 모든 사람을 사랑하시고 모두가 구원받기를 원하신다고 믿는다. 그러므로 로잔이 말하는 선교의 비전은 온 세계를 향한 것이며, 세계복음화(World Evangelization)가 선교의 목표이다.

---

4) LC, 1문단.
5) LC, 3문단.

또한, 이런 접근에서는 교회의 선교과제와 패턴을 예수 그리스도의 사역에서 찾는다. 예수 그리스도의 선교에서 찾는 교회의 선교는 예수님이 그랬듯이 '종으로서의 희생적인 봉사'이다. 이런 신학적 접근은 오랫동안 문제가 되어 왔던, 교회의 전도와 사회 참여로 양극화 되어있던 딜레마를 해결하는 실마리를 제공하였다.

더 나아가, 선교를 삼위일체 하나님의 선교에서 출발하기에 로잔은 전도에서의 성령의 역할을 깊이 이해하며 복음은 말과 행위뿐 아니라 능력으로 증거되어야 함을 주장하게 된다. 이로써 로잔은 오늘날 많은 의문과 질문이 제기되고 있는 전도 현장에서 나타나는 기사와 이적에 대한 신학적 이해를 제공하는데 공헌했다.

생각건대, 로잔운동은 여러 면에서 복음주의 신학, 특히 선교신학의 개진에 건전한 영향을 끼쳤다. 특히 위에서 말한 문제, 곧 전도와 사회참여로 양극화된 문제를 해결한 점과 선교에서 성령의 역사, 기사, 이적에 대한 신학적 이해를 제공했다는 점에서 크게 공헌했다.

그러면 이제 다음에서는 로잔대회들을 통하여 개진된 로잔의 중요한 신학적 입장을 살펴보고자 한다.

III-2.
하나님의 목적

로잔언약은 하나님의 목적에 대하여 다음과 같이 말하고 있다.

LC, 1. 하나님의 목적

우리는 세상의 창조주이시며 주되신 영원한 한 분 하나님, 곧 성부, 성자, 성령에 대한 우리의 신앙을 확신한다. 하나님은 그의 뜻과 목적에 따라 만물을 통치하신다. 그는 자기를 위해 세상으로부터 한 백성을 불러내시고 다시 그들을 세상으로 내보내시어 그의 나라를 확장하고, 그리스도의 몸을 세우고, 그의 이름의 영광을 위해 그의 부름 받은 백성을 그의 종과 증인이 되게 하신다. 우리는 종종 세상에 동화되거나 세상으로부터 도피함으로 우리의 소명을 부인하고 우리의 사명에 실패하였음을 부끄럽게 생각하며 이를 고백한다. 그러나 비록 질그릇에 담겼을지라도 복음은 귀중한 보배임을 기뻐하며 성령의 능력으로 이 보배를 널리 선포하는 일에 우리 자신을 새롭게 헌신하려고 한다.

(사 40:28; 마 28:19; 엡 1:11; 행 15:14; 요 17:6, 18; 엡 4:12; 고전 5:10; 롬 12:2; 고후 4:7)

로잔언약은 하나님에 관한 고백으로 시작한다. 왜냐하면 선교나 전도는 사람의 생각이나 이념에서 시작하는 것이 아니라, 하나님의 영원하신 목적의 한 부분이기 때문이다. 따라서 우리는 하나님에 관해 먼저 말하지 않고는 선교를 말할 수 없다. 그래서 로잔언약은 먼저 하나님이 누구이시며, 선교에서 무엇을 하시는가를 간단히 언급한 후, 자기 백성을 위한 하나님의 계획을 설명한다.[6]

로잔언약은 하나님은 삼위일체의 신으로서 한 분이신 하나님이시지만 성부, 성자, 성령, 삼위로 역사하심을 확인하고 고백한다. 하나님은 온 우주와 인간의 창조주로서 영원하시며 동시에 시간 안에서 역사하신다. 하나님은 그가 만드신 것을 통치하신다. 곧 하나님은 자연과 역사의 주권자요 동시에 선교의 하나님이시다. 곧,

"그는 자기를 위하여 세상으로부터 한 백성을 불러내시며 다시금 그들을 세상으로 내보내시어 그의 나라의 확장과 그리스도의 몸의 건설과 그의 이름의 영광을 위하여 그의 부름 받은 백성을 그의 종과 증인이 되게 하신다."(LC, 1)

이런 견해는 선교를 교회 중심으로 이해했던 견해와는 달리 삼위일체 하나님의 사역으로 이해하고, 교회는 하나님께서 당신의 나라를 확장해 나가는 일에 대한 증인과 종으로서의 선교의 사명을 지니고 있는 것으로 이해하는 것이다. 교회는 이 사명을 위하여 세상 안으로 보냄을 받았다는 것이다.

교회, 곧 하나님의 백성이 세상 안으로 보냄을 받음에 있어 교회와 세계와의 관계 즉, 그리스도인과 비그리스도인 또는 세속과의 관계를 생각하게 된다. 이 점에 있어, 로잔은 과거에 "우리는 종종 세상에 동화되거나 세상으로부터 도피함으로 우리의 소명을 부인하고 우리의 선교 사역에 실패했음을 수치스럽게 생각하며 이를 고백하고", "복음은 비록 질그릇에 담겼을지라도 귀중한 보배임을 기뻐하며 성령의 능력으로 이 보배를 널리 선포하는 일에 우리 자신을 새롭게 헌신" 할 것을 호소하고 있다.

---

6) Lausanne Occasional Papers No. 3(The Lausanne Covenant-An Exposition and Commentary by John Stott. (이하 LOP 3로 표기함)

다시 말해서, 우리는 종종 이 세상에 살면서 불신자의 사고와 표준에 동조하기 시작하였으며 나아가 세상과 동화되는 잘못을 범하기도 했다. 그런가 하면, 또한 우리는 세상과 구별되어야 한다고 하는 그리스도인의 본질을 잃지 않으려고 너무 애를 쓰므로, 세상에서 불신자와의 접촉을 피하기 시작하였으며 따라서 세상을 외면하는 잘못에 빠졌다는 것이다. 이에 우리는 그런 과오를 범치 말고, 선교에 참여하여야 한다는 것이다. 우리는 그리스도의 사신으로 세상 안으로 보냄을 받았기에, 세상에 동화되어서도 안 되고 또한 세상에서 후퇴할 수도 없고, 세상 안에서 선교에 참여하여야 한다.[7]

이런 입장은 마닐라선언문 '제5문단, 전도자 하나님' 에서, 그리고 마닐라선언문 총 21개항 중(Twenty-One Affirmations)의 2항과 21항에서 재확인할 뿐 아니라 확대 설명 되고 있다. 마닐라선언문은 고백한다.

> 성서는 하나님 자신이 전도의 대장이심을 선포한다. 하나님의 영은 진리와 사랑과 거룩과 능력의 영이시며, 전도는 하나님의 역사 없이는 불가능하기 때문이다. 전도자에게 기름을 붓고, 말씀을 확정하고, 듣는 이를 준비시키며, 죄를 책망하고, 눈 먼 자에게 빛을 주고, 죽은 자들에게 생명을 주고, 우리로 하여금 회개하고 믿을 수 있게 하며, 우리를 그리스도의 몸에 연합시키며, 우리가 하나님의 자녀임을 확신시키며, 증인으로 내보내는 분은 바로 하나님이시다.[8]

---

7) LOP 3, p.6.
8) 마닐라선언문, 5문단(이하 마닐라선언문은 MM으로 표기함). 조종남, 『로잔 세계복음화운동의 역사와 정신』(IVP, 1990), p.79.

따라서 "우리는, 하나님께서 온 세상에 온전한 복음을 전파하라고 온 교회를 부르고 계신 것을 믿는다. 그러므로 우리는 주님이 오실 때까지 신실하고 긴급하게 그리고 희생적으로 복음을 선포할 것을 결의한다."라고 마닐라선언문은 고백하고 있다.[9]

이런 고백과 확인은 제3차 로잔대회에서 발표한 케이프타운서약(The Cape Town Committment)에서도 메아리치고 있다.

우선 케이프타운서약(The Cape Town Committment)은 서문에서, "우리는 로잔언약(1974)과 마닐라선언문(1989)을 여전히 로잔운동의 핵심적 문서로 인정한다. 이 두 문헌은 성경적 복음의 핵심진리들을 분명하게 제시하며, 그 진리들은 여전히 적실하며, 도전적인 방식으로 우리 선교 현장에 적용된다."[10]라고 말문을 열고 있다. 그리고 케이프타운서약의 첫 부분인, 신앙고백(A Confession of Faith)의 1, 2, 3, 4, 5항과 10항은 삼위일체 하나님에 관하여 언급하며, 로잔언약의 입장을 사랑의 언어로 확인하며 고백하고 있다. 케이프타운서약은 고백한다.

> 하나님의 선교는 하나님의 사랑에서 흘러나온다. 하나님의 백성의 선교는 하나님에 대한 우리의 사랑과 하나님이 사랑하는 모든 이들에 대한 사랑에서 흘러나온다. 세계복음화는 우리를 향한 하나님의 사랑과 우리를 통한 하나님의 사랑에서 비롯된다.[11]

하나님께서는 자신의 선교를 나누시려고 그의 백성들을 부르신다. 모든

---

9) MM, 21항, 조종남, 『로잔 세계복음화운동의 역사와 정신』, p.70,
10) The Cape Town Committment, Preamble 참조.(이하 The Cape Town Committment 는 CTC 로 표기함).
11) CTC, 1항.

열방들 가운데 존재하는 교회는 구약성경의 하나님의 백성들과 함께 메시아 예수를 통하여 지속적인 관계를 맺는다.…… 우리는 예수 그리스도의 십자가와 부활을 통하여 구속되었고, 하나님이 그리스도 안에서 행하신 일들에 대한 증거를 품기 위해 성령의 능력을 받았다. 교회는 영원토록 하나님을 예배하고 영광을 돌리며, 역사 안에서 변혁하는 하나님의 선교에 참여하기 위해 존재한다. 우리의 선교는 전적으로 하나님의 선교로부터 나오고 하나님의 창조 전반을 다루며, 그 중심인 십자가의 구속적인 승리에 근거한다. 이것은 우리가 속해 있고, 우리가 고백하는 믿음과 우리가 공유하는 선교를 함께 하는 백성들이다.[12]

그리스도 안에서 하나님의 한없는 사랑에 대한 우리에 응답과 그 분에 대한 넘치는 사랑의 표출을 통해 우리는 성령의 도움으로 자기를 부인하는 겸손함과 기쁨과 용기를 가지고 하나님이 명령하신 모든 것에 온전히 순종하기위해 우리 자신을 다시금 헌신한다. 우리는 주님께서 우리를 먼저 사랑하셨기에 우리를 사랑하는 주님과의 이 언약을 갱신한다.[13]

---

12) CTC, 10항.
13) Ibid.

III-3.
성경의 권위와 능력

로잔 언약을 설명함에 있어 먼저 지적하고 싶은 것은, 로잔언약은 성경에 근거하고 있다는 사실이다. 로잔은 성서의 무오성과 권위를 확인하고, 성경에 근거한 선교를 말하고 있다. 로잔언약은 성경에 대하여 다음과 같이 말한다.

> LC. 2. 성경의 권위와 능력
>
> 우리는 신구약 성경이 하나님의 영감으로 기록되었음을 믿으며, 그 진실성과 권위를 믿는다. 성경 전체는 기록된, 하나님의 유일한 말씀으로서, 그 모든 가르치는 바에 전혀 착오가 없으며, 신앙과 실천의 유일하고도 정확무오한 척도임을 믿는다. 우리는 또한 그의 구원 목적을 이루는 말씀의 능력을 확신한다. 성경 말씀은 온 인류를 위한 것이다. 그리스도와 성경에 나타난 하나님의 계시는 불변하기 때문이다. 성령은 오늘도 그 계시를 통해 말씀하신다. 성령은 어떤 문화 속에서나 모든 하나님 백성의 마음을 조명하여 그들의 눈으로 이 진리를 새롭게 보게 하시고, 하나님의 각종 지혜를 온 교회에 더욱 더 풍성하게 나타내신다.
>
> (딤후 3:16; 벧후 1:21; 요 10:35; 사 55:11; 고전 1:21; 롬 1:16; 마 5:17, 18; 유 1:3; 엡 1:17, 18; 3:10, 18)

이와 같이 로잔언약은 성경이 하나님의 영감으로 기록되었으며, 따라서 성경이 주장하는 바에는 전혀 그릇됨이 없다고 믿는다. 즉, 성경의 진실성과 권위를 믿는다.

이런 입장은 마닐라선언문에서 다시 확인하고 있다.

"우리는 하나님께서 신약성경과 구약성경에서 우리에게 하나님의 성품과 뜻, 그리고 하나님의 구속적 역사와 그 의미를 권위 있게 드러내실 뿐 아니라 선교를 명하고 계신 것을 확실히 믿는다." 그리고 "우리는 성경의 복음이 하나님께서 계속적으로 우리에게 주시는 메시지임을 확인하며, 이 복음을 변호하고, 선포하며, 이를 구체적으로 표현할 것을 다짐한다."(MM, 2, 3항)

케이프타운서약도 역시 "우리는 하나님의 말씀을 사랑한다.", "우리는 하나님의 복음을 사랑한다."라고 고백하면서 성경을 하나님의 기록된 최종적인 말씀으로 이해하며 이 말씀이 모든 문화와 모든 족속에게 성령을 통하여 전해짐을 인정한다고, 다음과 같이 말하고 있다.

"우리는 성경을, 인간 저자들이 하나님의 영으로 영감을 받아 말하고 쓴 하나님의 말씀으로 받아들인다. 우리는 우리의 믿음과 행위를 주관하는 궁극적이며 유일한 권위로서 성경을 감수한다. 우리는 하나님 말씀의 능력이 그분의 구원 목적을 성취한다는 것을 증언한다. 우리는 성경이 최종적으로 기록된 하나님의 말씀임을 확증한다. 따라서 우리는 이 성경을 능가하는 어떤 계시가 장래에 있지 않음을 단언한다. 그러나 우리는 또한 성령께서 하나님 백성의 마음을 조명하여 모든 문화권의 사람들에게 성경이 새로운 방법으로 계속해서 하나님의 진리를 말씀하게 함을 (인정하고) 기뻐한다."[14]

그러면서 케이프타운 서약은 성경이 예수 그리스도에 관하여 계시하고

---

14) CTC, 6항

구원에 관한 이야기를 하고 생명으로 인도하는 진리에 관하여 가르치고 있으며 우리가 그리스도인으로서 어떤 삶을 살아야할지를 보여주고 있다고 단언한다.[15]

이와 같이 로잔운동은 성경에 근거한 선교를 추구하고 있다.

그래서 로잔 선교신학은 성경에 근거하여 하나님이요 구주로서의 예수 그리스도의 유일성과 구원의 복음의 유일성을 전제한다. 또한 구원은 하나님과의 화해이며, 이는 하나님의 은혜로 인하여 믿음으로써만 얻어진다는 이신득의(Justification by faith)의 교리를 확인한다.

그러므로 교회가 전파하는 구원은 예수 그리스도로 말미암아 죄에서 용서받고 성령의 자유케 하시는 선물을 받는 것이다. 이렇게 함으로 사회, 정치적 참여로 인한 인간화에서 하나님의 구속 사업이 체험되는 듯 말하는 입장을 배제한다. 또한 '그리스도의 유일성과 보편성'을 확인함으로 자유주의자들의 혼합주의나 만인구원론(Universalism)을 배격한다. 로잔언약은 선언한다.

> "죄를 인하여 모든 사람이 멸망하고 있지만, 하나님은 모든 사람을 사랑하시어 모두가 회개하여 구원받기를 원하신다. 그럼에도 불구하고 그리스도를 거절하는 자는…스스로 정죄함으로써 하나님으로부터 영원히 분리된다."[16]

건전한 세계선교는 성경에 근거하여야 함을 우리는 명심하여야 한다. 로잔언약이 천명하는 대로 성경전체가 성령의 영감으로 기록되었으며,

---

15) CTC, 6항, 8항.
16) LC, 3문단.

성경이 가르치는 바에는(as it affirms) 그릇됨이 없음을 믿어야 한다.

오늘날에 그릇된 선교개념은 성경 전체를 하나님의 말씀으로 인정하지 않는데서 나오는 것이다. 이를 보여주는 한 가지 사례를 나는 기억한다.

1975년 케냐 나이로비에서 열린 WCC대회에서 교회의 선교 과제에 관하여 논쟁이 있었다. 한편에서는 교회선교는 사람을 중생하라고 전도할 필요가 없고 사회참여뿐이라고 주장하고, 다른 한편에서는 전도의 중요성을 주장했다. 이런 상이한 주장에 서로 말하기를 성서에 근거하였다고 한다. 그러면 어떻게 성경을 사용하기에 그런 결론에 도달하는가? 토의하여 보자고 하여, 그 다음 해에 스위스 몬트레이(Montrey)에서, WCC를 대표하는 신학자 10명과 복음주의 편에서 10명이 모여서 비공개로 토의를 한바가 있었다. 필자도 한 사람으로 참석을 했었다.

그 때 WCC측 학자들이 주장하는 것은 로마서 5:18-19의 말씀, 곧 "그러니 한 사람의 범죄 행위 때문에 모든 사람이 유죄판결을 받았는데, 이제는 한 사람의 의로운 행위 때문에 모든 사람이 의롭다는 인정을 받아서 생명을 얻게 되었습니다. 한 사람이 순종하지 않음으로 말미암아 많은 사람이 죄인으로 판정을 받았는데, 이제는 한 사람이 순종함으로 말미암아 많은 사람이 의인으로 판정을 받을 것입니다."(표준 새번역)를 인용하면서, 아담의 범죄로 죄인이 된 모든 인류는 둘째 아담 예수가 오심으로 모두 다 새 인간(New humanity)이 되었다는 것이다. 그래서 교회는 거듭나라고 전도할 필요가 없다고 주장하였다. 그러면서 누가복음 4장 17-19절의 말씀, 곧 "예수께서… 회당에 들어 가사 성경을 읽으려고 서시매, 선지자 이사야의 글을 드리거늘 책을 펴서 이렇게 기록된 데를 찾으시니 곧 주의 성령이 내게 임하셨으니 이는 가난한 자에게 복음을 전하게 하시려고 내게 기름을 부으시고 나를 보내사 포로 된 자에게 자유를, 눈 먼 자에게 다시 보게 함을 전파하며 눌린 자를 자유롭게 하고 주의 은혜의 해를 전파하게 하려 하심이라 하였더라."는 성경구절을 인용하면서 교회의 사명은 단지 인간화 즉, 사회참여 뿐이라는 것이다.

복음주의자들은 이러한 그들의 주장에 대하여, 왜 그 구절들만을 인용하면서 죄를 회개하고 예수를 믿어야 의롭게 된다고 주장하고 있는 다른 성경구절들은 보지 않느냐고 반박하였다. 그러자 그들은 그런 구절들을 인정하지 않는다고 말하였다. 성경전체를 하나님의 말씀으로 인정하지 않고 자신들이 좋아하는 구절만을 인정하고 주장하는 그들의 모습에서 나는 그들의 그릇된 견해의 근거를 찾을 수 있었다.

이와 같이 성경전체를 하나님의 말씀으로 믿지 않는 데서 출발하는 신학은 탈선하는 것이다. 우리는 성경을 하나님의 말씀, 능력의 말씀으로 믿고 그에 근거한 선교를 하여야 한다. 성경의 권위를 의심할 때 전도는 그 힘을 잃는다.

Ⅲ-4.
그리스도의 유일성와 보편성

로잔언약은 예수 그리스도의 유일성과 보편성에 관하여 다음과 같이 선언하고 있다.

LC, 3. 그리스도의 유일성과 보편성

우리는, 전도의 방법은 다양하지만 구세주는 오직 한 분이요 복음도 오직 하나임을 확신한다. 우리는 자연에 나타난 하나님의 일반 계시를 통해 모든 사람이 하나님에 관한 어느 정도의 지식이 있음은 인정한다. 그러나 우리는 사람이 이것으로 구원받을 수 있다는 주장은 부인한다. 이는 사람이 자신의 불의로써 진리를 억압하고 있기 때문이다. 우리는 또한 모든 종류의 혼합주의를 거부하며, 그리스도께서 어떤 종교나 어떤 이데올로기를 통해서도 동일하게 말씀하신다는 식의 대화는 그리스도와 복음을 손상시키므로 거부한다. 유일한 신인(神人)이신 예수 그리스도는 죄인을 위한 유일한 대속물로 자신을 주셨고, 하나님과 사람 사이의 유일한 중보자이시다. 예수님 외에 우리가 구원받을 다른 이름은 없다. 모든 사람은 죄로 인해 멸망할 수밖에 없다. 그러나 하나님은 모든 사람을 사랑하시기 때문에 한 사람도 멸망하지 않고 모두가 회개할 것을 원하신다. 그럼에도 불구하고 그리스도를 거절하는 자는 구원의 기쁨을 거부하며 스스로를 정죄함으로써 하나님으로부터 영원히 분리된다. 예수님을 '세상의 구주'로 전파하는 것은 모든 사람이 자동적으로 혹은 궁극적으로 구원받게 된다는 말이 아니며, 또 모든 종교가 그리스도 안에 있는 구원을 제공한다고 보장하는 것은 더욱 아니다. 예수님을 '세상의 구주'로 전하는 것은 오히려 죄인들이 사는 세상을 향해 하나님의 사랑을 선포하는 것이며, 마음을 다한 회개와 신앙의 인격적인 결단으로 예수님을 구세주와 주로 영접하도록 모든 사람을 초청하는 것이다. 예수 그리스도는 모든 이름 위에 높임을 받으셨다. 우리는 모든 사람이 그 앞에 무릎을 꿇고 모든 입이 그를 주로 고백하는 날이 오기를 고대한다.

(갈 1:6-9; 롬 1:18-32; 딤전 2:5, 6; 행 4:12; 요 3:16-19; 벧후 3:9; 살후 1:7-9; 요 4:42; 마 11:28; 엡 1:20, 21; 빌 2:9-11)

로잔언약은 로잔언약 3문단에서 우리에게는 한 분의 구주와 오직 하나의 복음만이 있음을 강조한다. 이 말은 예수 그리스도 밖에 있는 인간은 멸망할 할 수밖에 없다는 것이다. 또한 예수 그리스도 안에만 구원이 있다는 확신이다. 이에 근거하여 로잔은 전도의 필요성을 강조한다.

로잔은, 하나님의 일반계시와 선행적 은총으로 인하여 모든 사람이 하나님에 관하여 어느 정도의 지식을 가졌으나, 이는 구원케 하는 지식 (saving knowledge)이 아니라고 말한다. 왜냐하면 죄인인 인간들은 자신의 불의로 진리를 막는 자들이기 때문이다(롬 1:20). 그러므로 로잔은 이런 지식이 사람을 구원할 수 있다는 것을 부인한다. 그러므로 죄인들이 인간의 학설(system)로 구원을 받을 수 있다고 생각하는 것은 거짓이다. 따라서 로잔은 그리스도의 복음을 손상시킬 염려가 있는 어떠한 형태의 혼합주의(Syncretism)나 대화(Dialogue)를 단호히 거부한다.[17] 또한 로잔신학은 마치 다른 종교를 통해서도 구원을 얻을 수 있는 양 말하는 종교다원주의(Religious Pluralism)사상을 배격한다.

로잔은 그리스도만이 유일하신 구주이시며, 따라서 구원을 위해서는 모든 사람이 예수를 구주로 영접하여야 한다고 주장한다.

로잔은 동시에 그리스도의 보편성 곧 그리스도가 세상의 구주이심을 선언한다. 로잔에 의하면, 하나님은 예수 그리스도를 통하여 모든 사람이 구원 받기를 원하신다.

---

17) LOP 3, p.10.

그렇다고 이는 결코 만인구원설(Universalism)을 말하는 것이 아니다. 이는 죄인들이 사는 온 세상을 향한 하나님의 사랑을 선포하는 것이며, 모든 사람을 회개와 믿음의 인격적인 결단으로 예수를 구세주와 주로 영접하도록 초청하는 것이다. 따라서 모든 신자는 모든 사람에게 전도할 책임이 있다는 것이다.

로잔은 마닐라선언문에서 강하게 예수 그리스도의 유일성을 재확인하고 있다. 즉 마닐라선언문 5, 6, 7항에서 다음과 같이 말하고 있다.

> "우리는 역사적 예수와 영광의 그리스도가 동일한 분이시며, 이 예수 그리스도만이 성육신하신 하나님이시요 우리의 죄를 담당하시고 죽음을 이기신 분이요 재림하실 심판자이므로 절대 유일한 분인 것을 확인한다."(MM, 5항)

> "우리는 다른 종교나 이데올로기가 하나님께 나아가는 또 다른 길이라고 볼 수 없으며 그리스도만이 유일한 길이기 때문에 그리스도로 말미암아 구속되지 않는다면 인간의 영성은 하나님께 이르는 것이 아니라 심판에 이른다는 것을 확인한다."(MM, 7항)

> (그러므로) "우리는 예수 그리스도께서 십자가에서 우리를 대신하여 우리의 죄를 지시고 죽으셨기 때문에 이에 근거해서만 하나님께서는 회개와 믿음으로 나오는 사람들을 값없이 용서하신다는 것을 확인한다." (MM, 6항)

그리고 마닐라선언문 제3문단, '예수 그리스도의 유일성'에서 거듭하여 "예수만이 성육신하신 유일한 하나님의 아들이요, 구세주요, 주님이시며 심판자이시다. …죽음과 부활로 말미암아 구원의 유일한 길이 되신 분은 오직 한 분 그리스도이기 때문에, 하나의 복음이 있을 뿐이다. 따라서 우리는 모든 종교와 영성을 다 같이 하나님께로 나아가는 유효한 접근 방법으로 간주하는 상대주의와, 그리스도에 대한 신앙과 다른 신앙들을 혼합하려는 혼합주의를 모두 배격한다." [18)]라고 말하고 있다.

이런 로잔의 확신과 고백은 케이프타운서약에서도 메아리치고 있다. 케이프타운서약의 신앙고백 4항에서 예수 그리스도가 유일한 구세주이심을 확인하고 다음과 같이 고백하고 있다.

> "우리는 그리스도를 선포한다. 하나님은 오직 그리스도 안에서 온전하고도 궁극적으로 자신을 계시하였으며, 그리스도 한 분만을 통해 세상의 구원을 성취하셨다. 그러기에 우리는 제자로서 나사렛 예수의 발아래 무릎을 꿇고…… 베드로와 요한과 함께 '다른 이로써는 구원을 받을 수 없나니 천하사람 중에 구원을 얻을만한 다른 이름을 우리에게 주신 일이 없음이라'고 선포 한다." [19)]

이와 같이 로잔신학은 일관 되게, 예수 그리스도와 그리스도의 복음의 유일성과 보편성을 주장하고 있다. 이런 확신과 믿음이 초대 교회부터 오늘에 이르기까지 전통 기독교가 지켜온 신조가 아닌가! 그러기에 오늘의 선교에서 그리스도의 유일성과 그리스도의 복음의 유일성을 견지한다는 것은 매우 중요하다. 특히 최근에 선교에서 그리스도의 유일성에 도전하는 학설과 경향을 보기 때문이다.

---

18) MM, 3문단, 조종남, Op. cit., pp. 76-77.
19) CTC. 4항.

III-5.
전도의 본질

전도의 성격, 곧 본질에 관하여 로잔언약은 다음과 같이 말하고 있다.

> LC, 4. 전도의 본질
>
> 전도는 기쁜 소식을 널리 전파하는 것이며, 기쁜 소식은 예수 그리스도께서 성경대로 우리 죄를 위해 죽으시고, 죽은 자들 사이에서 다시 살아나신 것과, 만물을 통치하시는 주로서 지금도 회개하고 믿는 모든 사람들의 죄를 용서하시고, 우리를 자유하게 하시는 성령의 은사를 공급하신다는 것이다. 전도하기 위해 그리스도인이 이 세상에 존재하는 것은 필수불가결하며, 상대방을 이해하려면 상대방의 이야기를 경청하는 대화도 매우 중요하다. 그러나 전도 자체는 사람들이 인격적으로 하나님께 나아가 하나님과 화목하도록 설득하기위한 목적으로, 역사적이고 성경적인 그리스도를 구세주와 주로 선포하는 것이다. 복음에 초대할 때 우리는 제자도의 대가를 치러야 한다는 사실을 무시해서는 안 된다. 예수님은 여전히 그를 따르는 모든 사람으로 하여금 자기를 부인하고, 자기 십자가를 지고, 그가 새로운 공동체에 속하였음을 분명히 하도록 부르신다. 전도의 결과는 그리스도께 대한 순종과 그의 교회와의 협력, 세상에서의 책임감 있는 섬김을 포함한다.
>
> (고전 15:3, 4; 행 2:32-39; 요 20:21; 고전 1:23; 고후 4:5; 5:11, 20; 눅 14:25-33; 막 8:34; 행 2:40, 47; 막 10:43-45)

로잔언약은 제4문단과 제6문단에서 전도의 본질을 밝히며, 구원의 개념을 오늘의 상황에서 설명하고 있다. 로잔은 그리스도인의 현존과 타종교와의 대화의 필요성을 인정하나, 이것이 전도를 대치할 수는 없음을 분명히 한다. 로잔에 의하면, "전도 그 자체는 사람들로 하여금 인격적으로 하나님께 나아가 하나님과 화목하도록 설득하기 위하여 역사적, 성경적 그리스도를 구세주요, 주로 선포하는 것이다."(LC, 4)

그리고 구원을 받기 위해서는 복음을 들은 사람이 마땅히 죄를 회개하고 믿어야 한다. 전도의 목적은 회심에 있으며, 전도의 결과는 주님께 순종하며 또한 교회에 가입하며, 그리고 세상 안에서의 책임 있는 봉사를 하게 한다.[20] 그러면서 로잔은 "교회가 희생적으로 해야 할 일 가운데 전도가 최우선적(primary)"이라고 주장한다.[21]

이런 로잔언약의 주장은 마닐라선언문과 케이프타운서약에서 재확인되며 강조되고 있다. 마닐라선언문의 21개 고백과 확인의 마지막에서, "우리는 하나님께서 온 세상에 온전한 복음을 전하라고 온 교회를 부르고 계신 것을 믿는다. 그러므로 우리는 주님이 오실 때까지 신실하고 긴급하게 그리고 희생적으로 복음을 선포할 것을 결의한다."(MM, 21항)라고 말하고 있다.

케이프타운서약도 오늘에 있어 전도의 필요와 긴박성을 재확인하며, 우리가 하나님의 선교에 동참할 것을 촉구한다. 더 나아가 그리스도의 복음을 위하여 순교도 각오하여야 할 것을 호소하고 있다.[22] 왜냐하면, "하나님은 자신의 선교에 동참케 하기 위하여 그의 백성들을 부르신다. …우리는 예수 그리스도의 십자가와 부활을 통하여 구속되었고, 하나님이 그리스도 안에서 행하신 일들에 대한 증거를 품기 위해 성령의 능력을 받았다. 그리고 교회는 영원토록 하나님을 예배하고 영광을 돌리며, 역사 안에

---

20) LOP 3, p.14.
21) LC, 6문단; LOP 3, p.18.
22) CTC II, C-2.

서 변혁하는 하나님의 선교에 참여하기 위해 존재" 하기 때문이다.[23]

위에서 살펴 본대로 로잔은 분명히 WCC계통 사람들이 종교다원주의에 근거하여 주장하는 '대화' 개념을 거부한다. 또한 선교의 모라토리움 사상도 반대하며, 전도의 필요와 긴박성을 강조한다. 이는 사람이 복음을 듣지 않고는 구원 받을 기회가 없기 때문이다. 그리하여 로잔은 아직도 복음을 접하지 못하고 있는 수많은 미전도 지역(unreached people group)에 관심을 가지며, 온 교회(whole church)가 온 세계(whole world)에 복음을 전할 것을 호소한다.

이런 로잔의 전도 개념과 호소는 온 세계 교회에 큰 영향을 끼쳤다. 로잔은 지금까지 가지고 있던 선교사를 보내는 교회와 선교를 받는 교회의 구분을 헐어버렸다. 교회는 복음을 받으면 바로, 또한 복음을 전하여야 하기 때문이다. 그리하여 로잔운동의 영향 하에 한국을 비롯한 많은 제 3세계 교회들이 해외 선교에 이바지하고 있음을 본다.

---

23) CTC, 10항 A, 그 외에도 CTC, 5, 7, 8항을 참조.

III-6.
전도와 사회참여

그리스도인과 교회의 사회적 책임에 관하여 로잔언약은 다음과 같이 말하고 있다.

LC, 5. 그리스도인의 사회적 책임

우리는 하나님이 모든 사람의 창조주이시요, 동시에 심판자이심을 믿는다. 그러므로 우리는 인간 사회 어느 곳에서나 정의와 화해를 구현하고 인간을 모든 종류의 억압으로부터 해방시키려는 하나님의 관심에 동참하여야 한다. 사람은 하나님의 형상대로 창조되었기 때문에 인종, 종교, 피부색, 문화, 계급, 성 또는 연령의 구별 없이 모든 사람은 천부적 존엄성을 지니고 있으며, 따라서 누구나 존경받고 섬김을 받아야 하며 착취당해서는 안 된다. 이 사실을 우리는 등한시해 왔고, 때로 전도와 사회 참여를 서로 상반된 것으로 여겼던 것을 뉘우친다. 물론 사람과의 화해가 곧 하나님과의 화해는 아니며 또 사회 참여가 곧 전도일 수 없으며 정치적 해방이 곧 구원은 아닐지라도, 전도와 사회 정치적 참여는 우리 그리스도인의 의무의 두 부분임을 인정한다. 이 두 부분은 모두 하나님과 인간에 대한 교리와 이웃을 위한 사랑 그리고 예수 그리스도에 대한 우리의 순종을 나타내는 데 필수적이다. 구원의 메시지는 모든 소외와 억압과 차별에 대한 심판의 메시지를 내포한다. 그러므로 우리는 악과 불의가 있는 곳 어디에서든지 이것을 고발하는 일을 두려워해서는 안 된다. 사람이 그리스도를 영접하면 하나님 나라 백성으로 거듭난다. 따라서 그들은 불의한 세상 속에서 그 나라의 의를 나타낼 뿐만 아니라 그 나라의 의를 전파하기에 힘써야 한다. 우리가 주장하는 구원은 우리로 하여금 개인적 책임과 사회적 책임을 총체적으로 수행하도록 우리를 변화시켜야 한다. 행함이 없는 믿음은 죽은 것이다.

(행 17:26, 31; 창 18:25; 사 1:17; 시 45:7; 창 1:26, 27; 약 3:9; 레 19:18; 눅 6:27, 35; 약 2:14-26; 요 3:3, 5; 마 5:20; 6:33; 고후 3:18; 약 2:20)

로잔은 전도의 중요성을 강조하지만, 동시에 로잔언약은 "우리는 전도와 사회-정치적 참여가 우리 그리스도인의 의무의 양면임을 인정한다."고 적극적인 표현을 하였다.[24] "구원은 우리로 하여금 개인적 책임과 사회적 책임을 총체적으로 수행하도록 우리를 변화시켜야" 하기 때문이다.(LC, 5)

로잔은 20세기에 들어서면서 자유주의자들이 주장하는 사회복음에 대한 부분적 반발로 인하여 교회가 전도를 사회적 관심으로부터 분리시키고 전적으로 전도에만 집중하는 경향이 있었다. 그런가 하면 급진적인 교회, 특히 WCC계통의 신학자들은 교회의 사명은 사회참여에만 있는 것처럼 주장하고 있어 전도와 사회참여의 양극화 현상이 나타나고 있었다.

이에 대하여 로잔에 모인 복음주의 교회 지도자들은 그 동안 그리스도인의 사회적 책임에 대하여 등한시 한 일과 때때로 전도와 사회참여가 서로 상반되는 것으로 여겨 이 두 개를 부질없이 양극화시켰던 일에 대하여 뉘우친 것이다.[25] 그리고 전도와 사회참여가 그리스도인의 의무의 양면임을 인정하였다. 이점에서 로잔은 복음주의자들이 1966년에 개최한 세계전도대회에서 주장했던 신학적 입장에서 진일보한 것이다.

이런 변화는 1966년 이후에 계속되는 급진적 복음주의자들에 의한 도전도 있었지만, 로잔신학이 선교를 이해함에 있어서 마가복음 중심에서 이해하기보다는 삼위일체 하나님의 사역에서 시작하며, 선교의 형태화 모델을 예수의 사역에 기초를 둔 것에 기인한 것이다. 로잔신학은, 사랑에서 나오는 예수 그리스도의 전도(Word)와 봉사(Deed)를 이분화하거나

---

24) LOP 3, p.15.
25) Ibid.

고립시킬 수 없듯이, 교회의 선교를 사랑의 계명에 순종하는 맥락에서 이해하였다. 동시에 그리스도인의 사회적 책임은 하나님과 인간의 교리, 그리고 이웃에 대한 사랑과 그리스도에 대한 사랑의 필요한 표현이라고 이해한 것이다.

여기에 로잔신학은 말한다. "전도와 사회참여, 정치참여는 둘 다 우리 그리스도인들의 의무이다. 왜냐하면, 이 두 가지는 다 같이 하나님과 인간에 대한 우리의 의무, 우리 이웃을 위한 우리의 사랑, 그리고 예수 그리스도에 대한 순종의 필수적 표현들이기 때문이다. …우리가 주장하는 구원은 우리의 개인적 그리고 사회적 책임을 총괄적으로 수행하도록 우리를 변화시키는 것이야 한다. 행함이 없는 믿음은 죽은 것이다."(LC, 5)

이와 같이 로잔은 교회의 선교를 전도 이상이라고 정의함으로, 그 동안 선교에 있어서 전도와 사회참여로 인한 양극화와 혼동에 대해 복음주의적 해답을 한 것이다. 이런 입장은 위에서 언급한 대로, 선교는 하나님 아버지께서 예수 그리스도를 세상에 보내셨듯이, 그리스도께서 하나님의 백성을 세상에 보내실 때 부여한 '희생적인 봉사'에서 이해하기 때문이다.

이런 입장은 예수님과 사도들의 사역의 패턴에 의해서 뒷받침되고 있다. 예수님과 사도들은 그들의 '종의 역할'에서 전도와 사회봉사의 좋은 본을 보여주었다. 예수님은 그의 사역에서 말씀과 행위(deed)를 사용하셨다. 복음서에서 예수님은 자신의 사명을 말씀하심에 있어 영적인 필요와 육체적인 필요를 모두 언급하셨으며, 또한 그렇게 행하셨다.[26] 따라서 세상에 보냄을 받은 제자들도 그리스도의 사명을 계승하여 같은 일을 하여야 한다. 주님은 제자들을 향하여, "새 계명을 너희에게 주노니 서로 사랑

---

26) 눅 4:18-19, 마 9:35, 행 10:38.

하라. 내가 너희를 사랑한 것같이 너희도 서로 사랑하라."[27] 그리고 "내가 진실로 진실로 너희에게 이르노니 나를 믿는 자는 나의 하는 일을 저도 할 것이요 또한 이 보다 큰 것도 하리라."[28]고 말씀하셨다. 주의 사도들도 주님의 분부에 따라, 희생적인 봉사를 행하여 우리에게 본을 보여주었다.

그러므로 주 예수 그리스도를 예배하고 사랑하며 순종한다면 그리스도인은 주님의 사랑을 세상 사람들과 나눠야 할 것이다. 곧 그리스도인은 하나님께서 그리스도 안에서 어떻게 세상을 사랑하셨는가(구원의 메시지)를 전하지 않을 수 없을 뿐 아니라 또한 정의와 자비의 행위(deeds)로써 세상에 봉사하지 않을 수 없다는 것이다. 주님께서 분부하신 '사랑'은 예수님께서 자신의 행위에서 나타내셨듯이 포괄적이며 온전한 사랑(as comprehensive as well as complete)이기 때문이다.

일부 보수주의자들 가운데는, 마가복음 16장에 있는 말씀에 근거하여, 교회의 사명은 말씀을 전하는 전도뿐이라며 사회봉사는 개인의 의무이지 교회에게 주어진 사명이 아닌 것처럼 말하는 사람들[29]이 있으나 이는 올바른 성경 해석이라고 보기 힘들다. 하나님의 계시의 통일성을 믿는 우리로서는 4복음서에 기록된 전도의 대부분은 서로가 아름답게 보완되고 있다고 보아야 하기 때문이다. 각 복음서가 각각 특이한 강조를 드러내고 있으나, 그들은 그 전부로서 하나의 온전한 분부를 이루고 있는 것이다.[30] 그렇기 때문에 우리가 마가복음에만 근거하여 선교는 말씀 선포뿐이라고 말한다면 그 주장은 성경 전체에 부합한 해석이라 할 수 없을 것이다. 요

---

27) 요 13:34-35, 요 15:12, 마 22:37-39.
28) 요 14:12.
29) 이들은 사회 책임은 각 개인에게 주신 하나님의 뜻 또는 명령, 곧 Creation Mandate(창1:28, 2:15, 9:1-7)이지 교회에 주어진 명령은 아니라고 한다. Donald E. Hoke, *"The Evangel and Social Upheaval,"* in W. Stanley Mooneyham, ed., Christ Seeks Asia, Hong Kong, The Rock House, 1969, p.110, George Peters, Op. cit., p.170. 참조.
30) George Peters, *A Biblical Theology of Mission*, Moody Press, 1972, p.174.

한 복음은 아버지께서 그의 아들을 세상에 보냄과 같이 제자들을 세상에 보내는 것으로 표현하고 있듯이, 선교를 삼위일체의 사역에서 이해하여야 하기 때문이다.

또한 일부에서 사랑하라는 대계명(Great commandment)은 일반적으로 개인에게 주어진 것이지 이를 교회에 주어진 사명으로 볼 수는 없다고 하면서, 전도의 대분부(Great commission)와 사랑의 대계명을 분리하는 경향이 있으나, 이도 정당한 해석이 못된다. 왜냐하면 성경의 통일성을 믿는다면 우리는 이 전도의 대분부가 하나님의 성품, 하나님의 선교의 목적과 역사에서 자연적으로 나온 것이지 그 것과 다른 것이라고는 볼 수 없기[31] 때문이다. 그러므로 우리는 사랑의 대계명과 전도의 대분부는 같은 주님께서 같은 제자들과 교회에 주신 것이므로 그리스도의 선교 안에 통합된 것으로 보는 것이 마땅할 것이다. 그러므로 모든 족속으로 주의 제자를 삼는 일은 사랑 안에서 진리를 말하고 행하는 것과 격리시킬 수는 없다.[32] 우리가 복음을 효율적으로 전한다는 것은 곧 그의 계명과 분부 모두를 순종하며 지키게 하는 것이라야 한다.

그러기에 로잔은 교회의 선교가 말로만의 선교(verbal proclamation)에서 끝나서는 안 된다고 주장한다. 선교운동에 있어 하나님의 백성들은 구제사업, 민생을 위한 개발 사업에도 관여하며 또한 세상의 정의와 평화를 추구하는 일에도 참여해야 한다. 바로 이것이 로잔언약이 전도와 사회참여 모두를 그리스도인의 의무라고 말하는 의미이다.

이와 같이 로잔이 교회의 사회참여를 인정하며 주장함으로, 사회참여를 주장하는 많은 사람들이 로잔에서 함께 일할 수 있는 계기가 되었다. 그렇다고, 로잔이 그들과 반드시 신학적 입장을 모두 같이 하는 것은 아니다. 로

---

31) Ibid., p.173.
32) Mariano Di Gangi, *I Believe in Mission*, Presbyterian and Reformed Pub. Co., 1979, p.30.

잔신학은 여전히 독특한 특징이 있다. 왜냐하면 로잔은 전도의 우위성(primacy)을 주장하기 때문이다. 물론 이는 시간상에서의 우위성이 아니라 논리적 우위성을 말하는 것이다. 로잔신학이 총체적인 선교(holistic evangelism)를 주장하나 WCC의 신학과는 다른 점이 바로 이러한 측면이다.

이는 인간의 영적 고통과 영원한 운명이 이 사회에서의 물질적 어려움보다도 더 큰 것임을 로잔은 인지하기 때문이다 더 나아가 이 세상에서 전도를 통한 사람의 변화 없이 사회를 변화시킨다는 것을 기대하는 것이 헛된 일이라고 본다. 사회문제의 뿌리는 죄, 곧 죄인인 사람에 있다고 보기 때문이다. 더 나아가 교회가 사회참여를 하는데 있어서 제자화, 곧 제자를 만드는 일과 제자를 성장시키는 전도의 역할의 중요성을 인지하기 때문이다.

오늘의 교회는 아직도 그리스도의 제자가 되지 못한 자, 곧 거듭난 신자가 아닌 사람들이 있다는 현실을 직시할 때 전도의 중요성을 더욱 인정하지 않을 수 없다. 또한 어떤 에큐메니칼 서클의 사람들은 "그리스도의 성육신으로 인하여 새 인간성이 신비적으로 인간에게 부어졌기에 모든 사람이 그리스도인이다."[33]라고 말하지만 우리는 그렇게 믿지 않기 때문이다. 그러므로 우리는 제자 만들기 운동과 교회의 영적 부흥이 사회참여를 위해서 중요하다고 강조한다. "교회가 새로워지고 정결해져서 동원될 때에만 이 사명이 충족되리라고 소망할 수 있다."[34]

이런 로잔언약의 주장은 마닐라선언문과 케이프타운서약에서 재확인되고 강조되었다. 마닐라선언문의 21개 고백과 확인 8항, 9항, 16항 그리고 20항에서 교회가 사회참여의 의무를 필히 수행하여야 할 것을 선언하

---

33) Arthur Johnston, *The Battle for World Evangelism*, 1970, p.168.
34) *"The ALCOE Commitment"*, James Wang, ed. Asia's Harvest, ALCOE Report, 1978, p.15.

고 있다. 동시에 마닐라선언문 제4문단, 복음과 사회참여에서는, "그러나 우리의 주된 관심은 복음에 있으며, 모든 사람이 예수 그리스도를 구주로 영접할 기회를 갖도록 하는데 있기 때문에 복음전도가 우선이다."[35]라고 하며 전도의 우위성을 지적하고 있다.

이런 주장은 케이프타운서약에서도 메아리치고 있다. 한 예로서 케이프타운서약은 10항에서 다음과 같이 선언하고 있다.

> 우리의 모든 선교적 기초는 성경에 계시된 것처럼 온 세상의 구속을 위하여 하나님께서 그리스도 안에서 행하신 것이다. …그러므로 우리의 선교는 복음전도와 세상에의 참여가 통합된 형태를 반영한다. …우리는 복음전도와 사회, 정치적 참여 모두가 그리스도인의 의무임을 확증한다. …총체적 선교(integral mission)는 복음을 선포하는 것인 동시에 복음을 입증(demonstrate)하는 것이다. 그것은, 단순히 복음전도와 사회참여가 서로 나란히 이루진다는 것이 아니다. 총체적 선교 안에서, 우리의 복음 선포는 우리의 삶의 모든 영역에서 사랑과 회개를 요청하는 것이기에 우리의 복음 선포는 사회적중요성을 지니고 있는 것이다.
> • 하나님은 모든 사람들을 회개, 믿음, 세례, 그리고 순종의 제자도로 부르시면서 하나님의 계시의 진리와 예수 그리스도를 통한 하나님의 구원의 은혜의 복음을 모든 열방에게 전하라고 우리에게 명령하신다.
> • 하나님은 가난한 자들에 대한 긍휼의 돌봄을 통해 자신의 성품을 드러내고 정의와 평화를 위해 힘쓰며 하나님의 창조세계를 돌보는 가운데 하나님의 왕국의 가치와 능력을 드러내 보여주라고 우리에게 명령하신다. 그리스도 안에서 하나님의 한없는 사랑에 대한 우리에 응답과 그 분에 대한 넘치는 사랑의 표출을 통해 우리는 성령의 도움으로 자기를 부인하

---

35) MM, 4문단, 조종남, Op. cit., p.77.

는 겸손함과 기쁨과 용기를 가지고 하나님이 명령하신 모든 것에 온전히 순종하기 위해 우리 자신을 다시금 헌신한다. 우리는 주님께서 우리를 먼저 사랑하셨기에 우리를 사랑하는 주님과의 이 언약을 갱신한다.

그러면 어떻게 그리스도인과 교회가 사회문제에 참여할 것인가? 이러한 실제적인 문제에 대하여 교회에서는 여러 가지 제안들이 나왔다. 그리하여 로잔위원회는 세계복음주의협의회의 신학위원회와 공동으로 주최하여 1982년에 미국 그랜드 래피즈(Grand Rapids)에서 '전도와 사회참여'에 대한 신학세미나를 통해 진지하게 논의하여 그 결과를 문서로 발표하였다.[36]

그때 있었던 한 발표자는 이 문맥에 있어서 우리는 주님께서 제자들을 세상에 내보내실 때에 하신 말씀대로 뱀처럼 슬기로워야 함(막 10:16)을 상기시키면서 실천전략에 있어 지침이 될 만한 몇 가지를 다음과 같이 제의하였다.[37]

1) 사회참여의 형태

사회참여(Social Responsibility)에는 봉사사업이라고 할 수 있는 구제, 박애사업 등이 있는가하면 사회, 정치활동도 있다. 이 사회활동은 정치, 경제적 활동과 사회구조변경을 추구하거나 정의구현을 위한 활동들을 들 수 있다. 여기에서 봉사활동(구제, 박애사업)은 별문제가 야기되지 않는다. 하나님의 백성들은 그리스도의 사랑에서 개인적으로나 교회적으로나 "기회 있는 대로 모든 이에게 착한 일을 하여야(갈 6:10)" 할 것이다.

---

36) Bruce J. Nicholls, ed., *In Word and Deed: Evangelism and Social Responsibility*, Eerdmans, 1985.
37) Chongnahm Cho, 'The Mission of the Church: Theology and Practice,' Bruce J. Nicholls, ed., *In Word and Deed: Evangelism and Social Responsibility*, Eerdmans, 1985, pp.228-235.

그러나 그리스도인의 사회참여가 이러한 사회봉사 이상을 요청할 때가 있다. 곧 사회의 구조적 악, 즉 사람과 사회에게 고통을 주는 보다 근본적 악을 제거하는 활동(social action)으로 요청될 때가 있다. 이를 흔히 사회 정치적 참여(social-political action)라고 일컫는다.

그리스도인이 이러한 활동에 참여하게 될 때에는 주의가 필요하다. 이에 다음 몇 가지를 제의하였다.

2) 그리스도인의 천직(vocation)을 통한 사회참여

교회가 그리스도인들의 소명(vocation, 전문 직업)을 통하여 사회참여에 임하도록 하는 방안이다. 이 방법은 몇 가지 관점에서 유리한 장점과 신학적 근거를 가지고 있다.

하나님께서는 그 백성들을 세상에 보내시어 '봉사' 하게 하신다. 그러나 봉사하는 데 있어서 교회의 구성원은 각기 다른 소명을 받고 있음을 묵과할 수 없다. 곧 어떤 이는 교사로, 어떤 이는 사회사업가로 또는 의사로, 정치가로 부르심을 받고 있는 것이다.

다른 말로 바꿔 말하면 복음은 그들이 각기 다른 소명인 직업(life work)을 통하여 인간생활 전면에 침투하도록 되어있다. 교인들은 소명(그리스도인으로서의 직업을 통한 사명)을 가지고 세상을 향한 하나님의 관심과 역사에 참여하도록 보냄을 받는다.

이것이 신약성경에 나타난 교회들이 적용한 본보기(pattern)이기도 하다. 성경은 성도들에게 권고하고 있다. "무슨 일을 하든지 마음을 다하여 주께 하듯 하고 사람에게 하듯 하지 말라. 이는 유업의 상을 주께 받을 줄 앎이니 너희는 주 그리스도를 섬기느니라"(골 3:23, 24).

호웨(Howe)가 말한 바와 같이 "이 세상 속에서 봉사하고 흩어져 있는 교회의 일에 있어 주요한 일꾼(minister)은 교인(평신도들)이다. 그들은 집에서나 사무실에서나 또는 길거리에서나 장터에서나 학교에서나, 세상 일이 진행되고 있는 곳이면 그 어디서나 생활 속에서 교회의 역할을 하고 있는 것이다. 또한 그들은 그곳에서 그리스도의 일꾼(Minister)이 되어야 한다."[38]

여기에 교회는 그리스도인들이 그 천직에 있어서 귀한 사회참여의 책임이 있음을 가르쳐야할 것이다. 사회주변에서 일어나는 일에 대해 신앙양심이 늘 각성해 있도록 가르쳐서 그들이 그 나름대로 천직을 통하여 기여하게 하여야 할 것이다.

하나님께서는 그리스도인에게 각별히 지켜야할 명령(mandate)을 주셨다. 곧 그리스도께서는 다른 사람들을 사랑하라는 계명과 모든 사람을 그리스도의 제자로 삼으라는 분부를 내리셨다.

그러므로 모든 그리스도인들은 그들이 하는 일(vocation)을 통하여 세상의 소금과 빛(마 5:13-16)이 되어야 한다. 결국 우리가 알아야 할 것은 그리스도인들인 우리는 단순히 인류의 한 부분일 뿐 아니라 하나님께서 보내신 교회의 일원으로서 사회에 책임이 있다는 것이다.

3) 교회로서의 집단적 사회참여

우리는 그리스도인의 몸인 교회가 하나님께서 그 지체인 교인들에게 부여하신 은사를 통하여 그 사명을 수행해 나간다는 것을 언급했다. 그러나 교회가 공동체로서 사회에 대한 관심을 표명하고 참여하는 것이 가능하다면 이는 바람직한 일이다.

교회는 집단적으로 함께 예배를 드린다. 때로는 전문그룹, 즉 전도자들

---

[38] R. Howe, Herein is Love, Philadelphia, The Tudson Press, 1961, p.112.

의 인도에 따라 온 교인이 전도 집회에 참여한다. 이것이 가져오는 효율성을 우리는 인정한다. 그렇다면 같은 원리와 패턴이 사회관심에도 적용될 수 있지 않겠는가? 곧 이번에는 사회관심에 대한 전문그룹의 인도를 따라 교회가 사회에 대한 관심을 공동적으로 표명하는 것이 바람직하지 않겠는가 말이다. 이런 행동은 기도로, 항의로, 또는 적절한 형태로 시행될 수 있을 것이다.

그렇다면 스토트(Stott)가 제의하듯이, 교회는 여러 가지 사회문제에 대한 연구위원회를 구성하여 문제를 신중히 연구 검토케 하여야 할 것이다. 이 위원회로 하여금 문제의 복잡성과 그에 관련된 일들을 신중하고도 예리하게 파악하고 그에 대처할 교회의 책임적인 행동을 제의하도록 하여야 할 것이다.[39] 교회는 그들의 제안을 듣고 기도하는 가운데 성경적인 빛 아래서 조심스럽게 연구 검토하고 공동적인 행동으로 옮겨야 한다. 이는 상황에 따라 지역적으로 또는 전국적인 차원에서 행해질 수 있다.

그러나 이런 공동적인 행동을 어떤 문제 그리고 어떤 차원에서 할 수 있느냐는 점에서 심각한 어려움과 의견의 엇갈림이 생길 수 있다. 월든 스코트(Waldon Scott)는 우리의 사회참여를 세 가지 단계, 즉 구호사업(Relief), 개발사업(Development), 해방(Liberation)으로 분류했다.[40]

구호사업이란 일반적으로 그 원인을 다루는 것보다는 '나타난 현상'을 다룬다. 개발 사업이란 오랫동안 있어온 문제에 대해 장기적인 해결을 시도하려는 것을 의미하며 이는 '해방'이라는 카테고리에 들어갈 경우도 있다. 개발 사업이란 일반적으로 사회, 정의, 자립, 그리고 경제성장을 도모하는 것이다. 그러므로 이 개발 사업은 로잔언약에 사용한 용어인 '사회

---

39) John Stott, Christian Mission in Modern World, Falcon Books, London, 1979, pp.31-32.
40) Waldon Scott, Bring Forth Justice, A Contemporary Perspective on Mission, Eerdmans, 1980, pp.266-268.

정치참여'라고 불러도 좋을 것이다. 교회가 구호사업에 참여할 때에는 별로 문제가 없으나 사회정치참여에 관여할 때에는 종종 아주 심각한 긴장과 문제를 초래하게 된다.

호세 미구에즈 보니노(Jose Miguez Bonino)는 교회가 관여하는 사회활동에 네 가지 차원이 있다고 말했다. 즉 목회적 차원, 예언자적 차원 그리고 의식화 작업과 직업 활동이다.[41] 남미의 해방신학에서는 교회가 의식화 작업에 관여해야 하고 더 나아가 인권운동, 인종투쟁을 위해 직접 행동에 가담해야 한다고 주장한다. 1973년에 모였던 아시아 기독교회의(CCA)에서는 모든 그리스도인이 "지금이야말로 행동할 때"라는 것을 인식하라고 도전했다.[42] 여러 교회는 이에 호응하여 사회활동에 나섰다.

그러나 우리는 교회의 이런 직접 활동이 많은 어려움을 초래했다는 것과, 심지어는 교회의 전반적인 선교 활동에도 지장을 가져온다는 것을 인정해야 한다. 우선 교회가 어떤 사회활동에 직접 참여하게 될 때 사회 속에서의 교회의 동일성(identity)이 위협을 받게 된다. 왜냐하면 대부분의 경우에 교회가 어떤 정당이나 정치적 노선과 동일한 것으로 오해받게 될 염려가 있기 때문이다.

사회참여의 과정에 있어서 교회는 종종 어떤 상황에서는 특정한 목표를 갖고 있는 세상의 조직체와 일시적으로 연결된 것처럼 보일 때가 있다. 아시아의 어떤 교회들은 그런 직접적인 활동 때문에 그들의 순수한 동기가 순수 기독교적이었다고 주장하지만 때로는 마치 마르크스주의자들과 동조한 것처럼 오해를 받게 된 때도 있었다.

이런 경우에는 교회선교가 지장을 받는다. 그러므로 이런 차원에서의

---

41) Jose Miguez-Bonino, "The Church and the Latin American Social Revolution," in the Church and Social Revolution, Perkins School of Theology Senior Colloquy, 1977, quoted from Bassham, op. cit., pp.345-346.
42) CCA Fifth Assembly, p.52, quoted from Bassham, op. cit., p 348.

교회활동은 효율적인 전략이라고 보기 힘들다. 교회는 그의 사회참여의 방법에서 "뱀처럼 지혜로워야"(마 10:16, 마 10:23) 한다. 로잔언약이 말했듯이 "교회는 어떤 특정한 문화나 사회적 또는 정치적 체계나 이데올로기(ideology)와 제휴하여서는 안 된다."[43] 왜냐하면 교회는 세상을 위하여 세상 속으로 보냄을 받았긴 해도, "주가(예수님이) 세상에 속하지 않은 것처럼 이 사람들도 세상에 속한 사람들이 아니기" 때문이다(요 17:16, 18 참조).

그러므로 우리는 교회의 공동적인 사회참여가 목회적인 차원을 넘어설 때에는 매우 조심해야 한다. 교회가 목회적 차원에서 사회참여를 하게 될 때, 교회는 교인들로 하여금 사회적 책임이 있음을 인식시키며 사회의 문제에 민감하여 필요한 사회참여에 기여할 수 있도록 목회적으로 교도(教導)하여야 한다. 이런 일을 하기 위하여 교회는 어떤 사회문제에 관하여 전문가들로 특별연구위원회 같은 것을 구성하게 하여 그들의 도움을 받도록 할 수 있을 것이다. 이렇게 함으로 교회는 교인들을 통하여 다양하게 사회에 기여하면서도 '하나'를 유지하며 교회의 '동일성(identity)'을 지키며 세상의 소금과 빛의 역할을 할 수 있을 것이다. 여기에서도 우리는 이런 교인들의 사회참여가 그 교인이 얼마나 충실한 제자가 되어 있느냐에 깊이 연관됨을 알아야한다. 그러므로 제자 만들기 운동, 곧 전도의 중요성을 다시 지적하게 된다.

이런 목회적인 차원에서의 사회참여와 아울러 교회는 필요한 때에 이 사회의 양심의 소리로서 예언자적 소리(prophetic voice)가 되어야 할 것이다. 교회가 어떤 당면한 사회적 문제를 해결하기 위하여 교인들이나 대중의 주의를 끌어야 한다고 절실히 느낄 때에는 그에 대한 교회의 입장을

---

43) LC, 6문단.

밝히는 성명(official statement)이 나옴이 바람직할 것이다.

그러나 이때에도 교회는 기도하는 가운데 조심스럽게 행하여서 교회의 통일(unity)과 동일성(identity)을 해치지 않아야 한다. 또한 교인들 사이에 분열을 일으키는 일이 없는 범위로 제한하여야 한다. 왜냐하면 교회선교의 원동력이 교회가 분열될 때에는 상실되기 때문이다. 이 점에 있어서 우리는 교회가 '메시아적 공동체(messianic community)'라는 것을 상기하여야 한다.

존 드라이버(John Driver)는 "사회정의를 위한 전략에 대하여" 유익한 말을 하였다.[44] 그에 의하면 교회는 메시아적 공동체로서 이 세상 안에서 역사의 참 의미를 간직한 공동체로 인간과 세상을 향한 하나님의 의도(intention)를 보여주는 본보기(paradigm)이다. 교회는 하나님과 화해를 이룬 공동체요, 또 화해를 이루어나가고 있는 공동체로서 이 사회에서의 정의가 하나님의 은혜와 역사에 의해서만 구체적으로 실현된다는 것을 역사적으로 증거하는 존재이다. 이런 교회의 증거는 세상을 향하여 인간의 사회관계 또는 이 세상의 사회문제를 해결함에 있어서 일반 세상이 시도하고 있는 방법과는 '아주 다른 새 방법(a radically new way)'을 전달하게 된다.

드라이버가 제의한 대로 이 메시아적 공동체인 교회가 사용하는 사회참여의 전략은 메시아이신 예수님께서 전략으로 취하신 그 형태(form)에 의해 결정 지워져야 한다. 따라서 교회는, 이 세상이 효율적이라고 생각하여 종종 사용하고 있는 방법들, 예를 들면 폭력, 거짓, 사기, 인격멸시 등의 도구를 사용하려 해서는 안 된다. 이런 도구나 방법은 메시아적 공동체

---

44) John Driver, "*The Anabaptist Vision and Social Justice,*" in Escobar and John Driver, Christian Mission and Social Justice, Herald Press, 1978, pp. 102-108.

에서는 마음대로 사용할 수 없다. 왜냐하면 이런 것들은 메시아 왕국의 본질에 속하지 않기 때문이다. 교회가 사회참여에 있어 적극적으로 취해야 할 형태는 '종의 자세(servanthood)' 이다. "우리의 선교를 그리스도의 선교와 동일시하는 가운데 우리는 '종' 이 되는 것이다." 우리가 어떤 상황에 있든지 우리가 취하여야 할 최고의 의무와 위대한 특권은 그리스도께서 취하였던 바로 그 역할(role)을 취하여야 한다는 것을 인식해야 한다.

여기에서 우리는 다시 한 번 제자훈련의 중요성을 깨닫는다. 메시아적 공동체의 회원 곧 교인들의 영적인 갱신과 헌신이 효율적인 사회참여에 직결되어 있기 때문이다. 사도 바울은 "그가 약하나 그는 아무리 견고한 성이라도 무너뜨릴 수 있는 하나님의 강한 무기를 가지고 싸운다는 것을 알았다."(고후 10:3-5 참조). 또한 "정사와 권세와 이 세상의 주관자들과 하늘에 있는 악의 영들을 계속하여 대함에 있어서"(엡 6:12) 바울은 하나님께서 주시는 전신갑주를 의존했다.

이처럼 로잔언약은 전도와 세계선교에 있어서의 성령의 역할과 능력의 중요성을 믿으며, 모든 그리스도인들이 하나님의 전능하신 성령의 역사를 위하여 기도하기를 요청하고 있다.

III-7.
교회와 전도

전도의 긴박성과 교회의 전도 사명에 관하여 르잔언약은 문단 6과 9에서 다음과 같이 말하고 있다.

LC, 6. 교회와 전도

하나님 아버지가 그리스도를 세상에 보내신 것 같이, 그리스도 역시 그의 구속받은 백성을 세상으로 보내신다는 것을 우리는 믿는다. 이 소명은 그리스도가 하신 것 같이 세상 깊숙이 파고드는 희생적인 침투를 요구한다. 우리는 우리 교회의 울타리를 헐고 비그리스도인 사회에 스며들어가야 한다. 교회가 희생적으로 해야 할 일 중에서 전도가 최우선이다. 세계 복음화는 온 교회가 온전한 복음을 온 세계에 전파할 것을 요구한다. 교회는 하나님의 우주적인 목적의 바로 중심에 서 있으며, 복음을 전파할 목적으로 하나님이 지정하신 수단이다. 그러나 십자가를 전하는 교회는 스스로 십자가의 흔적을 지녀야 한다. 교회가 간일 복음을 배반하거나, 하나님에 대한 산 믿음이 없거나, 혹은 사람에 대한 진실한 사랑이 없거나, 사업 추진과 재정을 포함한 모든 일에 있어 철저한 정직성이 결여될 때, 교회는 오히려 전도의 걸림돌이 되어 버린다. 교회는 하나의 기관이라기보다 하나님 백성의 공동체다. 따라서 어떤 특정한 문화적·사회적 또는 정치적 체제나 인간의 이데올로기와 동일시되어서는 안 된다.

(요 17:18; 20:21; 마 28:19, 20; 행 1:8; 20:27; 엡 1:9, 10; 3:9-11; 갈 6:14, 17; 고후 6:3, 4; 딤후 2:19-21; 빌 1:27)

LC, 9. 전도의 긴박성

인류의 3분의 2이상에 해당하는 27억 이상의 인구(1974년 자료)가 아직도 복음화 되어야 한다.(주13) 우리는 이토록 많은 사람을 아직도 등한히 하고 있다는 사실을 부끄럽게 생각한다. 이는 우리와 온 교회를 향해 끊임없이 제기되는 비판이다. 그러나 오늘날 세계 도처에서는 주 예수 그리스도에 대해 전례 없는 수용 자세를 보이고 있다. 지금이야말로 교회와 모든 선교 단체들이 복음화 되지 못한 이들의 구원을 위해 열심히 기도하고, 세계 복음화를 성취하기 위한 새로운 노력을 시도해야 할 때임을 확신한다. 이미 복음이 전파된 나라에 있는 해외 선교사와 그들의 선교비를 감축하는 일은, 토착 교회의 자립심을 기르기 위해 혹은 아직 복음화 되지 않은 지역으로 그 자원을 내보내기 위해 때로 필요한 경우가 있을 것이다. 선교사들이 겸손한 섬김의 정신으로 더욱더 자유롭게 육대주 전역에 걸쳐 교류해야 한다. 가능한 모든 수단을 총동원해서, 되도록 빠른 시일 안에 한 사람도 빠짐없이 이 좋은 소식을 듣고, 깨닫고, 받아들일 기회를 얻는 것이 목표다. 희생 없이 이 목표를 성취하는 것을 기대할 수는 없다. 수많은 사람들이 겪는 빈곤에 우리 모두가 충격을 받으며, 이 빈곤의 원인인 불의에 대하여 분개한다. 우리 중에 풍요한 환경 속에 살고 있는 이들은 검소한 생활양식을 개발해서 구제와 전도에 보다 많이 공헌하는 것이 우리의 의무임을 확신한다.

(요 9:4; 마 9:35-38; 롬 9:1-3; 고전 9:19-23; 막 16:15; 사 58:6, 7; 약 1:27; 2:1-9; 마 25:31-46; 행 2:44, 45; 4:34, 35)

로잔언약에 의하면 "교회는 어떤 기관이라기보다 하나님의 백성의 공동체"로서 "하나님의 우주적 목적의 바로 중심에 서 있으며 복음을 전파할 목적으로 하나님이 지정한 수단이다." (LC, 6)

그러기에 전도의 사명을 지닌 교회는 그리스도께서 하신 것 같이 세상 속으로 들어가 복음을 전파하여야 한다고 로잔은 강조한다. 따라서 우리는 교회의 울타리를 트고 넘어서 비기독교 사회에 침투해 들어가야 한다. 이것이 교회의 희생적 봉사의 사명에 속하는 것이다. 교회가 그 사명을 다

하기 위해서는 교회가 전도와 사회활동을 모두 해야 한다.[45] 그러나 로잔은 전도의 우위성을 견지하고 있다. 곧 "교회가 희생적으로 해야 할 일 가운데 전도가 최우선적이다."라고 말한다(LC, 6).

그러므로 로잔은 세계의 모든 교회가 동원되어 온 세계(whole world)에 복음을 전할 것을 호소하고 있다.

이것이 계속하여 로잔이 최우선적으로 강조하는 점이다. 그러면서 로잔언약은 제 9문단에서, 아직도 복음을 듣지 못하고 있는 사람들이, 전 인류의 3분의 2이상에 해당하는 27억 이상이 된다고 말하면서, 복음전도의 긴박성을 지적하고 있다. 이 점에서 로잔은 WCC계통에서 주장하는 선교의 모라토리움사상을 거부하고, 하나님께서 기회를 주시는 때를 최대한으로 활용하여 해외선교에 힘써야 한다고 주장한다.

마닐라선언문도 우리가 미전도 지역에 관심을 가질 것을 호소하며, 모든 교회와 모든 성도들이 동원되어, "20세기 마지막 10년 동안에 세계복음화라는 과업을 위하여 새로운 결단으로 헌신할 것을 결의하며"(MM, 19항), "주님이 오실 때까지 신실하고 긴급하게 그리고 희생적으로 복음을 선포할 것을 결의한다."(MM, 21항)

이러한 로잔의 입장은 케이프타운서약에서도 계야리치고 있다. 서약의 앞부분 곧 신앙고백(A Confession of Faith)의 8, 9, 10항에서 하나님의 복음을 사랑하며, 하나님의 백성을 사랑하며, 하나님의 선교를 사랑한다고 고백하면서 교회의 총체적 복음 선교를 주장한다. 이를 위하여 온 교회와

---

45) LOP 3, p.19.

여러 파라처치단체들(Parachurch Agencies)을 격려하고, 또한 최근에 우리의 주목을 받고 있는 디아스포라공동체(diaspora community)의 선교사역을 격려하여 활용할 것을 말하고 있다.[46]

동시에 케이프타운서약은 수천만의 미전도 지역에 있는 사람들(unreached people)에 대하여 각별한 관심을 갖고 선교할 것을 촉구한다. 서약은 말한다.

> "아직 복음을 듣지 못한 사람들에게 찾아가서 그들의 언어와 문화에 깊이 참여하고 성육신적 사랑과 희생과 봉사 정신으로 그들 가운데서 복음으로 살아가며, 성령의 능력을 통해 하나님의 놀라운 은혜에 대해 그들을 일깨우면서 주 예수 그리스도의 빛과 진리를 말씀과 행위로 전하려는 우리의 헌신을 새롭게 다짐한다."[47]

로잔은 교회의 전도의 사명의 지대함을 강조하면서 동시에 "십자가를 설교하는 교회는 스스로 십자가의 흔적을 지녀야 한다."고 하면서 교회가 자신의 존엄성(integrity)을 지켜야 함을 상기시키고 있다. 왜냐하면 "교회가 만일 복음을 배반하거나, 하나님께 대한 산 믿음이 없거나, 혹은 사람에 대한 진실한 사랑이 없거나, 사업 추진과 재정을 포함한 모든 일에 있어서 철저한 정직성이 결여될 때, 교회는 오히려 전도의 걸림돌이 되어 버리기" 때문이다. 따라서 세상이 우리가 전하는 바를 경청해주기를 원한다면, 우리는 각자가 전하는 바를 외칠 뿐만 아니라 실천해야만 한다. 우리의 행동은 복음에 합당한 것이어야 한다. 더 나아가 교회는 어떤 특수 문화, 사회적 또는 정치적 이데올로기와 동일시되어서는 안 되는 존재, 곧

---

46) CTC II, C-5 A, B 참조. 여기서 케이프타운서약이 디아스포라공동체의 역할을 언급한 것은 주목할 만하다. 이는 로잔언약과 마닐라선언문에서 간과한 사항이었다.
47) CTC II, D-1 B.

그런 모든 인간의 기구를 초월하여 존재하기 때문에 자신의 존엄성을 지켜야 한다.[48]

이점을 마닐라선언문에서도 강조하고 있다. "복음을 전하는 사람들은 성결과 사랑을 생활 속에서 드러내야 한다. 그렇지 않으면 우리의 증거는 그 신빙성을 잃게 될 것이다."[49] 이에 마닐라선언문에서 "우리는 그리스도인 개인의 삶에서나 교회에서 그리스도인다운 언행의 일관성이 없음을 뉘우친다."고 하며 "우리는 그리스도의 복음에 합당하게 행동하고, 거룩한 삶을 통하여 복음의 아름다움을 선양하며 복음을 빛나게 해야 한다."고 강조하였다.[50]

그러기에, 교회는 겸손, 온전함, 그리고 단순성을 회복하여야 한다고, 케이프타운서약은 강조하였다.[51] 그렇다, 그리스도인과 교회는 하나님의 사람으로 구별되어 사랑 안에서 살아야 한다. 교회는 권력이라는 우상을 거부하고 겸손함으로(in humility) 살아야 하며, 성공이라는 우상을 거부하고 정직한 가운데(in integrity) 걸어가며, 탐욕이라는 우상을 거부하고 검소한 가운데(in simplicity) 살아가야 한다.

---

48) LOP 3, p.19.
49) MM, 15항, 조종남, p.70.
50) MM, 7문단, 조종남, Op. cit., pp.82-83.
51) CTC II, E 참조.

제3장_ 로잔의 신학

III-8.
전도를 위한 협력

로잔은 전도를 위한 협력과 동반사역의 필요를 강조하면서 로잔언약 문단 7과 8에서 다음과 같이 말하고 있다.

LC, 7. 전도를 위한 협력

교회가 진리 안에서 눈에 보이게 일치단결하는 것이 하나님의 목적임을 우리는 확신한다. 전도는 또한 우리를 하나가 되도록 부른다. 이는 우리의 불일치가 우리가 전하는 화해의 복음을 손상시키는 것 같이, 우리의 하나 됨은 우리의 증거를 더욱 힘 있게 만들기 때문이다. 그렇지만 조직적인 일치단결은 여러 형태가 있고, 그것이 반드시 전도를 진척시키지 않을 수도 있음을 인정한다. 그럼에도 불구하고 동일한 성경적 신앙을 소유한 우리는 교제와 사역과 전도에 있어서 긴밀하게 일치단결해야만 한다. 우리의 증거가 때로는 사악한 개인주의와 불필요한 중복으로 인해 훼손되었던 것을 고백한다. 우리는 진리와 예배와 거룩함과 선교에 있어서 좀 더 깊은 일치를 추구할 것을 약속한다. 우리는 교회의 선교 사역을 확장하기 위해, 전략적 계획을 위해, 서로서로 격려하기 위해 그리고 자원과 경험을 서로 나누기 위해 지역적이며 기능적인 협력을 개발할 것을 촉구한다.

(요 17:21, 23; 엡 4:3, 4; 요 13:35; 빌 1:27; 요 17:11-23)

LC, 8. 교회의 선교 협력

선교의 새 시대가 동트고 있음을 우리는 기뻐한다. 서방 선교의 주도적 역할은 급속히 사라지고 있다. 하나님은 신생 교회들 중에서 세계 복음화를 위한 위대하고도 새로운 자원을 불러일으키신다. 그렇게 해서 전도의 책임은 그리스도의 몸 전체에 속해 있음을 밝히 보여 주신다. 그러므로 모든 교회는 자기가 속해 있는 지역을 복음화 함과 동시에 세계의 다른 지역에도 선교사를 보내기 위해 무엇을 해야 하는지 하나님과 자신에게 질문해야 한다. 우리의 선교 책임과 선교 역할에 대한 재평가는 계속되어야 한다. 이렇게 해서 교회들 간의 협동은 더욱 강화될 것이며, 그리스도 교회의 보편성은 더 분명하게 드러날 것이다. 우리는 또한 성경 번역, 신학 교육, 방송매체, 기독교 문서 사역, 전도, 선교, 교회 갱신, 기타 전문 분야에서 일하는 여러 단체들로 인해 하나님께 감사한다. 아울러 이런 단체들도 교회 선교의 한 사역자로서 그 효율성을 평가하기 위해 지속적인 자기 검토를 해야 한다.

(롬 1:8; 빌 1:5; 행 13:1-3; 살전 1:6-8)

로잔은 로잔언약 제7문단에서, 교회가 선교함에 있어 우리의 증거가 때로는 사악한 개인주의와 불필요한 중복으로 인하여 누를 입을 경우가 많음을 고백하고 "동일한 성서적 신앙을 소유한 우리는 교제와 사역과 전도에 있어서 긴밀하게 일치단결하지 않으면 안 된다."(LC, 7)고 주장한다. 그래서 로잔은 "교회의 선교사역을 확장하기 위하여, 전략적 계획을 위하여, 상호 격려를 위하여, 그리고 자원과 경험을 서로 나누기 위하여 지역적이며 기능적인 협력을 개발시킬 것을 촉구한다."(LC, 7)

더욱이 '보내는 교회'와 '받아들이는 교회'의 구별이 깨어지고, 복음 전도의 책임이 그리스도의 몸 전체에 속한다고 인식하게 된 오늘에 있어, 모든 교회가 선교의 동반자가 되어야 한다고 로잔은 강조한다(LC, 8). 또한 성서번역, 신학교육, 매스미디어, 기독교 문서사업, 전도, 선교, 교회갱신, 기타 특수 분야에서 일하는 여러 기관들(Parachurch Agencies)도 모두 함께 협력하여야 한다고 로잔언약은 제 8문단에서 강조하고 있다.

마닐라선언문도 역시 전도에서의 협력을 강조한다. 마닐라선언문 12,

16, 17항에서 상호 협력의 절실함을 확인하고, 제9문단에서 지금까지 "우리가 서로 의심하고 대결하며, 비본질적인 것들에 대한 고집, 권력 투쟁과 자기 왕국 건설에 힘씀으로 복음 전도사역을 부패시키고 있음을 부끄럽게 여긴다. 우리는 전도에 있어 협력이 필수불가결한 것임을 확인한다."[52]고 말한다.

이는 케이프타운서약에서도 강하게 주장되었다. 케이프타운서약은 '선교에서의 일치를 위하여 그리스도의 몸 안에서 협력하자.' (CTC II, F) 에서 이 문제를 광범위하게 다루고 있다. 곧 선교를 위하여 교회의 연합, 글로벌 선교를 위한 교회들 간의 동반자적 협력, 남녀의 동반자적 협력, 그리고 신학교육에 있어서의 협력을 강조하고 있으며, 실천적이고 구체적으로 협력할 수 있는 방법들을 제시하고 있다.

결론적으로, 우리는 선교에 있어서 선교사를 파송하는 교회나 선교를 받는 교회의 구분 없이 모든 교회가 그리고 어느 단체에 속해 있던지 "성서적 복음에 대한 같은 태도와 헌신"이 있다면 함께 협력하여야 할 것이다. 왜냐하면 "협력이란 다양성 가운데서 통일성을 찾는 것을 의미한다. 이것은 여러 가지 다른 기질, 은사, 문화, 지역 교회와 선교 단체 남녀노소를 불문하고 모두 함께 일하는 것을 의미하기"[53] 때문이다. 이에 대해 케이프타운서약은 다음과 같이 권고하고 있다.

> 우리는 세계선교에 함께 공헌할 동일한 기회를 갖고 서로를 인정하고 받아들이기 위해 부르심을 받은 교회 지도자와 선교 지도자들로서 함께 협력한다. 하나님이 들어 쓰시는 사람들이 같은 대륙이나 같은 신학 집단이나 조직, 혹은 우리와 친밀한 집단에 속한 사람들이 아닐 때에라

---

52) MM, 9문단, 조종남, Op. cit., p.85.
53) Ibid.

도 그리스도에 대한 순종 가운데 의심과 경쟁심과 자만심을 버리고 그들에게 배우자. ……그리고 선교에서의 진정한 우정과 참된 동반자를 특징으로 하는 존중과 존엄성을 확립하기 위해 노력하자.[54]

---

54) CTC II, F-2 A, B.

III-9.
전도와 문화

복음전도와 문화에 대하여 로잔언약은 다음과 같이 말한다.

LC, 10. 전도와 문화

세계 복음화를 위한 전략 개발에는 상상력이 풍부한 개척적 방법이 요청된다. 하나님의 뜻을 따라 전도한다면, 그리스도 안에 깊이 뿌리내리면서도 자신들의 문화에 적합하게 맞추어진 여러 교회들이 일어날 것이다. 문화는 항상 성경을 기준으로 검토하고 판단해야 한다. 사람은 하나님의 피조물이기 때문에 인류 문화의 어떤 것은 매우 아름답고 선하다. 그러나 인간의 타락으로 인해 그 전부가 죄로 물들었고, 어떤 것은 악마적이기도 하다. 복음은 한 문화가 다른 어떤 문화보다 우월하다고 전제하지 않는다. 오히려 복음은 모든 문화를 그 자체의 진리와 정의의 표준으로 평가하고, 모든 문화에 있어서 도덕적 절대성을 주장한다. 지금까지의 선교는 복음과 함께 이국의 문화를 수출하는 일이 너무 많았고, 때로는 교회가 성경보다 문화에 매이는 경우가 많았다. 그리스도의 전도자는 다른 사람의 종이 되기 위해, 개인적인 순수성을 제외한 나머지 부분에서 겸손히 자신을 온전히 비우기를 힘써야 한다. 또한 교회는 문화를 변혁하고 풍요롭게 만들고자 애쓰되, 모든 것을 하나님의 영광을 위해서 해야만 한다.

(막 7:8,9, 13 창 4:21, 22; 고전 9:19-23; 빌 2:5-7; 고후 4:5)

복음전도에 있어 복음을 전하는 자나 듣는 자 모두 문화를 떠나서는 이루어질 수 없다. 생각해 보면 하나님의 계시도 문화의 공백상태에서 이루어지지 않았다. 문화적 요소는 성경에 나타난 계시에서 뿐 아니라, 그것에 대한 우리의 해석에서도 존재한다. 특히 복음을 다른 나라에게 전달할 때는 문화의 영향을 많이 받는다.[55]

로잔은 복음이 선교사들에 의하여 다른 나라에 전해 질 때, 너무나 빈번히 복음과 함께 이질적인 문화를 수출하는 일이 있었다고 지적한다. 곧 선교사들의 메시지와 생활태도가 일부는 성격적이고 일부는 그들의 문화에서 온 것이 있었다는 것이다. 따라서 선교를 받는 입장에서는 어느 것이 복음이고 어느 것이 그들의 문화인지를 구별하지 못함으로 고통이 있게 된다.[56]

그러므로 로잔언약은, 우리가 문화의 성격을 바르게 이해하며 문화에 대한 적절한 평가를 내릴 것과 문화를 성경의 빛 아래서 변형시키고 풍요하게 만들기를 힘쓸 것을 호소하고 있다.[57]

다시 말해서, 로잔언약은 어떤 문화가 다른 문화보다 우월하다고 전제하지 않는다. 인간문화의 어떤 것은 대단히 아름답고 선하다. "그러나 인간의 타락으로 인하여 그 전부가 죄로 물들었고 어떤 것은 악마적이라고 본다."[58]

그렇기 때문에 로잔은 "문화는 늘 성경에 의하여 검토되고 심판을 받아야 한다."고 주장한다.[59] 복음은 그 자체의 진리와 의의 표준에 의하여 모든 문화를 평가하여야 한다. 예를 들어 복음은 하나님의 유일성을 부정하는 어떤 문화 또는 인간의 존엄성을 부인하는 어떤 압제(oppression)를 배격한다.

더 나아가 로잔은 "교회들은 문화를 변경시키고 풍요하게 만들기를 힘

---

55) 조종남 편저, 『복음과 문화』, 한국기독학생회출판부(IVP), 1991, 2000, p. 17, 23, 29 참조.
56) LOP 3, p. 27 참조.
57) LC, 10문단.
58) Ibid.
59) LOP 3, p. 26.

쓰되 모든 것으로 하나님의 영광을 위해서 해야 한다."[60]고 강조한다.

케이프타운서약에서도 문화에 대하여 다음과 같이 로잔언약과 같은 평가를 내리고 있다.

> 우리는 모든 문화들을 포함해 하나님이 축복하기 위해 택하신 모든 사람들을 사랑해야 한다.……그러나 진정한 사랑이 모든 문화 속의 인간의 삶 가운데서 하나님의 형상의 긍정적인 증거를 발견하기도 하지만 사탄과 죄의 부정적인 흔적들도 보여주기 때문에 비판적인 분별력을 발휘해야 한다. 우리는 그리스도의 복음이 모든 문화 속에서 구체적으로 나타나고 깊게 스며들어 그 문화 가운데서 하나님의 영광과 그리스도의 광채의 충만함이 드러나길 바란다. 우리는 하나님의 구속과 죄사함을 받은 새로운 피조물로서 하나님 나라의 모든 문화적 풍성함과 영광과 탁월함을 보게 되기를 고대한다."[61]

마닐라선언문은 적절한 선교전략을 세우기 위하여 문화를 연구하여야 한다고 하며,[62] 본문 제 10문단에서 현세대의 급격한 변화와 도전을 언급하면서, "앞으로는 이러한 도전과 기회를 심각하게 다루어, 현대의 세속적 압력에 대항하고, 그리스도의 주되심을 현대의 모든 문화와도 연결시키며, 현대 사회에서 세속화되지 않으면서 현대 선교에 매진할 것을 다짐한다."라고 결의하고 있다.[63]

---

60) LC, 10문단.
61) CTC, 7항 B.
62) MM, 18항 참조. 조종남, op. cit, p.70.
63) MM, 10문단, 조종남, op. cit., p.88.

케이프타운 서약은 더나가서 우리는 하나님이 창조하신 세계 곧 우주를 사랑하며, 그 동안에 인류들이 우주를 훼손시킨 일을 회개하고 잘 돌봐야 한다고 주장한다. 우주는 하나님의 소유물로서 하나님이 친히 창조하셨고 지탱하시며, 사랑하시어 마침내는 구속할 것이기 때문이다.[64]

로잔위원회는 신학분과위원회 주최로 1978년 1월에 버뮤다에서 6개 대륙으로부터 33명의 신학자, 인류학자, 언어학자, 선교사, 그리고 교회지도자들이 함께 모여 복음과 문화에 관한 6일 간의 신학협의회(Consultation)를 가진바 있다.

이 협의회에서 우리는 문화에 대한 성서적 정의로부터 시작해서 문화가 하나님의 계시와 성서해석에 어떻게 관계되는가를 살피고, 또한 복음 전파와 문화, 회심과 교회 생활에서 문화의 역할과 이해 등을 광범위하게 그리고 심도 있게 토의하였다.[65] 필자도 토의에 참여하였다.

그 협의회에서 토론된 것 중에 특별히 주의를 환기시키고 싶은 것은 로잔이 그 당시 성행하고 있는 신학의 토착화 운동에 집중된 편협한 신학과 종교 혼합주의의 위험성을 지적했다는 점이다.[66] 왜냐하면 그 당시 WCC 계통에서 신학의 상황화(Contextualization)를 주창하고 있었으며, 일부에서는 예수 그리스도의 복음의 내용이 제3세계 상황에 따라 달라질 수 있다고 주장하는 일들이 벌어지고 있었다.[67] 이런 운동은 한국 신학계에서도 활발히 논의 되며, 일부에서 한국 신학의 형성을 주장하고 있었다.

---

64) CTC, 7항, 이 면은 케이프타운서약이 새롭게 비중 있게 다루고 있는 부분이다..
65) 이 협의회에서 토의된 모든 내용은 책, The Willowbank Report로 출판되었다. Lausanne Occasional Paper No. 2, *The Willowbank Report: Report of a Consultation on Gospel and Culture*, 1978. (조종남 편저, 『복음과 문화』, 한국기독학생회 출판부(IVP), 1991, 2000.)
66) 조종남 편저, 『복음과 문화』, 한국기독학생회 출판부(IVP), pp.62-67.
67) Bong-Rin Ro, 'The Korean Church and WCC, WEA, & Lausanne Movements' 참조. 유동식, 『한국종교와 기독교』, (서울: C.L.S.K. 1979), p.246.

이에 필자는 로잔정신에 입각하여 한국 문화에 적절하게, 곧 한국의 문화적 매체를 통해서 복음을 해석하고 전하려는 신학의 형성은 바람직하나, 복음의 내용까지도 변경하려는 토착화 작업, 곧 한국 신학의 형성은 있을 수 없다고 주장하였다.

부록:
韓國的 神學 形成에 대한 小考[68]

1. 서론

1960년대부터 논의되기[69] 시작한 복음의 토착화니 한국적 신학의 모색이니 하는 문제는 아직도 여전히 중요한 관심의 초점이 되고 있다.

이와 같은 신학적인 작업은 한편으로는 서구신학에 대한 반동으로써 다른 한편으로는 한국의 재발견이라는 주체성의 문제로써 시도되어졌다.[70]

김정준 박사는 "우리 한국교회는 외국교회가 문제 삼는 신학 문제를 언제까지나 그대로 직수입 할 수 없고……우리대로 교회의 교리며 신조를 한국적인 바탕과 얼에서 정리해야 할 필요가 있어서"[71] 한국적 신학의 형성을 모색해야 한다고 주장했다.

그러나 복음의 토착화니 한국적 신학이니 하는 신학적 작업의 목적에 대해서는 아직도 의견의 일치를 보지 못하고 있다. 한쪽에서는 이런 운동의 목적을 선교를 위한 것이라고 주장하고 다른 쪽에서는 민족의 주체성을 위한 것이라고 주장한다. 이것은 방법론에 있어서도 마찬가지이다. 한편에서는 복음을 주체로 하여 한국문화를 해석해야 한다고 보는 반면에

---

[68] 조종남, '한국적신학 형성에 대한 소고', 「월간목회」85호(1983년), pp.77-88. 조종남 편저, 『복음과 문화』, pp.82-94.
[69] 민경배, 『한국기독교회사』, (서울: C.L.S.K. 1975), p.393.
[70] 이 같은 탈서구화와 민족 주체성의 문제는 신학계의 문제만은 아니다. 1960년대 초 군사정권이 들어서자 민족의 주체성을 강조하면서 탈서구화를 외쳤다. 이런 점에서 박봉랑 교수는 토착화문제를 이런 정치적인 문제와 연결시켜 보기도 한다. cf. Pong Nang Park "A Theological Approach to the Understanding of the Incigenization of Christianity" The Northeast Asia Journal of Theology, 1969. September, p.103 .
[71] 김정준, 「현대와 신학」(연세대 연합신학대학원, 제4집, 1967), p.268, 민경배 op. cit., p.393에서 재인용. cf. Pong Nang Park, op. cit., p.108.

다른 한편에서는 한국문화를 주체로 해서 복음을 해석해야 한다고 주장한다. 그러면서도 이 토착화의 문제는 여전히 한국 신학계의 중요한 관심의 초점인 동시에 계속적인 논란의 대상이 되고 있다.

한국적 신학에 대한 모색은 성서와 교리에 대한 깊은 연구와 아울러서 한국문화에 대한 연구가 함께 이루어질 때, 보다 창조적인 열매를 맺을 것이다. 그러나 본 논문에서는 우선 서론적으로 (1) 한국적 신학 추구의 과제 곧 한국적 신학의 목적과 사명이 무엇이냐 하는 것을 논하고, (2) 다음으로 이런 과제를 어떻게 구체화 시킬 것인가 하는 문제를 다루어 보려고 한다.

2. 한국적 신학추구의 과제와 그 정의

한국적 신학에 대한 입장이 신학자마다 각기 다르다. 어떤 신학자들은 학(學)으로서의 신학을 추구하는데 한국적이라는 말이 있을 수 있겠는가 하고 의심을 갖는가 하면 어떤 학자들은 신학이 한국이라는 구체적인 상황을 바탕으로 하지 않는다면 그것은 단지 추상적인 신학이 되어버릴 것이라고 주장하기도 한다. 그러므로 우선 한국적 신학에 대해서 신학자들이 어떤 입장을 취하는가를 살펴보는 것이 중요하다.

첫 번째로 한국적 신학이라는 말을 적극적으로 생각하는 신학자들이 있다. 예를 들면 윤성범 박사, 유동식 박사, 윤형중 신부 같은 분들이다.

이들은 먼저 신학의 탈서구화를 주장한다. 다시 말하면 기독교의 복음은 그저 단순하게 우리 한국에 전해진 것이 아니라 서구문명의 옷을 입고 전해진 것이며 따라서 우리는 서구문명의 옷을 벗어버리고 우리의 실정에 맞는 옷을 입어야 된다는 것이다. 유동식 교수는 "그러나 한국교회는 아직도 복음이 쓰고 들어온 서구의 탈을 벗어 버리지 못하고 이를 추종하기에 급급하다. 그리스도 안에서 하나님과 직접적인 대화를 가져야 할 한국의 기독교는 아직도 서구문명의 통역에만 의존하고 있는 형편이다."72) 라고 주장한다. 이와 같은 신학의 탈서구화는 곧 민족의 주체성을 회복하는 길이 된다. 그러기에 자기의 주체성을 잃고 서구신학에만 연연하며 의존한다는 것은 성숙한 기독교인으로서는 할 수 없는 일이라는 것이다.

이들의 주장은 여기에서 끝나지 않는다. 우리 한국에도 무엇인가 기독교적인 복음의 요소가 있지 않겠느냐 하는데 까지 나간다. 즉 그리스도께서는 이미 한국역사 속에서 익명적으로 역사하셨다고 보는 것이다.73) 따라서 기독교 복음이란 낯선 생각을 이 땅에 전해 주는 것이 아니라 익명적으로 감추어져 있는 것을 명시적으로 드러나게 해주는 것이 되고 마는 것이다. 윤성범 교수에게는 이 익명적인 것이 환인, 환웅, 환검이요 그 명시적인 것이 성부, 성자, 성령의 삼위일체이고74) 유동식 교수에게는 이 익명적인 것이 도(道)요, 그 명시적인 것이 로고스(logos)인 것이다.75)

두 번째로 한국적이란 말을 소극적으로 생각하는 신학자들이 있다. 이런 입장에 서 있는 신학자들은 박봉랑 박사, 이종성 박사, 전경연 박사 같은 분들이다.

이들은 먼저 신학은 서구적인 통로를 통해서 형성되어 왔다는 것을 인정해야 한다고 주장한다. 전경연 교수는 "토착화 이론이 이제까지 그 정열적인 노력에도 불구하고 공중에 뜬 사고를 거듭하였다"고 지적하면서 그 이유를 "그리스도교가 역사적이고 세계적인 종교라는 것을 망각했기

---

72) 유동식, 『한국종교와 기독교』, (서울: C.L.S.K. 1979), p.246.
73) 유동식, Ibid., p.168, 이와 같은 주장은 Paul Tillich의 신학에 의하여 뒷받침되고 있다. Paul Tillich, *Systematic Theology Vol. I.* (Dingswell Plase James Nisbet & Co. Ltd, 1953) p.28 토착화를 주장하는 신학자들은 Tillich의 신학을 그 배경으로 하고 있다. 유동식, op. cit., p.168, Sung Bum Yun, *"A Theological Approach to the Indigenization of Gospel"* The Northeast Asia Journal of Theology, 1969. September, p.30.
74) 윤성범, "환인, 환웅, 환검은 곧 하나님이시다-기독교적 입장에서 본 단군신화", 「사상계」, 1963. 5, p.258.
75) 유동식, op. cit., p.169

때문이라고 보았다."⁷⁶⁾ 그는 계속해서 말한다. "그리스도교는 역사적인 사실로서 이미 2,000년 동안 서구토양에서 자라고 그릇된 신앙과 전투하여 어떤 형태를 이룬 다음에 한국에 들어왔다. 이 전통이 없었던 것같이 새삼스러이 한국적인 것을 찾아내서는 안 된다."⁷⁷⁾ 따라서 전박사에 의하면 토착화는 기존의 전통을 해석하는 문제이지 한국적인 것을 제작하는 것이 아니라고 본다.⁷⁸⁾

더 나아가서 이들은 한국문화 속에서 어떤 기독교적인 요소를 찾으려고 하는 시도조차도 거부한다. 이 같은 생각은 박봉랑 박사의 글에 잘 나타나 있다. 박봉랑 박사는 〈기독교 토착화와 단군신화〉⁷⁹⁾라는 논문에서 단군신화는 삼위일체 하나님에 대한 접촉점도 전이해도 될 수 없다고 주장했다. 이와 같은 의미에서 하나님의 계시사건과 분리하여 기독교의 하나님과 민족 신화 사이에 아무런 a priori analogia(선험적 유비)도 발견할 수 없다는 것이다. 삼위일체 하나님의 참된 모습과 흔적(vestigium)은 오직 이스라엘의 역사(구약)와 예수 그리스도의 인격(신약)에 역사적인 형태를 취하신 하나님의 계시 안에서만 발견될 수 있다고 박 박사는 주장했다.⁸⁰⁾

우리가 이와 같은 두 갈래의 상반되는 주장을 살펴볼 때 양편의 지론에는 원칙적인데서 차이가 있는 것 같다. 즉 그 차이는 한국적 신학의 형성을 말하는 신학자 각자의 학(學)적 관점, 그 해석의 출발점과 원리, 다시 말하면 신학의 방법론의 차이에서 오는 것이다. 한편은 토착화의 개념을 그 나라의 전통문화나 심성을 주체로 하여 그리스도의 복음을 해석하려

---

76) 전경연, "토착화냐 원시화냐,"「기독교사상 강좌」III, (서울: C.L.S.K. 1963), p.219.
77) Ibid.
78) Ibid., p.223.
79)「사상계」, 1963. 7.
80) Pong Nang Park, op. cit. p.109, 주 8.

고 시도하는가 하면 다른 한편에서는 토착화의 과제를 복음의 역사에서 출발하여 그것을 주체로 하여 한국문화를 해석하는 것이라고 본다. 전자에게 있어서 주요관심은 한국문화라는 삶의 정황(Sitz im Laben)이 문제인데 비하여 후자에게 있어서 주요관심은 복음에 대한 철저한 신앙고백인 것이다. 그러면 우리는 이 문제를 어떻게 정리하여야 할까? 여기에서 본인은 다음 몇 가지로 이 문제를 정리해 보려고 한다.

1) 한국적 신학의 형성 작업은 복음의 역사성을 전제해야 한다.

우리는 한국적 신학을 말할 때나 토착화를 논의할 때 복음을 '씨'로, 한국을 '토양'으로 설명한다.[81] 이런 생각의 배후에는 복음은 히브리문화를 토양으로 했다가 다시금 한국문화를 토양으로 해서 발전한다는 사상이 깔려 있는 것 같다. 여기에서 우리가 문제 삼고 싶은 것은 복음이 그 역사 즉 토양을 떠나서 이해될 수 있겠는가 하는 것이다. 한 마디로 말해서 필자는 그 가능성을 부정한다. 만일에 그 가능성을 인정한다면 (1) 성서의 권위가 문제요, (2) 그리스도의 유일회적 사건이 그 의미를 상실하고, (3) 기독교 진리는 플라톤의 이원론에 빠지게 된다.[82]

이 문제를 좀 더 생각해 보아야 할 것 같다. 히브리문화를 떠난 성서를 생각할 수 있을까? 2,000년 전에 오셔서 우리를 구속해 주신 예수 그리스도의 역사성을 진지하게 다루지 아니하는 플라톤의 이원론의 영향을 받은 영지주의와 다를 것이 무엇인가?

따라서 복음은 구체적인 역사 곧 성서시대의 문화와 분리할 수 없다는 사실을 분명히 해야 한다.

하나님은 아브라함을 메소포타미아문화에서 끌어내어 그의 자손을 통

---

[81] Ibid., p.110.
[82] cf. Ibid.

하여 하나님과 특별한 관계를 맺도록 역사하셨다. 이 같은 사실이 바로 히브리문화를 형성하게 했던 것이다. 여기에 히브리문화의 독특성이 있는 것이다. 이런 하나님과의 만남을 가진 히브리문화이기 때문에 다른 문화에서는 볼 수 없는 창조와 타락과 구속에 대한 사상을 가질 수 없었던 것이다.

만일에 2,000년 전에 힌두교나 불교나 그 밖의 다른 문화를 하나님의 계시의 전달자로 삼았다면 기독교 계시는 아마 근본적으로 바뀌어졌을 것이다.[83] 따라서 복음을 히브리적인 토양에서 분리시켜 한국적인 토양에다 옮겨 심는다면 그것은 불가능 할 뿐더러 그런 작업은 혼합주의에 빠져 기독교의 진리를 상대화하여 버릴 것이다.

그러므로 한국적 신학을 수립함에 있어서 복음의 역사적인 성격을 인정해야 할 것이다.

2) 이런 전제에서 복음과 한국문화를 연결시키는 작업을 해야 할 것이다.
(1) 이 작업은 우선 복음을 한국의 상황에 적응성 있게 설명하는 것이다. 복음은 이미 기존의 성격을 갖고 있다. 이 복음은 유일회적인 사건이다. 따라서 복음의 내용에 어떤 수정도 가감도 있을 수 없다. 하지만 복음이 전달되는 상황이 각각 다르다. 각각 다른 문제를 가지고 고민하고 있는 것이다. 문제가 달라지면 처방도 달라져야 된다. 여기에서 복음을 한국적인 상황에서 적응성 있게 설명해야 한다는 것은 한국이라는 상황이 갖고 있는 문제에 복음이 대답을 해 주어야 된다는 것이다. 이것은 마태, 마가, 누가가 각각 한 예수님을 증거하고 있어도 그들의 상황에서 예수의 다른

---

83) Bruce J. Nicholls, *Contextualization : A Theology of Gospel and Culture*. (Illinois: Inter Varisity Press, 1979), p.46.

면들을 강조하고 있는 것과 마찬가지다.[84]

(2) 다음으로, 이 작업은 거꾸로 한국의 상황을 복음으로 재해석해야 된다. 인간은 하나님의 형상을 따라 지음을 받았기 때문에 인간의 문화도 선하고 아름다웠다. 그러나 인간이 타락하였기 때문에 인간의 문화도 죄에 물들었다. 따라서 로잔언약은 "문화는 항상 성서에 의하여 검증되어야 되고 심판받아야 된다. 진리와 의에 대한 성서 자신의 기준에 따라서 모든 문화를 평가해야 한다."[85]라고 말한다. 기독교는 복음이 전달되는 곳의 문화를 그대로 수용하는 것이 아니라 그것을 복음의 입장에서 재평가하고 재해석하여 변혁시켜야 한다.

그러므로 박봉랑 박사의 말대로 토착화의 문제는 기독교의 복음을 토착문화에 순응시키는 것보다는 반대로 성서의 사고패턴을 따라서 문화를 변혁해야 하는 것이다.[86] 히브리종교는 가나안의 종교적인 배경 가운데서 자라났다. 그러나 히브리종교는 항상 야훼신앙으로 가나안종교를 재해석했으며 그것을 변혁시켰던 것이다. 이스라엘의 예언자들이란 바로 가나안종교에 대한 무비판적인 순응에 날카롭게 비판을 가했던 자들이다. 야훼 하나님은 할례와 같은 이방문화의 어떤 요소들은 자기의 목적에 맞게 변혁시키고 우상숭배와 같은 것들을 제거했다.[87] 마찬가지로 한국적 신학을 형성하려는 작업은 복음의 입장에서 한국문화를 재해석해서 한국문화를 변혁시키고 나아가서 기독교 자체가 변질되는 것을 막아야 할 것이다.

---

84) 물론 여기에는 논란의 여지가 있다. 어떤 신학자들은 공관복음 저자 사이에 연속성이 없다고 보는 반면에 또 다른 신학자들은 연속성이 있다고 본다. 만일에 연속성이 없다고 보면 단일의 성서신학(Single Biblical Theology)의 가능성은 없어지고, 각각 그들은 Sitz im Leben을 반영하는 복수의 성서신학들(Plural Biblical Theologies)만 있게 된다. cf. Ibid., p.25, Partnership, 15 Feb. 1978, No.10.
85) The Lausanne Covenant Para 10, cf, Bruce Nicholls, op. cit., p.15.
86) Pong Nang Park, op. cit., p.111.
87) Bruce Nicholls, op. cit., p.46.

이런 점에서 볼 때 우리는 '한국적' 이라든가 '토착화' 라는 말을 토양에 뿌리를 박는다는 뜻으로 사용하지 말고 '토양에 관계시킨다.(related to the soil)' 는 뜻으로 해석하는 것이 좋을 듯하다. 왜냐하면 그리스도의 교회는 그리스도에게만 뿌리박을 수 있고 다른 데는 뿌리박을 수 없기 때문이다(고전 3:11 참고). 이렇게 정리할 때 한국적 신학형성의 source는 복음자체에 대한 이해와 한국의 선교 상황이 될 것이다.

따라서 우리는 첫째로 복음 자체에 대한 보다 분명한 이해를 위하여 성서와 기독교전통을 연구하여야 하고, 둘째로 한국교회의 역사와 상황 및 한국의 문화, 종교의 전통을 연구하여야 할 줄 안다. 이런 기반 위에서 한국적 신학의 과제와 그 과정을 다루어 보려고 한다.

3. 한국적 신학의 과업과 그 과정

그러면 한국적 신학 곧 한국의 토양과 관련된 신학의 당면 과업(Task)은 무엇인가? 이 문제를 다룸에 있어서 우리는 먼저 기독교신학의 임무가 무엇이냐를 먼저 생각해 보고 그 다음에 여기에 기초해서 한국적 신학이 해야 할 과제와 그 과제를 어떻게 수행할 것이냐 하는 문제를 다루려고 한다.

신학의 사명은 한 마디로 말해서 교회와 교인이 나아가야 할 방향을 제시하는 것이다. 다른 말로 표현하면 항해를 위한 나침반에 비유할 수 있다. 그러면 이 나침반을 신학자 자신이 만들 수 있는가? 그렇지 않다. 신학자는 항상 성서 속에 들어가서 하나님께서 무엇(what)을 교회와 교인에게 명령하시는가를 들어야 한다. 이렇게 될 때 신학은 참 신학이 된다.

그러나 신학자는 성서 속에 들어가서 하나님의 말씀을 듣기만 하면 되는 것이 아니다. 신학자는 항상 현실 속에 들어가서 어떻게(how) 하나님의 말씀을 전할까 하는 것을 생각해 보아야 한다. 하나님께서 무엇을 말씀하시느냐 하는 것은 기독교의 identity의 문제요, 그 말씀을 어떻게 전하느냐 하는 것은 기독교의 relevance의 문제이다.

Identity의 문제는 자기의 존재기반의 문제요, relevance의 문제는 자기의 존재목적의 문제이다. 전자를 뿌리라고 한다던, 후자는 열매라고 할 수 있고 전자를 케리그마(kerygma)적인 신학이라면 후자는 변증적인 신학이라고 말할 수 있을 것이다.[88] 기독교 신학은 이 둘 사이에서 자신의 위치를 정하고 있다. 이 두 가지 것 중 어느 하나도 포기할 수 없다. 말씀을 상실한 변증이 무슨 의미가 있으며 변증을 상실한 말씀이 어떻게 영향을 미칠 수 있겠는가? 따라서 기독교신학은 Identity(말씀, 무엇)에도 강조점을 두어야겠지만 relevance(변증, 어떻게)에도 강조점을 두어야 할 것이다.

그러므로 기독교신학은 우선적으로 하나님의 말씀에 비추어서 자기의 identity를 찾는 일을 해야 한다. 그래서 교회가 선포하는 메시지가 올바른 것인지[89] 교인들의 생활이 합당한지 아니지는 항상 따져보아야 할 것이다. 더 나아가서 밖으로부터 침입해 오는 이단사설을 점검하는 역할도 감당해야 한다.

이럴 때 기독교는 자기의 identity를 가질 수가 있다. 또한 신학은 한편으로는 듣는 사람에게 적절하게 설득력 있게 기독교를 전해야 하는 자신의 relevance를 찾는 일도 해야 된다. 이것은 물론 선교와 관련되어 있다.

그러므로 신학은 항상 선교적인 관심을 가지고 불신자와 대화를 해야 하며 그들이 제기한 문제를 가지고 연구하고 노력해야 한다. 그래서 신학의 과제는 어디까지나 선교에 집중되어야만 한다.

그러면 이와 같은 신학적 작업이 한국이라는 상황에서 감당해야 할 사

---

[88] cf. Paul Tillich, *Systematic Theology*, vol. I, p.3
[89] K. Barth는 신학의 임무는 교회의 선포가 하나님의 말씀에 비추어 정당한가를 비판하는 일이라고 했다.

명은 무엇인가? 이 과업은 다음의 세 가지로 간추리고 싶다. 1) 서구적인 문화로부터의 토착화, 2) 한국 문화적 요소에서의 비토착화, 3) 선교신학에로의 전개.

1) 서구적인 문화로부터의 토착화

서구인들이 기독교를 전파할 때, 서구문명과 함께 기독교 복음을 전했다. 그리고 서구문명을 곧 기독교 복음과 같은 것인 양 말했다. 따라서 로잔언약은 "교회는 때때로 성서보다는 오히려 문화에 매여 있게 되기도 했다."90)고 말한다. 그러므로 기독교 복음을 서구문명과 동일한 것으로 착각해서는 안 된다. 우리가 서구적인 스타일의 기독교를 가질 필요는 없다. 우리는 서구적인 스타일에서 벗어나 한국인에 맞는 기독교 스타일을 연구해야 할 것이다. 이것이 서구적인 문화로부터의 토착화이다.

예를 들면 추수감사절을 11월 하순에 지킨다거나 크리스마스 때에 산타크로스를 생각한다는 것은 성서에서 근거를 찾아볼 수 있는 것이 아니라 서구적인 문화의 영향을 받은 것이다. 이것은 교회건축에 있어서나 예배음악에 있어서도 마찬가지이다. 성서에서는 교회건축과 예배음악에 대해서 어떤 구체적인 언급을 한 적이 없다. 그러므로 한국교회가 서양인들에 의해서 형성된 이와 같은 신앙의 표현까지도 받아들여야 할 하등의 이유가 없는 것이다.

이와 같은 서구적인 요소가 한국인에게 복음을 받아들이는데 있어서 방해가 된다면 선교적인 입장에서 relevance를 찾기 위하여 불필요한 장애물을 제거하도록 하여야 할 것이다. 예를 들면 추수감사절을 11월에 지키지 말고 초가을에 있는 추석에 지키는 것도 생각해 볼 수 있다.

---

90) LC, 10 문단.

뿐만 아니라 우리는 서구문화에 의하여 왜곡되어진 기독교 복음에 대해서도 재검토해 보아야 할 것이다.

제 3세계의 기독교 신학자들은 서구기독교가 서구 열강들이 식민지 정책을 내세울 때, 서구제국주의 국가들을 위한 종교로 전락했다고 지적하고 있다. 기독교가 어떤 특정 계급이나 특정 국가를 위한 이데올로기로 전락해서는 안 된다.

2) 한국적인 문화에서의 탈토착화(deindigenization)

서구적인 기독교를 전할 때 서구적인 요소와 함께 전하였듯이 한국인들이 기독교를 받아들일 때에도 한국적인 입장에서 한국적인 문화를 배경으로 기독교를 받아들였다.

사실 한국교회의 비기독교적인 요소 가운데서 서구적인 요소가 많은가, 한국적인 요소가 많은가 할 때 어쩌면 후자가 많을 수도 있다. 서구인들은 2,000년 동안이나 비 기독교적인 요소와 싸워왔고 그 결과를 한국교회에 전해준 반면에 한국인들은 수천 년 동안의 기독교와는 전혀 무관한 문화의 기반 위에서 기독교를 받아들이고 기독교를 이해했다. 이러한 과정에서 한국교회에는 비기독교적인 요소가 쌓이게 되었으며 이러한 요소들은 기독교의 변질을 가져오게 했던 것 같다. 즉 기독교가 한국에서 선교되고 자라나는 과정에서 기독교가 이미 토착화 되었다는 것이다. 이것은 기독교의 정체성(identity)을 위협하는 일이다. 따라서 이와 같은 잘못된 토착화에서 비롯된 잘못된 요소를 제거하는 탈토착화의 작업이 이루어져야한 한다.

예를 들면 불교적인 도피주의의 영향을 받은 것으로서는 타계주의적인 요소로서 산상기도, 사회적인 문제에 대한 무관심을 들 수 있고, 샤머니즘의 영향을 받은 것으로서는 열광주의, 기복주의, 신앙과 생활의 분리 같은 것을 들 수 있고, 유교적인 요소로서는 율법주의와 형식주의를 들 수 있다.[91] 이외에도 성서해석이나 교리해석에도 이 같은 것들을 허다하게 볼 수 있다. "범사에 감사한다."(살전 5:18)는 의미 또는 "협력하여 유익하게 된다."(롬 8:28)는 하나님의 섭리가 숙명론적으로 이해되어 버리고, 기독교의 덕목인 사랑, 희락, 화평 등의 이해가 극히 도교적인 정적인 것으로 이해되고 있다든가, 또한 하나님의 축복의 개념이 재래종교의 기복사상으로 전락된다든가 하는 것들이다. 이와 같이 기독교의 복음과 기독교인의 생활은 한국의 토양에서 한국의 문화와 전통적인 사고양식으로 의식, 무의식 중에 받아들여져서 혼합되어가고 있는 것이다. 여기에서 우리는 이런 것들을 지적하여 시정하고 한국 땅에 그리스도의 복음이 올바르게 전파되도록 해야 하겠다. 이것이 한국의 신학자들이 해야 할 중요한 과제이다. 그런데 이와 같은 작업이 오늘날 토착화를 부르짖고 있는 많은 신학자들에게 있어서 간과되고 있는 것 같은 인상을 주는 것은 심히 유감스럽다고 본다.

3) 선교신학에로의 전개

토착화신학은 원래 선교신학의 영역이다. 그 이유는 토착화신학은 어떻게 하나님의 말씀을 설득력 있게 전하느냐 하는 선교에 관한 학문이기 때문이다. 그러나 우리가 이런 선교지향적인 관심을 외면하고 단지 사변을 위한 토착화 논쟁을 한다면 그것은 한낱 관념의 유희에 지나지 않을 것이다. 이런 점에서 브루스 니콜스(Bruce Nicholls)가 선교를 위해서 봉사하지 않는 신학은 부러진 신학이라고 한 말은 지극히 옳은 말이다.[92]

한국적 신학은 선교를 위한 신학(Missionary Theology)이 되어야 한다. 이런 작업을 수행하기 위하여 그리스도의 복음과 한국문화를 어떻게 연

---

91) Pong Nang Park, op. cit., p.111, 각주 10.

결시키느냐 하는 점을 신중하게 검토해야 할 것이다. 이것과 아울러서 서구문화와 전통문화의 갈등, 극단적으로 치닫는 현실주의, 그 반동인 허무주의, 배금사상, 도덕적인 부패 등 우리 사회가 직면하고 있는 여러 문제들을 선교신학적인 입장에서 예리하게 분석하고, 한국의 상황에 적응성 있게 전파하여 마침내 한국문화와 역사를 복음으로 성화시켜 나가야 할 것이다. 여기에서 한 가지 더 지적하고 싶은 것이 있다. 어떤 이들은 한국 신학의 형성을 말할 때 한국 문화나 관습의 특징을 먼저 파악하고 그와 연관성을 가지고 기독교의 교리를 논하자고 제의한다. 또 그렇게 연관된 교리를 중심으로 한국 신학을 수립하려 한다.

그러나 이와 같은 방법을 상황적인 접근(Contextual Approach)이라고 볼 수는 있지만 이런 방법이 가장 바람직한 방법이라고 할 수는 없다. 왜냐하면 이런 접근방식은 복음과 문화 사이에 있는 불연속성을 간과해 버리고 연속성만 강조하게 되어 결국 기독교 복음의 초월성을 잃게 하며, 또한 혼합주의에 빠지게 할 위험성이 있기 때문이다. 그러므로 신학의 출발점과 형성의 방법은 상황의 요청보다는 성서에 의하여 결정되는 것이 바람직하다고 본다.

여기에는 무엇보다도 신구약성서의 정확한 번역이 전제되어야 된다. 그리고 성서적인 이해를 근거로 하여 교회생활 전반에 걸쳐 위에서 제시한 세 단계의 과정을 거쳐야만 한다고 본다. 왜냐하면 효율적인 선교를 위한 토착화 작업은 성서의 번역과 해석 그리고 메시지의 선포, 예배의식, 음악 등 교회생활 전반에 걸쳐 이루어지기 때문이다. 이럴 때만이 한국의 선교 상황에 관련된 선교신학, 곧 한국적 신학이 건전하게 발전될 것이다.

4. 결론

우리는 지금까지 "한국적 신학형성에 대한 소고"라는 제목 아래 요즈음 논의되고 있는 복음의 토착화의 문제와 연관시켜 한국적 신학의 의미와 목적이 어디에 있으며 그 신학형성의 자료가 무엇이냐 하는 것을 살펴보았다.

한국적 신학은 초월적인 기독교의 진리를 한국적인 전통으로 변질시키는데 있는 것이 아니라 역사적인 복음을 한국의 선교 상황에 연결시켜 올바르게 선포하려는 것, 곧 복음의 해석과 전달의 적응성을 찾고자 하는데서 한국적이라고 정의하였다.

그러므로 그 한국적 신학의 과업과 과정은 이런 전제에서 이루어져야 하며 따라서 토착화의 영역은 기독교 복음 선교에 관련된 면이라고 보았다. 이런 작업을 수행하기 위해서 첫째로 서구적인 문화요소에서 벗어나는 토착화 작업, 둘째로 비기독교적인 한국적인 문화로 토착화됨으로 비롯된 잘못된 요소를 분석하여 이것을 제거하는 탈토착화 작업, 셋째로 복음을 효율적이면서도 설득력 있게 전하기 위해서 선교지향적인 신학을 형성하는 작업을 해야 한다고 지적하였다. 그러므로 한국적 신학의 성패는 한국의 복음화에 얼마나 공헌했느냐 하는 문제를 중요하게 고려해야 할 것이다.

III-10.
교육과 지도자 양성

로잔은 복음 전도에 있어 교육, 특히 신학교육의 중요성을 다음과 같이 로잔언약에서 말하고 있다.

> LC, 11. 교육과 지도력
>
> 우리는 때로 교회 성장을 추구한 나머지 교회의 깊이를 포기하는 결과를 가져왔고, 또한 전도와 신앙적 양육을 분리해 왔음을 고백한다. 또한 우리 선교 단체들 중에는, 현지 지도자들이 그들의 마땅한 책임을 감당할 수 있도록 준비시키고 격려하는 일에 매우 소홀했음을 인정한다. 그러나 이제 우리는 토착화 원칙을 믿고 있으며 모든 교회가 현지 지도자들을 세워, 지배자로서가 아닌 봉사자로서의 기독교 지도자상을 제시할 수 있기를 갈망한다. 우리는 신학 교육, 특히 교회 지도자들을 위한 신학 교육이 개선되어야 할 필요가 있다는 점을 인정한다. 모든 민족과 문화권에서 교리, 제자도, 전도, 교육 및 봉사의 각 분야에 목회자, 평신도를 위한 효과적인 훈련 프로그램이 수립되어야 한다. 그러한 훈련 프로그램은 틀에 박힌 전형적인 방법에 의존할 것이 아니라 성경적 기준을 따라 지역적인 독창성을 바탕으로 개발되어야 한다.
>
> (골 1:27, 28; 행 14:23; 딛 1:5, 9; 막 10:42-45; 엡 4:11, 12)

로잔은 로잔언약의 11문단 서두에서, 우리들이 때때로 교회의 양적성장만을 추구한 나머지 교육을 소홀히 여겨왔고 또한 선교단체 중에는 현지 지도자 양성에 소홀했음을 반성하고, 교육의 중요성, 특히 신학교육의 중요성을 강조하고 있다.

그러면서 로잔은 그리스도인 지도자가 지녀야 할 기본적인 원리로서 지도층의 토착화에 힘쓸 것과 지도자들이 세속적 지배 방법으로서가 아니라 그리스도의 모범을 따라 봉사자로 임하여야 한다고 주장한다. 곧 로잔은 "모든 교회가 현지 지도자들을 등용하여 그들로 하여금 지배자로서가 아닌 봉사자로서의 기독교 지도자 상을 제시할 수 있기를 갈망한다."[93]

여기에 '현지 지도자들을 등용한다.'는 말은 지역 교회가 외국 선교사가 아니라, 현지 나라 사람들이 현지 교회를 자주적으로 지도할 수 있도록 하여야 한다는 것이다. 그러기에 그들에 대한 깊은 교육이 시급히 요청되는 것이다.

이에 로잔은 신학교육을 증진시켜야 한다고 주장한다. 여기서 말하는 신학교육은 교역자 양성뿐만 아니라 평신도를 포함한 모든 사람을 교육하고 훈련시키는 것이라야 한다. 그러기 위하여 신학교육을 "틀에 박힌 전형적인 방법에 의존할 것이 아니라, 성서적 표준을 따라 지역적인 독창성에 의하여 전개시켜 나아가야 한다."고 주장한다. 이를 위하여, "모든 민족과 문화권에 있어서 교리, 제자도, 전도, 교육 및 봉사의 각 분야에 목회자, 평신도를 위한 효과적인 훈련 계획"을 새롭게 갱신하여 나갈 것을 요구하고 있다.

이 같은 프로그램에는 최소한 다음과 같은 두 가지 특징이 있어야 한다고 스토트(John Stott)는 말한다.

> 첫째로, 그것은 철저하여야 한다. 그리고 이는 교리만이 아니라 제자도, 전도, 성장 및 봉사의 교리의 실천을 그 구체적인 시간표에 포함해야 한다.
> 둘째로, 이 프로그램은 훈련받고 있는 지도자와 같이, 토착적인 것이 되

---

93) LC, 11문단.

어야 한다. 그것은 외부로부터 강요당하는 것이 아니라 그 지역에 따라 주도되어 발전되어야 하는 것이다. 또한 지역에서의 주도 역할은 창의적이라야 하기 때문에 어떤 전형적인 방법론이 되어서는 안 된다. 지역에서의 주도권이 창조적일 뿐 아니라, 그러한 성경적 표준에 진정으로 지배될 때, 그 양성 프로그램은 교회에 놀라운 이익을 주는 결과를 가져오게 될 것이다.[94]

마닐라선언문도 세계복음화를 효과적으로 이루기 위해서는 평신도와 성직자 모두가 동원되고 훈련을 받아야 한다고 주장한다. "우리는, 하나님이 모든 교회와 모든 성도들에게 그리스도를 온 세상에 알리는 과제를 부여하셨음을 믿기 때문에 평신도나 성직자나 모두가 다 이 일을 위하여 동원되고 훈련되기를 간절히 바란다."[95]

케이프타운서약 역시 세계복음화를 위하여 여성을 포함하여 모두가 동원되어야 할 것을 언급하면서 선교에서의 신학교육의 중요성을 강조한다. 케이프타운서약은 '신학교육은 선교의 한 부분(a part of mission)' 곧 선교 자체라고 하면서, 신학교육의 목적이 교회 지도자를 양육하여 "교회를 이끌어 가도록 훈련하는데 있으며, 모든 문화의 상황에서 하나님의 진리를 이해하고 적실성 있게 소통하는 선교적 과제를 성취하기 위해 하나님의 모든 백성들을 구비하는 데 있다."고 주장한다.[96] 그러면서, 오늘의 많은 신학교에서 잘못된 신학교육으로 인하여 혼합주의 또는 종교다원주의를 파생케 하는 상황들을 직시한다. 로잔은 케이프타운서약의 '실천을 위한 호소(a Call to Action)'에서 "신학교육자들은 기독교신학에 있어서

---

94) LOP 3, pp. 28-29.
95) MM, 12항. 조종남, op. cit. p. 70.
96) CTC II, F-4, "신학교육과 선교" 참조.

모든 학문과 실천 분야의 통합적이고 영향력 있는 핵심적인 훈련으로서 성경연구를 핵심요소로 재차 강조해야 한다. 무엇보다 신학교육은 성경을 전하고 가르치는 것을 가장 중요한 책임으로 한 목사-교사들을 구비하는데 이바지해야 한다."라고 강조한다.[97]

---

97) CTC II, F-4 D.

III-11.
전도와 성령

로잔은 전도의 현장에서 성령의 역할이 중요함을 지적하면서, 그에 대하여 로잔언약 12문단과 14문단에서 다음과 같이 말하고 있다.

LC, 12. 영적 싸움

우리는 우리가 악의 권세들과 능력들과의 부단한 영적 싸움에 참여하고 있음을 믿는다. 그 세력들은 교회를 전복시키고 세계 복음화를 위한 교회의 사역을 좌절시키려고 한다. 우리는 하나님의 전신갑주로 자신을 무장하고, 진리와 기도의 영적 무기를 가지고 이 싸움을 싸워야 한다는 것을 안다. 우리는, 교회 밖에서 잘못된 이데올로기를 통해서뿐만 아니라, 교회 안에서 잘못된 복음, 즉 성경을 왜곡시키며 사람을 하나님의 자리에 올려놓는 일을 통해서도 적들의 활동하는 것을 감지할 수 있기 때문이다. 따라서 우리는 성경적인 복음을 수호하기 위해 깨어 있어야 하며, 분별력을 갖고 있어야 한다.

우리는 우리 자신이 세속적인 생각과 행위, 즉 세속주의에 대항할 수 있는 면역력을 갖고 있지 않다는 사실을 인정한다. 예를 들면, 숫자적으로나 영적으로 교회 성장에 대해 주의 깊게 연구하는 것은 정당하고 가치 있는 일임에도, 우리는 종종 이런 연구를 게을리 하였다. 반면, 어떤 경우에는 복음에 대한 반응에만 열중한 나머지 우리의 메시지를 타협했고, 강압적 기교를 통해 청중을 교묘히 조종하였고, 지나치게 통계에 집착한 나머지 통계를 부정직하게 기록하는 때도 있었다. 이 모든 것이 세속적인 것이다. 교회는 세상 속에 있어야 하지만, 세상이 교회 속에 있어서는 안 된다.

(엡 6:12; 고후 4:3, 4; 엡 6:11, 13-18; 고후 10:3-5; 요일 2:18-26; 4:1-3; 갈 1:6-9;

고후 2:17; 4:2; 요 17:15)

LC, 14. 성령의 능력

우리는 성령의 능력을 믿는다. 아버지 하나님은 아들을 증거하라고 그의 영을 보내셨다. 그의 증거 없는 우리의 증거는 헛되다. 죄를 깨닫고, 그리스도를 믿고, 거듭나서 그리스도인으로 성장하는 이 모든 것이 성령의 역사다. 뿐만 아니라 성령은 선교의 영이다. 그러므로 전도는 성령 충만한 교회에서 자발적으로 일어나야 한다. 교회가 선교하는 교회가 되지 못할 때 그 교회는 자기모순에 빠져 있는 것이요, 성령을 소멸하고 있는 것이다. 온 세계 복음화는 오직 성령이 교회를 진리와 지혜, 믿음, 거룩함, 사랑과 능력으로 새롭게 할 때에만 실현 가능하게 될 것이다. 그러므로 우리는 모든 그리스도인들에게 요청한다. 주권적인 하나님의 성령이 우리를 찾아오셔서 성령의 모든 열매가 그의 모든 백성에게 나타나고, 그의 모든 은사가 그리스도의 몸을 풍성하게 하기를 기도하기 바란다. 그때에야 비로소 온 교회가 하나님의 손에 있는 합당한 도구가 될 것이요, 온 땅이 하나님의 음성을 듣게 될 것이다.

(고전 2:4; 요 15:26, 27; 16:8-11; 고전 12:3; 요 3:6-8; 고후 3:18; 요 7:37-39; 살전 5:19; 행 1:8; 시 85:4-7; 67:1-3; 갈 5:22, 23; 고전 12:4-31; 롬 12:3-8)

로잔언약은 제 12문단에서 전도에는 영적 싸움이 연관되어 있음을 상기시키고, 교회 안과 밖에서 악의 권세들과 능력들이 활동하고 있음을 상기시킨다. 스토트는 그들의 거짓 가르침은 두 가지 특징을 지니고 나타난다고 말한다. 즉, 거짓 가르침으로 "성서를 왜곡한다. 성경의 권위나 메시지에 복종하려 하지 않고 오히려……성경의 분명한 뜻도 자기들의 비성경적인 선입주견들을 지지하게 하기 위하여 왜곡시키곤 한다." 그리고 두 번째로는, "인간과 인간의 능력을 지나치게 신뢰하여 마침내는 사람을 하나님의 위치에 올려놓게 한다."[98] 또한 마귀는 지적 무기와 도덕적 무기를 사용하여 죄와 세속적인 것으로 교회를 부패시키려고 한다. 그 한 예가, 교회로 하여금 숫자적인 성장에 사로잡히게 하여 교회에서 세상적인 방법을 쓰게 하여 세속화시키는 것이다.

그리하여 그들은 교회를 전복하고 교회의 복음전도를 좌절시키려고 한다. 이러한 일은 사람을 통하여 이루어진다. 그러나 깊이 살펴보면 그들 뒤에는 영적 군대(엡 6:12)가 숨어 있는 것이다. 그들은 교묘하다. 따라서 약한 인간의 힘으로는 대적할 수가 없다.

그러므로 로잔언약은 우리는 하나님의 전신갑주로 자신을 무장하고 진리와 기도의 영적 무기를 가지고 이 싸움에 임하여야 한다고 주장한다.[99] 이에 로잔은 전도 사역에서 기도의 중요성을 강조한다. 1984년 한국에서 열렸던 '세계 복음화를 위한 국제 기도대회'를 위시하여, 모든 곳에서 기도운동을 추진하며, 로잔은 "모든 그리스도인들이 그러한 하나님의 전능하신 성령의 역사를 위하여 기도할 것을 요청하며, 성령의 모든 열매가 모든 백성에게 나타나고, 그의 모든 은사가 그리스도의 몸을 풍성하게 하도록 기도할 것을 호소"[100]하고 있다.

로잔은, 로잔언약의 제12문단에서 마귀의 악하고 파괴적인 능력을 상기시킨 후에 로잔언약 제14문단에 와서는, 마귀를 대적하고 전도의 성취를 위해서는 성령의 능력을 힘입어야 함을 말하고 있다. "우리는 성령의 능력을 믿는다." 그 뿐 아니라 '성령은 선교의 영'으로 전도에서 친히 역사하시는 하나님이시다.

---

98) LOP 3, pp.30-31.
99) LC, 12문단.
100) LC, 14문단.

로잔은 1985년에 "전도에서의 성령의 역할"에 관한 신학협의회(Theological consultation)를 통해 전도에서의 성령의 역사와 역할을 깊이 이해하기에 이르렀으며, 1989년 마닐라 대회에서 "전도에 있어서 그리스도에 대한 성령의 증거가 절대 필요하며 따라서 성령의 초자연적인 역사가 없이는 중생이나 새로운 삶이 불가능한 것을 믿는다."[101]고 고백하며, "성령의 능력으로 말씀은 선포하며…그리스도의 승리에 참여할 수 있도록 힘써야 한다."[102]라고 강조하였다.

마닐라선언문 제5문단에서, 로잔은 성령 하나님이 전도의 대장(chief evangelist)이라고 선포하고 있다. "하나님의 영은 진리와 사랑과 거룩과 능력의 영이시며, 전도는 하나님의 역사 없이는 불가능하다."[103] 마닐라선언문은 이어서 "전도자에게 기름을 붓고, 말씀을 확정하고, 듣는 이를 준비시키며, 죄를 책망하고, 눈먼 자에게 빛을 주고, 죽은 자들에게 생명을 주고, 우리로 하여금 회개하고 믿을 수 있게 하며, 우리를 그리스도의 몸에 연합시키며, 우리가 하나님의 자녀임을 확신시키며, 우리를 그리스도와 같은 성품과 봉사로 인도하고, 우리를 그리스도의 증인으로 내보내는 분은 바로 성령 하나님이시다."라고 고백한다.[104]

선교에 있어 성령의 역사가 필수적인 것은 케이프타운 서약도 여전히 강조하고 있다. 케이프타운 서약은 다음과 같이 말한다.

---

101) MM, 10항. 조종남, op. cit. p.70,
102) MM, 11항. 조종남, op. cit. p.70,
103) MM, 5문단, 조종남, op. cit. p.79. 101) MM, 10항. 조종남, op. cit. p.70,
104) MM, 5문단, 조종남, op. cit., p.79.

"우리의 선교사역은 성령의 임재와 인도, 능력이 없이는 무의미하고 열매가 없다. 이것은 전도, 진리 증거, 제자 훈련, 화평케 함, 사회 참여, 윤리적 변혁, 창조세계를 돌봄, 악한 세력을 물리침, 악의 권세에 대한 승리, 병든 자의 치유, 박해 아래의 고난과 인내와 같은 모든 차원의 선교에서도 그렇다. 우리가 그리스도의 이름으로 행하는 모든 것들은 성령에 의해 인도되고 능력을 부여받아야 한다. 신약성경은 초대교회의 삶과 사도들의 가르침을 통해 이를 분명히 보여 주고 있다. 이러한 성령의 역사는 예수님을 따르는 사람들이 성령의 능력을 의지하고 기대하는 가운데 확신 있게 행동하는 교회들의 성장과 부흥에서 오늘날도 드러나고 있다."105)

로잔은 "그러므로 우리는 모든 그리스도인들이 그러한 하나님의 전능하신 성령의 역사를 위하여 기도하기를 요청한다." 106)

더 나아가 로잔은 "모든 전도에는 악의 주관자와 세력에 대항하는 영적 싸움이 있다. ……진정한 회심에는 언제나 능력의 대결이 있으며, 이 대결에서 예수 그리스도의 우월한 권위(the superior authority)가 드러난다고 믿는다." 107) 그리하여 로잔은 복음을 전하되 말씀으로(전도), 행위로(사회 참여) 전할 뿐 아니라 능력(power)으로, 곧 온전한 복음(whole Gospel)을 전하기를 원한다.

그리스도의 복음(The gospel)을 '온전한 복음'이라고 표현함에 우리는 주의하여야 한다. 이는 우리가 복음을 전파하되 성경이 말하고 있는 복음(the biblical gospel)의 충만함(in its fullness)을 가지고 전하여야 한다는

---

105) CTC 5항, C.
106) LC, 14문단, LOP 3, p.33.
107) MM, 5문단, 조종남, op. cit., p.79.

말이다. 복음이 하나님 나라의 좋은 소식이라면 이 좋은 소식은 하나님 나라의 충만함 그 모든 면(dimension)을 포함하여야 한다는 것이다. 곧 "복음은 악의 권세로부터의 하나님의 구원과 영원한 하나님 나라의 건설, 그리고 하나님의 목적에 도전하는 모든 것들에 대한 하나님의 최종적인 승리에 관한 기쁜 소식이다." [108]

로잔언약에서는 복음, 곧 기쁜 소식을 예수의 죽음과 부활을 통하여 마련하신 영혼의 구원(죄에서 용서받으며, 자유롭게 하는 은혜)으로 말하였지만,[109] 마닐라선언문은 복음을 악의 권세에서 해방하는 하나님의 능력의 구원과 하나님 나라의 건설, 그리고 모든 면에서의 주님의 궁극적 승리에 대한 기쁜 소식이라고 말하고 있다. 곧 성경이 말하는 구원과 하나님의 나라는 죄와 세상의 권세(죄의 세력), 그리고 사단의 지배로부터의 해방 모두를 포함한다는 것이다.[110]

따라서 그리스도의 복음 선포는 하나님 나라의 도래를 의미하며, 이는 사단으로부터의 해방, 곧 하나님 능력의 나타남을 부분적으로나마 동반한다는 것이다. 복음은 모든 구속(the most basic of all bondage), 곧 죄와 그 결과들에서의 해방을 약속한다. 그러므로 그리스도의 복음은 죄의 용서로 하나님과의 바른 관계의 회복뿐만 아니라 세상의 임금을 심판하여 이 세상의 그릇된 가치관에서 자유케 하며, 더 나아가 사단의 지배에서 자유케 할 것을 약속한다는 것이다.

그렇다면 오늘의 복음전도에서도 하나님 나라의 임재의 표로서 표적과

---

108) MM. 1문단, 조종남,op. cit., p.72.
109) LC, 4문단.
110) MM, 2문단, 5문단. 참조. 조종남,op. cit., pp.74-75, 79-80.

기사를 기대할 수 있다는 말인가? 최근에 이 문제에 대해 선교신학에서 많은 논란이 있어 온 것을 우리는 안다. 이 문제에 대해서는 다른 신학적 해석과 이해가 있어 왔으며 또 있을 것이다. 마닐라 대회에서의 강연자였던 헤이포드는 복음이 말씀과 사랑의 행위로, 그리고 권능(곧 표적과 기사)으로 전해질 때에 하나님 나라의 복음은 그의 충만함으로 전파된다고 말하며, 이것이 바로 예수님의 사역과 신도들의 사역에서 나타난 것이었다고 하였다.[111] 다시 말해서, 로잔은 전도에 기사와 이적이 동반될 수 있음을 인정한다. "지난 날 예수가 행하신 기적들은……특별한 것이지만, 그것이 과거였다 해서 오늘도 살아 역사하시는 창조주의 권능을 제한 할 수는 없는 것이기"[112] 때문이다.

이는 1974년의 로잔에서 기대하고 있던 것이 마닐라(1989년)에서 완성하였다고 볼 수 있다. 로잔언약은 이미 다음과 같이 말하고 있었다.

> "우리는 성령의 능력을 믿는다.……세계 복음화는 오직 성령이 교회를 진리와 지혜, 믿음과 거룩함으로, 사랑과 능력으로 새롭게 할 때에만 실제적으로 가능하게 될 것이다. 그러므로 우리는 모든 크리스천들이 그러한 하나님의 전능하신 능력의 성령이 임하시기를 위해 기도할 것을 요청한다."[113]

로잔(1974)에서는 베를린 대회(1966년)[114]에서 진일보하여 복음전파에

---

111) J.D. Douglas, ed., *Proclaim Christ Until He comes*, Worldwide publication, Minneapolis, 1989, pp. 108-109.
112) Ibid.
113) LC, 14문단.
114) World Congress on Evangelism in 1966 at West Berlin.

사회참여를 동반해야 한다고 주장하였다면, 1989년의 마닐라에서는 그 구체적인 표현을 더욱 고조(高調)하면서, 그 위에 사단의 지배를 격파하는 하나님의 능력(표적과 기사)을 동반하여야 한다고 주장한 것이다.

이렇게 함으로써 로잔운동은 그 동안 함께 손잡고 협력하기를 주저하는 듯 했던 카리스마적 신학을 영입하게 되었다. 이런 흐름에 대해 일부 참가자들은 우려와 반대 의사도 표시했으나, 로잔운동은 카리스마적인 형제와도 함께 세계복음화를 확산해 나갈 수 있는 문호를 개방한 것이다. 이에 마닐라선언문은 '성령 충만'이나 '기적'을 의심하거나 불신하는 태도를 배격하고, "기쁜 소식을 능력과 성령과 확신"으로 전할 것을 다짐했다.[115]

그러나 로잔은 교회선교에 있어서 복음전도, 곧 말씀의 선포에 그 우위성(primacy)을 계속 고조(高調)하고 있음을 잊어서는 안 된다. 우리들의 주요 관심은 모든 사람이 예수 그리스도를 구주(Lord and Savior)로 받아들일 기회를 갖게 하는데 있기 때문이다.

이와 같이 로잔이 전도의 우위성을 주장하고 있다는데서 로잔의 선교신학은 여전히 고유의 특징과 전통을 만들어가고 있다고 보아야 할 것이다. 다시 말해서, 로잔의 선교신학이 사회참여를 주장하고 하나님 나라 선포에 있어 예언자적인 사명을 말한다고 해서 WCC계통의 선교신학의 입장과 혼동하여서는 안 된다. 마찬가지로 전도에서 능력의 역사, 곧 표적과 기사의 동반을 인정하지만 그것이 주된 사역일 수는 없다. 로잔의 주요 관심은 전도에 있다. 따라서 "우리는 기사와 이적을 부정하는 회의주의나,

---

115) MM, 5문단, 조종남, op. cit., pp. 79-80.

또 그런 것들을 무분별하게 요구하는 무엄함(presumption)도 모두 배격한다."116) 로잔은 "하나님의 명령을 순종하여, 먼저 그의 나라와 그의 의를 구하기로 결심한다."117)

---

116) MM, 5문단, 조종남, op. cit., p.79.
117) MM, 4문단, 5문단. 조종남, op. cit., pp.78-80.

III-12.
자유와 핍박

로잔은 복음 전도를 인하여 핍박을 받는 일에 깊은 관심을 표하며, 교회와 국가의 관계에 대하여 로잔언약에서 다음과 같이 말하고 있다.

> LC, 13. 자유와 핍박
>
> 교회가 간섭받지 않으면서 하나님께 순종하고, 주 그리스도를 섬기며, 복음을 전파할 수 있도록 평화와 정의와 자유를 보장해야 할 의무는 하나님이 모든 정부에게 지정하신 의무다. 그러므로 우리는 국가 지도자들을 위해 기도하며, 그들이 사상과 양심의 자유를 보장하고 하나님의 뜻을 따라, 그리고 유엔 인권 선언에 규정한 바와 같이 종교를 믿으며 전파할 자유를 보장해 줄 것을 요청한다. 우리는 또한 부당하게 투옥된 사람들, 특히 주 예수 그리스도를 증거 한다는 이유로 고난 받는 우리 형제들을 위해 깊은 우려를 표한다. 우리는 그들의 자유를 위해 기도하며 힘쓸 것을 약속한다. 동시에 우리는 그들의 생명을 담보로 한 협박을 거부한다. 하나님이 우리를 도와주시기 때문에, 우리는 어떤 대가를 치르더라도 불의에 대항하고 복음에 충성하기를 힘쓸 것이다. 핍박이 없을 수 없다는 예수님의 경고를 우리는 잊지 않는다.
>
> (딤전 2:1-4; 행 4:19; 5:29; 골 3:24; 히 13:1-3; 눅 4:18; 갈 5:11; 6:12; 마 5:10-12; 요 15:18-21)

로잔언약은 국가의 탄압에 의하여 고통을 받으며 희생당하고 있는 사람들에 대하여 염려하며 그들의 자유를 위하여 기도할 것을 약속한다. 동시에 우리는 복음 전도자들에게 "핍박이 없을 수 없다는 예수님의 경고를 잊어버리지 않는다."118) 왜냐하면 "예수는 사람들이 나를 핍박하였은즉 너희도 핍박할 터이요 라고 말씀하셨다. 예수께서는 열매를 많이 맺으려면 죽어야 한다는 사실(요 12:24)을 상기시켰다."119) 이에 로잔은 "우리는 그들의 생명을 위협하는 협박에도 굴복하지 않고……어떤 대가를 치르더라도 불의에 대항하여 복음에 충성하기를 힘쓸 것이다."라고 다짐한다.120) 또한, "십자가에 달리신 그리스도를 위하여 우리는 하나님의 은총으로 고난도 받고 죽을 준비가 되어 있기를 위해 기도한다."121)

마닐라선언문도 "우리는, 복음으로 인하여 고난 받는 사람들과의 연대의식을 확인하며, 우리 역시 그와 같이 고난 받을 가능성에 대비하여 우리 자신을 준비시키는 일에 힘쓴다. 아울러 모든 곳에서의 종교적, 정치적 자유를 위하여 일할 것이다."라고 고백하고 있다.122)

케이프타운서약 역시, 사랑의 연대를 요청하면서 핍박받는 성도들과의 연대할 것을 주장하며 다음과 같이 말하고 있다.

> "서로 사랑하는 것은, 무엇보다 믿음과 복음 증거로 말미암아 박해를 받아 감옥에 갇힌 자들을 돌보는 것을 포함한다.……우리는 정보 공유와 중보기도, 영적, 정신적 지지와 가능한 모든 지원 방법을 통해 전 세계 그리스도의 몸에 속한 신자들의 고통에 헌신적으로 동참할 것을 다짐한다. 그러나 우리는 단순히 동정을 베푸는 것이 아니라, 그들이 깨달은 바를 박해받지 않은 교회와 나누며 함께 배울 수 있기를 간절히 바란

---

118) LC, 13문단.
119) MM, 12문단, 조종남, Op. cit., p.90.
120) LC, 13문단.
121) MM, 12문단, 조종남, Op. cit., p.92.
122) MM, 20항. 조종남, Op. cit., p.70,

다."[123]

로잔언약 13문단은 그에 앞서 국가와 교회의 관계를 언급하면서, 국가 지도자들을 위한 기도를 호소한다. 왜냐하면 국가에게는 하나님이 지정하신 의무가 있기 때문이다.

또한 로잔은 국가에게 호소한다. 모든 국가는 평화와 정의와 자유의 상태를 보장할 의무가 있기 때문이다. 국가는 모두가 경건하고 단정한 중에 고요하고 평안한 생활을 할 수 있게 하여야 한다. 그런 조건하에서야 교회는 하나님을 경건히 순종할 수 있고 주 예수 그리스도를 섬길 수 있으며 복음을 전파할 수 있게 될 것이다.[124]

교회도 또한 국가의 지도자들을 위해 기도해야 할 책임이 있다(딤전 2:1-2). 교회는 더 나아가 국가의 양심이 되어 지도자들에게 하나님이 정하신 역할을 상기시켜 주어야 할 의무가 있다.[125] 로잔은 "그러므로……모든 나라의 지도자들을 위하여 기도하며 그들이 사상과 양심의 자유를 보장하고 하나님의 뜻을 따라, 그리고 유엔 인권 선언(The Universal Declaration of Human Rights)[126]에 규정한 바와 같이 종교를 믿으며 전파할 자유를 보장해 줄 것을 요청한다."[127]

특히, 아직도 종교적 자유가 없는 국가들이 있는데 그들이 복음에 대하

---

123) CTC, 9항 C.
124) LOP 3, p.32.
125) Ibid.
126) 유엔 인권 선언은 1948년 12월 유엔 총회에서 채택된 것인데, 인권 선언 18조에는 "모든 사람은 사상과 양심과 종교의 자유에 대한 권리를 갖는다."라고 규정하였다. 이 권리는 그의 종교나 신앙을 바꿀 수 있는 자유를 말한다. 더 나아가 이 자유는 홀로 또는 다른 사람과 더불어 또는 공적으로나 사적으로나 자기의 종교나 신조를 자유로이 가르치고 믿으며, 예배드리거나, 준수하는 것을 의미한다. LOP 3, p.32.
127) LC, 13문단.

여 좀 더 개방적이 되기를 간절히 소망한다.[128] 그리고 기독교신자들에 대한 태도를 재고하고 있는 정부들, 특히 공산권과 회교권의 국가들에 대해 다음과 같이 세 가지를 표방함으로 그리스도인에 대한 자유를 간접적으로 호소하고 있다.[129]

첫째, 그리스도인들은 국가의 안녕을 추구하는 충성스러운 시민이다. 그들은 지도자를 위하여 기도하며 세금을 납부한다. 그들은 예수를 주로 고백해 온 사람들이기에, 하나님이 금하시는 것을 행하도록 강요한다면 그 명령에는 불복할 수밖에 없다. 그러나 그들은 장애자와 곤경에 처한 자들을 돕는 일에 자발적으로 활동함으로서 국가의 안녕에 기여한다. 따라서 공의로운 정부는 그리스도인들을 경원(敬遠)할 필요가 전혀 없다.

둘째, 그리스도인들은 전도에 있어서 비열한 방법을 거부한다. 우리는 다른 종교를 가진 사람들에 대하여 신중하며, 그들의 개종을 강요하는 어떤 방법도 사용하지 않는다.

셋째, 그리스도인은 기독교에 대한 자유뿐 아니라, 진심으로 모든 사람들이 종교의 자유를 찾기를 간절히 바란다. 세계인권선언에 정의된 바대로 종교를 고백하고 실천하고 전하는 자유는 분명히 상호 인정할 수 있는 권리이며 또 마땅히 그래야만 하기 때문이다.

---

128) MM, 12문단, 조종남, op. cit., p.90.
129) MM, 12문단, 조종남, op. cit., p.91.

III-13.
그리스도의 재림

그리스도의 재림에 대하여 로잔언약에서는 다음과 같이 언급하고 있다.

> LC, 15. 그리스도의 재림
>
> 우리는 예수 그리스도가 친히 권능과 영광중에 인격적으로 또 눈으로 볼 수 있게 재림하셔서 그의 구원과 심판을 완성하실 것을 믿는다. 이 재림의 약속은 우리의 전도에 박차를 가한다. 이는, 먼저 복음이 모든 민족에게 전파되어야 한다고 하신 그의 말씀을 우리가 기억하기 때문이다. 그리스도의 승천과 재림 사이의 중간 기간은 하나님 백성의 선교 사역으로 채워져야 한다고 우리는 믿는다. 그러므로 종말이 오기 전에는 우리에게 이 일을 멈출 자유가 없다. 우리는 또한 마지막 적그리스도에 앞서서 거짓 그리스도들과 거짓 선지자들이 일어나리라는 그의 경고를 기억한다. 그러므로 우리는 인간이 이 땅 위에 유토피아를 건설할 수 있다는 생각은 오만한 자기 확신의 환상으로 간주해 이를 거부한다. 우리 그리스도인들은 하나님이 그의 나라를 완성하실 것이요, 우리는 그 날을 간절히 사모하며 또 의가 거하고 하나님이 영원히 통치하실 새 하늘과 새 땅을 간절히 고대하고 있음을 확신한다. 그때까지 우리는 우리의 삶 전체를 지배하시는 그의 권위에 기꺼이 순종함으로 그리스도와 사람들을 섬기는 일에 우리 자신을 다시 드린다.(주16)
>
> (막 14:62; 히 9:28; 막 13:10; 행 1:8-11; 마 28:20; 막 13:21-23; 요 2:18; 4:1-3; 눅 12:32; 계 21:1-5; 벧후 3:13; 마 28:18)

로잔은 성경적인 신앙에 뚜렷이 서서 예수 그리스도의 재림을 믿는다.

로잔언약은 고백한다. "우리는 예수 그리스도께서 친히 권능과 영광중에 인격적으로 그리고 눈으로 볼 수 있도록 재림하시어 그의 구원과 심판을 완성시킬 것을 믿는다."[130]

곧 로잔언약은 주님이 친히 인격적으로 오실 것이라고 고백한다. 재림하실 주님은 사도들이 보는 가운데 승천하신 바로 '그 예수님' 이기 때문이다(행1:11). 그러므로 주님은 "눈으로 볼 수 있도록 재림하실 것이다." 그리하여 모든 사람이 그를 보게 될 것이다(계1:7). 그러나 주님은 초림 때의 모습과는 아주 달리, 이번에는 권능과 영광중에 오시어(막13:26), 그가 지상에서 시작하신 구원과 심판을 완성하실 것이라고 고백한다.[131]

우리 그리스도인은 주님의 재림으로 하나님께서 그의 나라를 완성하실 것을 믿는다. 정의와 자유를 위해 일한다는 것은 그리스도인들의 의무이지만, 그렇다고 해서 로잔은 혹자가 말하는 대로 인간들이 추구하는 물질적 번영, 국제간의 평화, 사회 정의, 정치적 자유를 누리게 함으로 인간이 이 땅위에 유토피아를 건설할 수 있다는 것을 믿지 않는다. 그리스도가 오시기 전에 적그리스도가 먼저 오며, 거짓 그리스도인들과 거짓 선지자들이 최후의 적그리스도의 선구자들로서 일어나게 될 것이라고 경고하신 것을 우리가 기억하기 때문이다.[132]

따라서 우리 그리스도인은 케이프타운서약이 확언하고 있는 대로, "그의 재림 때에, 예수는 하나님의 심판을 집행하시고 사탄을 멸하시고, 하나님의 우주적인 나라를 세우실 것이라"[133]고 믿는다. 하나님이 약속하신 신천신지는 하나님께서 세우시는 것이다.

---

130) LC, 15문단.
131) LOP 3, p.35.
132) LOP 3, p.36. 막 13:21-23, 요일 2:18 참고.
133) CTC 1항 A.

이런 확신을 가진 그리스도인은 재림하실 주님을 대망하고 사모한다. 그리스도의 재림에 대한 소망은 전도하는 그리스도인에게 용기를 준다. 이 소망은 최후 승리가 우리에게 있음을 확신시켜 주며, 주의 일에 힘쓰는 우리들의 수고가 주 안에서 헛되지 않다는 것을 의미하기 때문이다.[134]

특히, 주님의 재림에 대한 대망은 전도에 박차를 가한다. 이는 먼저 복음이 모든 민족에게 전파되어야 한다고 하신 주님의 말씀을 우리가 기억하기 때문이다(마 24:14).

또한 주의 날이 도둑같이 올 것이나 재림의 약속이 더딘 것은 더딘 것이 아니라, 오직 주께서 오래 참으사 아무도 멸망하지 아니하고 다 회개하기에 이르기를 원하시기 때문인 것을 알기 때문이다.[135]

그러므로 예수의 승천과 재림 사이의 기간은 하나님의 백성의 선교 사업으로 채워져야 한다. 여기에 우리는 주님의 대분부를 기억한다. "그러므로 너희는 가서 모든 민족을 제자로 삼아 아버지와 아들과 성령의 이름으로 세례를 베풀고, 내가 너희에게 분부한 모든 것을 가르쳐 지키게 하라 볼지어다 내가 세상 끝 날까지 너희와 항상 함께 있으리라"(마 28:19-20).

그러므로 종말이 되기 전에는 우리에게 전도의 사역을 멈출 자유가 없다.[136] "그 때까지 우리는 우리의 삶 전체를 지배하시는 그의 권위에 기꺼이 순종함으로 그리스도를 섬기고 사람에게 봉사하는 일에 우리 자신을 재헌신한다."[137]

마닐라선언문은 선언문 21항에서, 주님의 재림 이전에 복음 전파에 이

---

134) 고전 15:58.
135) 벧후 3:9-10.
136) LOP 3, p.35.
137) LC, 15문단.

바지할 것을 다음과 같이 확인하고 있다. "우리는 하나님께서 온 세상에 온전한 복음을 전하라고 온 교회를 부르고 계신 것을 믿는다. 그러므로 우리는 주님이 오실 때까지 신실하고 긴급하게 그리고 희생적으로 복음을 선포할 것을 결의한다." 그리고 마닐라선언문의 결론에서 다음과 같이 다짐하고 있다.

> 우리가 아는 바, 그 분의 약속대로 어느 날 그의 나라를 완성하기 위하여 상상할 수 없는 영광 속에 다시 오실 것이다. 우리는 깨어 준비하고 있으라는 명령을 받고 있다. 이 초림과 재림 사이의 간격은 기독교 선교 활동으로 채워져야 한다.……그러므로 기독교 선교는 긴박한 과업이다. 우리는 선교를 위한 시간이 얼마나 남아 있는지 모른다. 분명 허비할 시간은 없다.……우리는 온 교회가 온 세상에 온전한 복음을 가지고 나아가 하나가 되어 희생적으로 주님 재림하실 때까지 긴급하게 그리스도를 선포할 것을 선언하는 바이다.[138]

---

138) 조종남, Op. cit., p.92.

III-14.
맺는 말

이제까지 우리는 세계선교와 연관하여 로잔언약에서 고백하고 확인한 중요한 교리들이 어떤 것이며, 그런 교리들에 대한 로잔의 신학적 입장이 로잔 2차 로잔대회의 마닐라 선언문과 3차 로잔대회의 케이프타운서약의 신앙고백을 통하여 어떻게 재확인되며 보완되어 구체화되어 왔는가를 살펴보았다.

요약해 보면, 로잔신학은 앞에서(III-1) 말한 대로, 성경에 근거하여 하나님이요 구주로서의 예수 그리스도의 유일성과 구원의 복음의 유일성을 전제하며, 선교를 삼위일체적으로 개진하였다. 케이프타운 서약의 문단 10에서 강조하고 있듯이, 우리의 선교란 곧 선교하시는 하나님의 선교에 동참하는 것이다. 하나님이 모든 사람을 사랑하시어 한 사람도 멸망하지 않고 모두가 회개할 것을 원하시기 때문에 예수 그리스도를 세상에 보내심과 같이 그리스도께서는 그의 구속받은 백성들을 또한 세상에 내보내시어 선교사역을 하게 하시는 것이다(요 20:21).

로잔언약에 담겨있는 또 다른 내용은 우리가 상기의 입장에서 어떻게 실천하여 왔는가를 반성하고 앞으로 어떻게 하여야 하겠다는 결심의 표현이다. 우리는 로잔의 신학을 다루는 면에서 이 측면을 광범위하게 다루지는 않았지만, 케이프타운 서약의 제2부, '행동으로의 요청(Call to Action)'에서 이에 관하여 구체적으로 그리고 적실하게 다루고 있다는 것을 주목하기를 바란다. 거기에는 건전한 로잔 신학에 근거하여 세계적으로 당면하고 있는 여섯 개(6)의 주요 영역에서 제기되는 여러 과제들에 있어 우리가 어떻게 이해하고 처치하여 나가야 할지에 대한 가이드라인을 잘 제시하며, 우리들의 행동을 요청하고 있다.

이제 마지막으로, 우리의 기도를 고백하고 싶다. 그것은 무엇보다도 우리로 하여금 하나님의 영광을 위하여 로잔신학에 신실하도록 주님이 은혜로 도와주시기를 구하는 기도이다. 주여 우리의 기도를 들으소서. 아멘, 할렐루야!

: 제4장 :
부 록

4 부록

IV-1.
로잔 언약

머리말

　로잔에서 열린 세계 복음화 국제대회에 참가하기 위해 150여 개 나라에서 온 예수 그리스도의 교회의 지체인 우리는, 그 크신 구원을 주신 하나님을 찬양하며, 하나님이 우리로 하나님과 교제하게 하시며 우리가 서로 교제하게 해주시니 매우 기쁘다. 우리는 하나님이 우리 시대에 행하시는 일에 깊은 감동을 받으며, 우리의 실패를 통회하고 아직 미완성으로 남아 있는 복음화 사역에 도전을 받는다. 우리는 복음이 온 세계를 위한 하나님의 좋은 소식임을 믿고 이 복음을 온 인류에 선포하여 모든 민족을 제자 삼으라고 분부하신 그리스도의 명령에 순종할 것을 그의 은혜로 결심한다. 그러므로 우리는 이 신앙과 그 결단을 확인하고 이 언약을 공포하려 한다.

1. 하나님의 목적

우리는 세상의 창조주이시며 주되신 영원한 한 분 하나님, 곧 성부, 성자, 성령에 대한 우리의 신앙을 확신한다. 하나님은 그의 뜻과 목적에 따라 만물을 통치하신다. 그는 자기를 위해 세상으로부터 한 백성을 불러내시고 다시 그들을 세상으로 내보내시어 그의 나라를 확장하고, 그리스도의 몸을 세우고, 그의 이름의 영광을 위해 그의 부름 받은 백성을 그의 종과 증인이 되게 하신다. 우리는 종종 세상에 동화되거나 세상으로부터 도피함으로 우리의 소명을 부인하고 우리의 사명에 실패하였음을 부끄럽게 생각하며 이를 고백한다. 그러나 비록 질그릇에 담겼을지라도 복음은 귀중한 보배임을 기뻐하며 성령의 능력으로 이 보배를 널리 선포하는 일에 우리 자신을 새롭게 헌신하려고 한다.

사 40:28; 마 28:19; 엡 1:11; 행 15:14; 요 17:6, 18; 엡 4:12; 고전 5:10; 롬 12:2; 고후 4:7

2. 성경의 권위와 능력

우리는 신구약 성경이 하나님의 영감으로 기록되었음을 믿으며, 그 진실성과 권위를 믿는다. 성경 전체는 기록된, 하나님의 유일한 말씀으로서, 그 모든 가르치는 바에 전혀 착오가 없으며, 신앙과 실천의 유일하고도 정확무오한 척도임을 믿는다. 우리는 또한 그의 구원 목적을 이루는 말씀의 능력을 확신한다. 성경 말씀은 온 인류를 위한 것이다. 그리스도와 성경에 나타난 하나님의 계시는 불변하기 때문이다. 성령은 오늘도 그 계시를 통해 말씀하신다. 성령은 어떤 문화 속에서나 모든 하나님 백성의 마음을 조명하여 그들의 눈으로 이 진리를 새롭게 보게 하시고, 하나님의 각종 지혜를 온 교회에 더욱 더 풍성하게 나타내신다.

딤후 3:16; 벧후 1:21; 요 10:35; 사 55:11; 고전 1:21; 롬 1:16, 마 5:17, 18; 유 1:3; 엡 1:17, 18; 3:10, 18

3. 그리스도의 유일성과 보편성

우리는, 전도의 방법은 다양하지만 구세주는 오직 한 분이요 복음도 오직 하나임을 확신한다. 우리는 자연에 나타난 하나님의 일반 계시를 통해 모든 사람이 하나님에 관한 어느 정도의 지식이 있음은 인정한다. 그러나 우리는 사람이 이것으로 구원받을 수 있다는 주장은 부인한다. 이는 사람이 자신의 불의로써 진리를 억압하고 있기 때문이다. 우리는 또한 모든 종류의 혼합주의를 거부하며, 그리스도께서 어떤 종교나 어떤 이데올로기를 통해서도 동일하게 말씀하신다는 식의 대화는 그리스도와 복음을 손상시키므로 거부한다. 유일한 신인(神人)이신 예수 그리스도는 죄인을 위한 유일한 대속물로 자신을 주셨고, 하나님과 사람 사이의 유일한 중보자이시다. 예수님 외에 우리가 구원받을 다른 이름은 없다. 모든 사람은 죄로 인해 멸망할 수밖에 없다. 그러나 하나님은 모든 사람을 사랑하시기 때문에 한 사람도 멸망하지 않고 모두가 회개할 것을 원하신다. 그럼에도 불구하고 그리스도를 거절하는 자는 구원의 기쁨을 거부하며 스스로를 정죄함으로써 하나님으로부터 영원히 분리된다. 예수님을 '세상의 구주'로 전파하는 것은 모든 사람이 자동적으로 혹은 궁극적으로 구원받게 된다는 말이 아니며, 또 모든 종교가 그리스도 안에 있는 구원을 제공한다고 보장하는 것은 더욱 아니다. 예수님을 '세상의 구주'로 전하는 것은 오히려 죄인들이 사는 세상을 향해 하나님의 사랑을 선포하는 것이며, 마음을 다한 회개와 신앙의 인격적인 결단으로 예수님을 구세주와 주로 영접하도록 모든 사람을 초청하는 것이다. 예수 그리스도는 모든 이름 위에 높임을 받으셨다. 우리는 모든 사람이 그 앞에 무릎을 꿇고 모든 입이 그를 주로 고백하는 날이 오기를 고대한다.

갈 1:6-9; 롬 1:18-32; 딤전 2:5, 6; 행 4:12; 요 3:16-19; 벧후 3:9; 살후 1:7-9; 요 4:42; 마 11:28; 엡 1:20, 21; 빌 2:9-11

4. 전도의 본질

전도는 기쁜 소식을 널리 전파하는 것이며, 기쁜 소식은 예수 그리스도께서 성경대로 우리 죄를 위해 죽으시고, 죽은 자들 사이에서 다시 살아나신 것과, 만물을 통치하시는 주로서 지금도 회개하고 믿는 모든 사람들의 죄를 용서하시고, 우리를 자유하게 하시는 성령의 은사를 공급하신다는 것이다. 전도하기 위해 그리스도인이 이 세상에 존재하는 것은 필수불가결하며, 상대방을 이해하려면 상대방의 이야기를 경청하는 대화도 매우 중요하다. 그러나 전도 자체는 사람들이 인격적으로 하나님께 나아가 하나님과 화목하도록 설득하기 위한 목적으로, 역사적이고 성경적인 그리스도를 구세주와 주로 선포하는 것이다. 복음에 초대할 때 우리는 제자도의 대가를 치러야 한다는 사실을 무시해서는 안 된다. 예수님은 여전히 그를 따르는 모든 사람으로 하여금 자기를 부인하고, 자기 십자가를 지고, 그가 새로운 공동체에 속하였음을 분명히 하도록 부르신다. 전도의 결과는 그리스도께 대한 순종과 그의 교회와의 협력, 세상에서의 책임감 있는 섬김을 포함한다.

고전 15:3, 4; 행 2:32-39; 요 20:21; 고전 1:23; 고후 4:5; 5:11, 20; 눅 14:25-33; 막 8:34; 행 2:40, 47; 막 10:43-45

5. 그리스도인의 사회적 책임

우리는 하나님이 모든 사람의 창조주이시요, 동시에 심판자이심을 믿는다. 그러므로 우리는 인간 사회 어느 곳에서나 정의와 화해를 구현하고 인간을 모든 종류의 억압으로부터 해방시키려는 하나님의 관심에 동참하여야 한다. 사람은 하나님의 형상대로 창조되었기 때문에 인종, 종교, 피부색, 문화, 계급, 성 또는 연령의 구별 없이 모든 사람은 천부적 존엄성을 지니고 있으며, 따라서 누구나 존경받고 섬김을 받아야 하며 착취당해서는 안 된다. 이 사실을 우리는 등한시해 왔고, 때로 전도와 사회 참여를 서로 상반된 것으로 여겼던 것을 뉘우친다. 물론 사람과의 화해가 곧 하나님과의 화해는 아니며 또 사회 참여가 곧 전도일 수 없으며 정치적 해방이 곧 구원은 아닐지라도, 전도와 사회 정치적 참여는 우리 그리스도인의 의무의 두 부분임을 인정한다. 이 두 부분은 모두 하나님과 인간에 대한 교리와 이웃을 위한 사랑 그리고 예수 그리스도에 대한 우리의 순종을 나타내는 데 필수적이다. 구원의 메시지는 모든 소외와 억압과 차별에 대한 심판의 메시지를 내포한다. 그러므로 우리는 악과 불의가 있는 곳 어디에서든지 이것을 고발하는 일을 두려워해서는 안 된다. 사람이 그리스도를 영접하면 하나님 나라 백성으로 거듭난다. 따라서 그들은 불의한 세상 속에서 그 나라의 의를 나타낼 뿐만 아니라 그 나라의 의를 전파하기에 힘써야 한다. 우리가 주장하는 구원은 우리로 하여금 개인적 책임과 사회적 책임을 총체적으로 수행하도록 우리를 변화시켜야 한다. 행함이 없는 믿음은 죽은 것이다.

행 17:26, 31; 창 18:25; 사 1:17; 시 45:7; 창 1:26, 27; 약 3:9; 레 19:18; 눅 6:27, 35; 약 2:14-26; 요 3:3, 5; 마 5:20; 6:33; 고후 3:18; 약 2:20

6. 교회와 전도

하나님 아버지가 그리스도를 세상에 보내신 것 같이, 그리스도 역시 그의 구속받은 백성을 세상으로 보내신다는 것을 우리는 믿는다. 이 소명은 그리스도가 하신 것 같이 세상 깊숙이 파고드는 희생적인 침투를 요구한다. 우리는 우리 교회의 울타리를 헐고 비그리스도인 사회에 스며들어가야 한다. 교회가 희생적으로 해야 할 일 중에서 전도가 최우선이다. 세계 복음화는 온 교회가 온전한 복음을 온 세계에 전파할 것을 요구한다. 교회는 하나님의 우주적인 목적의 바로 중심에 서 있으며, 복음을 전파할 목적으로 하나님이 지정하신 수단이다. 그러나 십자가를 전하는 교회는 스스로 십자가의 흔적을 지녀야 한다. 교회가 만일 복음을 배반하거나, 하나님에 대한 산 믿음이 없거나, 혹은 사람에 대한 진실한 사랑이 없거나, 사업 추진과 재정을 포함한 모든 일에 있어 철저한 정직성이 결여될 때, 교회는 오히려 전도의 걸림돌이 되어 버린다. 교회는 하나의 기관이라기보다 하나님 백성의 공동체다. 따라서 어떤 특정한 문화적·사회적 또는 정치적 체제나 인간의 이데올로기와 동일시되어서는 안 된다.

요 17:18; 20:21; 마 28:19, 20; 행 1:8; 20:27; 엡 1:9, 10; 3:9-11; 갈 6:14,

17; 고후 6:3, 4; 딤후 2:19-21; 빌 1:27

7. 전도를 위한 협력

교회가 진리 안에서 눈에 보이게 일치단결하는 것이 하나님의 목적임을 우리는 확신한다. 전도는 또한 우리를 하나가 되도록 부른다. 이는 우리의 불일치가 우리가 전하는 화해의 복음을 손상시키는 것 같이, 우리의 하나 됨은 우리의 증거를 더욱 힘 있게 만들기 때문이다. 그렇지만 조직적인 일치단결은 여러 형태가 있고, 그것이 반드시 전도를 진척시키지 않을 수도 있음을 인정한다. 그럼에도 불구하고 동일한 성경적 신앙을 소유한 우리는 교제와 사역과 전도에 있어서 긴밀하게 일치단결해야만 한다. 우리의 증거가 때로는 사악한 개인주의와 불필요한 중복으로 인해 훼손되었던 것을 고백한다. 우리는 진리와 예배와 거룩함과 선교에 있어서 좀 더 깊은 일치를 추구할 것을 약속한다. 우리는 교회의 선교 사역을 확장하기 위해, 전략적 계획을 위해, 서로서로 격려하기 위해 그리고 자원과 경험을 서로 나누기 위해 지역적이며 기능적인 협력을 개발할 것을 촉구한다.

요 17:21, 23; 엡 4:3, 4; 요 13:35; 빌 1:27; 요 17:11-23

8. 교회의 선교 협력

선교의 새 시대가 동트고 있음을 우리는 기뻐한다. 서방 선교의 주도적 역할은 급속히 사라지고 있다. 하나님은 신생 교회들 중에서 세계 복음화를 위한 위대하고도 새로운 자원을 불러일으키신다. 그렇게 해서 전도의 책임은 그리스도의 몸 전체에 속해 있음을 밝히 보여 주신다. 그러므로 모든 교회는 자기가 속해 있는 지역을 복음화 함과 동시에 세계의 다른 지역에도 선교사를 보내기 위해 무엇을 해야 하는지 하나님과 자신에게 질문해야 한다. 우리의 선교 책임과 선교 역할에 대한 재평가는 계속되어야 한다. 이렇게 해서 교회들 간의 협동은 더욱 강화될 것이며, 그리스도 교회의 보편성은 더 분명하게 드러날 것이다. 우리는 또한 성경 번역, 신학 교육, 방송매체, 기독교 문서 사역, 전도, 선교, 교회 갱신, 기타 전문 분야에서 일하는 여러 단체들로 인해 하나님께 감사한다. 아울러 이런 단체들도 교회 선교의 한 사역자로서 그 효율성을 평가하기 위해 지속적인 자기 검토를 해야 한다.

롬 1:8; 빌 1:5; 행 13:1-3; 살전 1:6-8

9. 전도의 긴박성

인류의 3분의 2 이상에 해당하는 27억 이상의 인구(1974년 자료)가 아직도 복음화 되어야 한다. 우리는 이토록 많은 사람을 아직도 등한히 하고 있다는 사실을 부끄럽게 생각한다. 이는 우리와 온 교회를 향해 끊임없이 제기되는 비판이다. 그러나 오늘날 세계 도처에서는 주 예수 그리스도에 대해 전례 없는 수용 자세를 보이고 있다. 지금이야말로 교회와 모든 선교 단체들이 복음화 되지 못한 이들의 구원을 위해 열심히 기도하고, 세계 복음화를 성취하기 위한 새로운 노력을 시도해야 할 때임을 확신한다. 이미 복음이 전파된 나라에 있는 해외 선교사와 그들의 선교비를 감축하는 일은, 토착 교회의 자립심을 기르기 위해 혹은 아직 복음화 되지 않은 지역으로 그 자원을 내보내기 위해 때로 필요한 경우가 있을 것이다. 선교사들이 겸손한 섬김의 정신으로 더욱더 자유롭게 육대주 전역에 걸쳐 교류해야 한다. 가능한 모든 수단을 총동원해서, 되도록 빠른 시일 안에 한 사람도 빠짐없이 이 좋은 소식을 듣고, 깨닫고, 받아들일 기회를 얻는 것이 목표다. 희생 없이 이 목표를 성취하는 것을 기대할 수는 없다. 수많은 사람들이 겪는 빈곤에 우리 모두가 충격을 받으며, 이 빈곤의 원인인 불의에 대하여 분개한다. 우리 중에 풍요한 환경 속에 살고 있는 이들은 검소한 생활양식을 개발해서 구제와 전도에 보다 많이 공헌하는 것이 우리의 의무임을 확신한다.

요 9:4; 마 9:35-38; 롬 9:1-3; 고전 9:19-23; 막 16:15; 사 58:6, 7; 약 1:27; 2:1-9; 마 25:31-46; 행 2:44, 45; 4:34, 35

10. 전도와 문화

세계 복음화를 위한 전략 개발에는 상상력이 풍부한 개척적 방법이 요청된다. 하나님의 뜻을 따라 전도한다면, 그리스도 안에 깊이 뿌리내리면서도 자신들의 문화에 적합하게 맞추어진 여러 교회들이 일어날 것이다. 문화는 항상 성경을 기준으로 검토하고 판단해야 한다. 사람은 하나님의 피조물이기 때문에 인류 문화의 어떤 것은 매우 아름답고 선하다. 그러나 인간의 타락으로 인해 그 전부가 죄로 물들었고, 어떤 것은 악마적이기도 하다. 복음은 한 문화가 다른 어떤 문화보다 우월하다고 전제하지 않는다. 오히려 복음은 모든 문화를 그 자체의 진리와 정의의 표준으로 평가하고, 모든 문화에 있어서 도덕적 절대성을 주장한다. 지금까지의 선교는 복음과 함께 이국의 문화를 수출하는 일이 너무 많았고, 때로는 교회가 성경보다 문화에 매이는 경우가 많았다. 그리스도의 전도자는 다른 사람의 종이 되기 위해, 개인적인 순수성을 제외한 나머지 부분에서 겸손히 자신을 온전히 비우기를 힘써야 한다. 또한 교회는 문화를 변혁하고 풍요롭게 만들고자 애쓰되, 모든 것을 하나님의 영광을 위해서 해야만 한다.

막 7:8,9, 13 창 4:21, 22; 고전 9:19-23; 빌 2:5-7; 고후 4:5

11. 교육과 지도력

우리는 때로 교회 성장을 추구한 나머지 교회의 깊이를 포기하는 결과를 가져왔고, 또한 전도와 신앙적 양육을 분리해 왔음을 고백한다. 또한 우리 선교 단체들 중에는, 현지 지도자들이 그들의 마땅한 책임을 감당할 수 있도록 준비시키고 격려하는 일에 매우 소홀했음을 인정한다. 그러나 이제 우리는 토착화 원칙을 믿고 있으며 모든 교회가 현지 지도자들을 세워, 지배자로서가 아닌 봉사자로서의 기독교 지도자상을 제시할 수 있기를 갈망한다. 우리는 신학 교육, 특히 교회 지도자들을 위한 신학 교육이 개선되어야 할 필요가 있다는 점을 인정한다. 모든 민족과 문화권에서 교리, 제자도, 전도, 교육 및 봉사의 각 분야에 목회자, 평신도를 위한 효과적인 훈련 프로그램이 수립되어야 한다. 그러한 훈련 프로그램은 틀에 박힌 전형적인 방법에 의존할 것이 아니라 성경적 기준을 따라 지역적인 독창성을 바탕으로 개발되어야 한다.

골 1:27, 28; 행 14:23; 딛 1:5, 9; 막 10:42-45; 엡 4:11, 12

12. 영적 싸움

우리는 우리가 악의 권세들과 능력들과의 부단한 영적 싸움에 참여하고 있음을 믿는다. 그 세력들은 교회를 전복시키고 세계 복음화를 위한 교회의 사역을 좌절시키려고 한다. 우리는 하나님의 전신갑주로 자신을 무장하고, 진리와 기도의 영적 무기를 가지고 이 싸움을 싸워야 한다는 것을 안다. 우리는, 교회 밖에서 잘못된 이데올로기를 통해서뿐만 아니라, 교회 안에서 잘못된 복음, 즉 성경을 왜곡시키며 사람을 하나님의 자리에 올려놓는 일을 통해서도 적들의 활동하는 것을 감지할 수 있기 때문이다. 따라서 우리는 성경적인 복음을 수호하기 위해 깨어 있어야 하며, 분별력을 갖고 있어야 한다.

우리는 우리 자신이 세속적인 생각과 행위, 즉 세속주의에 대항할 수 있는 면역력을 갖고 있지 않다는 사실을 인정한다. 예를 들면, 숫자적으로나 영적으로 교회 성장에 대해 주의 깊게 연구하는 것은 정당하고 가치 있는 일임에도, 우리는 종종 이런 연구를 게을리 하였다. 반면, 어떤 경우에는 복음에 대한 반응에만 열중한 나머지 우리의 메시지를 타협했고, 강압적 기교를 통해 청중을 교묘히 조종하였고, 지나치게 통계에 집착한 나머지 통계를 부정직하게 기록하는 때도 있었다. 이 모든 것이 세속적인 것이다. 교회는 세상 속에 있어야 하지만, 세상이 교회 속에 있어서는 안 된다.

엡 6:12; 고후 4:3, 4; 엡 6:11, 13-18; 고후 10:3-5; 요일 2:18-26; 4:1-3; 갈 1:6-9; 고후 2:17; 4:2; 요 17:15

13. 자유와 핍박

교회가 간섭받지 않으면서 하나님께 순종하고, 주 그리스도를 섬기며, 복음을 전파할 수 있도록 평화와 정의와 자유를 보장해야 할 의무는 하나님이 모든 정부에게 지정하신 의무다. 그러므로 우리는 국가 지도자들을 위해 기도하며, 그들이 사상과 양심의 자유를 보장하고 하나님의 뜻을 따라 그리고 유엔 인권 선언에 규정한 바와 같이 종교를 믿으며 전파할 자유를 보장해 줄 것을 요청한다. 우리는 또한 부당하게 투옥된 사람들, 특히 주 예수 그리스도를 증거한다는 이유로 고난 받는 우리 형제들을 위해 깊은 우려를 표한다. 우리는 그들의 자유를 위해 기도하며 힘쓸 것을 약속한다. 동시에 우리는 그들의 생명을 담보로 한 협박을 거부한다. 하나님이 우리를 도와주시기 때문에, 우리는 어떤 대가를 치르더라도 불의에 대항하고 복음에 충성하기를 힘쓸 것이다. 핍박이 없을 수 없다는 예수님의 경고를 우리는 잊지 않는다.

딤전 2:1-4, 행 4:19; 5:29; 골 3:24; 히 13:1-3; 눅 4:18; 갈 5:11; 6:12; 마 5:10-12; 요 15:18-21

14. 성령의 능력

우리는 성령의 능력을 믿는다. 아버지 하나님은 아들을 증거하라고 그의 영을 보내셨다. 그의 증거 없는 우리의 증거는 헛되다. 죄를 깨닫고, 그리스도를 믿고, 거듭나서 그리스도인으로 성장하는 이 모든 것이 성령의 역사다. 뿐만 아니라 성령은 선교의 영이다. 그러므로 전도는 성령 충만한 교회에서 자발적으로 일어나야 한다. 교회가 선교하는 교회가 되지 못할 때 그 교회는 자기모순에 빠져 있는 것이요, 성령을 소멸하고 있는 것이다. 온 세계 복음화는 오직 성령이 교회를 진리와 지혜, 믿음, 거룩함, 사랑과 능력으로 새롭게 할 때에만 실현 가능하게 될 것이다. 그러므로 우리는 모든 그리스도인들에게 요청한다. 주권적인 하나님의 성령이 우리를 찾아오셔서 성령의 모든 열매가 그의 모든 백성에게 나타나고, 그의 모든 은사가 그리스도의 몸을 풍성하게 하기를 기도하기 바란다. 그때에야 비로소 온 교회가 하나님의 손에 있는 합당한 도구가 될 것이요, 온 땅이 하나님의 음성을 듣게 될 것이다.

고전 2:4; 요 15:26, 27; 16:8-11; 고전 12:3; 요 3:6-8; 고후 3:18; 요 7:37-39; 살전 5:19; 행 1:8; 시 85:4-7; 67:1-3; 갈 5:22, 23; 고전 12:4-31; 롬 12:3-8

15. 그리스도의 재림

우리는 예수 그리스도가 친히 권능과 영광 중에 인격적으로 또 눈으로 볼 수 있게 재림하셔서 그의 구원과 심판을 완성하실 것을 믿는다. 이 재림의 약속은 우리의 전도에 박차를 가한다. 이는, 먼저 복음이 모든 민족에게 전파되어야 한다고 하신 그의 말씀을 우리가 기억하기 때문이다. 그리스도의 승천과 재림 사이의 중간 기간은 하나님 백성의 선교 사역으로 채워져야 한다고 우리는 믿는다. 그러므로 종말이 오기 전에는 우리에게 이 일을 멈출 자유가 없다. 우리는 또한 마지막 적그리스도에 앞서서 거짓 그리스도들과 거짓 선지자들이 일어나리라는 그의 경고를 기억한다. 그러므로 우리는 인간이 이 땅 위에 유토피아를 건설할 수 있다는 생각은 오만한 자기 확신의 환상으로 간주해 이를 거부한다. 우리 그리스도인들은 하나님이 그의 나라를 완성하실 것이요, 우리는 그 날을 간절히 사모하며 또 의가 거하고 하나님이 영원히 통치하실 새 하늘과 새 땅을 간절히 고대하고 있음을 확신한다. 그때까지 우리는 우리의 삶 전체를 지배하시는 그의 권위에 기꺼이 순종함으로 그리스도와 사람들을 섬기는 일에 우리 자신을 다시 드린다.(주16)

막 14:62; 히 9:28; 막 13:10; 행 1:8-11; 마 28:20; 막 13:21-23; 요 2:18; 4:1-3; 눅 12:32; 계 21:1-5; 벧후 3:13; 마 28:18

맺음말

그러므로 이와 같은 우리의 믿음과 우리의 결심에 따라 우리는 온 세계 복음화를 위해 함께 기도하고, 계획하고, 일할 것을 하나님과 우리 상호간에 엄숙히 서약한다. 우리는 다른 사람들도 이 일에 우리와 함께 동참할 것을 호소한다. 우리로 하여금 하나님의 영광을 위해 이 언약에 신실하도록 그의 은혜로 도와주시기를 기도한다. 아멘. 할렐루야!

IV-2
마닐라 선언

머리말

1974년 7월 스위스 로잔에서는 세계 복음화 극제 대회가 개최되었다. 그리고 이 대회에서 로잔 언약이 발표되었다. 1989년 7월에는 약 170개국에서 3,000여 명이 같은 목적으로 마닐라에 모여 마닐라 선언문을 발표하게 되었다. 우리는 필리핀 형제자매들에게 받은 환영에 대하여 깊은 감사를 드린다.

두 대회 사이의 기간인 15년 동안, 복음과 문화, 복음 전도와 사회적 책임, 검소한 생활양식, 성령, 중생과 같은 주제로 소규모의 신학협의회들이 모였다. 이런 회의와 거기에서 나온 보고서들은 로잔 운동에 관한 생각을 발전시키는 데 많은 도움을 주었다.

'선언' 이란 신념과 의도와 동기를 선포하는 것을 의미한다. 마닐라 선언은 이번 대회의 두 개의 주제인 '그리스도께서 오실 때까지 그를 선포하라' 와 '온 교회가 온 세상에 온전한 복음을 전하라는 부름' 에 기초하여 작성되었다. 전반부는 21개 항목의 신앙적 고백(affirmations)으로 구성되었으며, 후반부는 12항목으로 주제를 설명했다. 교회들은 이 선언을 로잔 언약과 함께 연구하며, 실천에 옮기기를 바란다.

21개 항의 고백과 확인

1. 우리는 '로잔 언약'을 로잔 운동을 위한 협력의 기초로 삼아 계속 헌신할 것을 단언한다.

2. 우리는 하나님이 신약 성경과 구약 성경에서 우리에게 하나님의 성품과 뜻 그리고 그분의 구속 행위와 그 의미를 권위 있게 드러내실 뿐 아니라 선교를 명하고 계신 것을 단언한다.

3. 우리는 성경의 복음이 하나님께서 계속적으로 우리 세계에 주시는 메시지임을 확언하며, 이 복음을 변호하고, 선포하며, 이를 구체적으로 표현할 것을 단언한다.

4. 우리는, 인간이 하나님의 형상대로 창조되었지만, 죄와 죄책이 있으며, 그리스도 없이 길을 잃었다는 사실이 복음을 이해하기 앞서 알아야 할 진리임을 단언한다.

5. 우리는, 역사적인 예수와 영광의 그리스도가 동일한 분이며, 이 예수 그리스도만이 성육신하신 하나님이시요, 우리의 죄를 담당하시고, 죽음을 이기신 분이요, 재림하실 심판자이므로, 절대 유일한 분임을 단언한다.

6. 우리는, 예수 그리스도께서 십자가에서 우리를 대신하여, 우리의 죄를 지시고 죽으셨기 때문에 하나님은 이에 근거해서만 회개와 믿음으로 나오는 사람들을 값없이 용서하신다는 것을 단언한다.

7. 우리는, 다른 종교나 이데올로기가 하나님께 나아가는 또 다른 길이라고 볼 수 없으며, 그리스도만이 유일한 길이기 때문에 그리스도로 말미암아 구속되지 않는다면 인간의 영성은 하나님께 이르는 것이 아니라 심판에 이른다는 것을 단언한다.

8. 우리는, 하나님의 사랑을 구체적으로 표현하되, 정의와 인간의 존엄성, 그리고 의식주의 문제로 어려움을 당하고 있는 사람들을 돌아봄으로써 그 사랑을 실천적으로 입증해야 함을 단언한다.

9. 우리는, 정의와 평화의 하나님 나라를 선포하고, 개인적인 것이든 구조적인 것이든 모든 불의와 억압을 고발하면서, 이 예언자적 증거에서 물러서지 않을 것을 단언한다.

10. 우리는, 그리스도에 대한 성령의 증거가 전도에 있어서 절대 필요하며, 따라서 성령의 초자연적인 역사가 없이는 중생이나 새로운 삶이 불가능하다는 것을 단언한다.

11. 우리는, 영적인 싸움을 위해서는 영적 무기가 필요하므로, 성령의 능력으로 말씀을 선포하며, 정사와 악의 권세를 이기신 그리스도의 승리에 참여할 수 있도록 항상 기도해야 함을 단언한다.

12. 우리는, 하나님이 모든 교회와 모든 성도들에게 그리스도를 온 세상에 알리는 과제를 부여하셨음을 믿기 때문에 평신도나 성직자나 모두가 다 이 일을 위해 동원되고 훈련되어야 함을 단언한다.

13. 우리는 몸 된 그리스도의 지체라고 믿고 행하는 우리는 인종과 성(性)과 계층을 초월하여 성도의 교제를 나눠야 함을 단언한다.

14. 우리는, 성령의 은사가 남자든 여자든 하나님의 모든 백성에게 주어져 있으므로, 복음 전도에 있어 함께 동역하여 선을 이루어야 함을 단언한다.

15. 우리는, 복음을 선포하는 사람들은 거룩함과 사랑을 생활 속에서 드러내야 함을 단언한다. 그렇지 않으면 우리의 증거는 그 신빙성을 잃게 될 것이다.

16. 우리는, 모든 교회의 성도들이 자신이 속한 지역 사회에서 복음 증거와 사랑의 봉사에로 눈을 돌려야 함을 단언한다.

17. 우리는, 교회와 선교 단체 그리고 그 외 여러 기독교 기관들이, 전도와 사회 참여에 있어 경쟁과 중복을 피하면서 상호 협력하는 것이 절실히 필요함을 단언한다.

18. 우리는, 우리가 사는 사회의 구조와 가치관과 필요 등을 이해하기 위해 이 사회를 연구하여 적절한 선교 전략을 개발하여 나가는 것이 우리의 책임임을 단언한다.

19. 우리는, 세계 복음화의 긴급성과 아울러 미전도 종족들에게도 전도가 가능하다고 믿는다. 그러므로 우리는 20세기의 마지막 10년 동안에 세계 복음화라는 과업을 위해 새로운 결단으로 헌신할 것을 단언한다.

20. 우리는, 복음으로 인해 고난받는 사람들과의 연대 의식을 확인하며, 우리 역시 그와 같이 고난받을 가능성에 대비해 우리 자신을 준비시키는 일에 힘쓸 것을 단언한다. 아울러 모든 곳에서의 종교적·정치적 자유를 위하여 일할 것이다.

21. 우리는, 하나님이 온 세상에 온전한 복음을 전하라고 온 교회를 부르고 계심을 단언한다. 그러므로 우리는 주님이 오실 때까지 신실하고 긴급하게 그리고 희생적으로 복음을 선포할 것을 결의한다.

A. 온전한 복음

복음은 악의 권세로부터의 하나님의 구원과 영원한 하나님 나라의 건설 그리고 하나님의 목적에 도전하는 모든 것들에 대한 하나님의 최종적인 승리에 관한 기쁜 소식이다. 하나님은 그분의 사랑으로 창세 전에 그렇게 하시고자 작정하셨고, 우리 주 예수 그리스도의 죽음을 통해 죄와 사망과 심판에서 해방시키는 계획을 성취하셨다. 진실로 우리를 자유하게 하고 구속된 자들의 사귐 속에서 우리를 연합시키는 분은 그리스도이시다.

1. 인간의 곤경

우리는 온전한 복음, 즉 성서적 복음의 충만함을 전파하는 일에 헌신한 자들이다. 그렇게 하기 위해서는, 인간에게 왜 복음이 필요한가를 먼저 이해해야 한다.

인간은 남자나 여자 모두 하나님을 알고 사랑하고 섬기도록 하나님의 형상대로 창조되었기 때문에, 모두가 고유한 존엄성과 가치를 지니고 있다. 그러나 죄로 인해 그들의 인간성의 모든 부분이 다 왜곡되었다. 인간은 자기중심적이며 자기 자신을 섬기는 반역자가 되어, 마땅히 하나님과 이웃을 사랑해야 하지만 그렇게 하지 않는다. 그 결과, 인간은 창조주와 또 다른 피조물들에게서 소외되었다. 이것이 오늘날 그토록 많은 사람들이 겪고 있는 고통, 방황, 고독의 근본적인 원인이다. 죄는 또한 반사회적 행동, 다른 사람들을 극심하게 착취하는 일, 그리고 하나님이 인간들에게 청지기로서 지키라고 주신 자원들을 고갈시키는 일을 감행한다. 따라서 인간은 변명의 여지가 없는 죄인이며 멸망으로 이끄는 넓은 길을 걷고 있다.

인간 안에 있는 하나님의 형상이 부패되기는 하였지만, 아직도 인간에게는 이웃을 사랑하고 품위 있는 행동을 하며 아름다운 예술을 창조할 만한 능력이 있다. 그러나 인간이 성취한 것은 제아무리 훌륭한 것이라 해도 숙명적으로 부족할 수밖에 없어 결국은 하나님의 존재 앞에 합당하지 않다. 남녀 구분 없이 모든 사람은 영적인 존재이다. 그러나 종교적 행동이나 자립을 위한 기술이 인간의 필요를 다소 경감시킬 수 있을지라도 그것이 죄와 죄책과 심판의 준엄한 실재를 근본적으로 피하게 할 수는 없다. 인간의 종교나 인간의 의나 사회 정치적 제도도 인간을 구원할 수는 없다. 어떤 종류의 자력 구원도 불가능하다. 인간은 자기 스스로서는 영원히 잃어버린 존재다.

그러므로 인간의 죄, 하나님의 심판, 예수 그리스도의 신성과 성육신 그리고 십자가와 부활의 필요성을 부인하는 거짓된 복음들을 우리는 거부한다. 우리는 또한 죄를 극소화하고 하나님의 은혜를 인간의 자기 노력과 혼동시키는 사이비 복음들도 배척한다. 우리는 우리 자신이 때로는 복음을 보잘것없는 것으로 만들어 버렸음을 고백한다. 그러나 우리는 우리의 전도에 있어서 하나님의 철저한 진단과 아울러 하나님의 철저한 치유를 기억할 것을 결의한다.

행 2:27; 창 1:26, 27; 롬 3:9-18; 2 딤 3:2-4; 창 3:17-24; 롬 1:29-31; 창 1:26, 28; 2:15; 롬 1:20; 2:1; 3:19; 7:13; 마 5:46; 7:11; 딤전 6:16; 행 17:22-31; 롬 3:20; 엡 2:1-3; 갈 1:6-9; 고후 11:2-4; 요일 2:22, 23; 4:1-3; 고전 15:3, 4; 렘 6:14; 8:11

2. 오늘을 위한 기쁜 소식

우리는 살아 계신 하나님이 우리를 멸망과 절망의 자리에 내버려 두지 아니하심을 인하여 기뻐한다. 하나님은 사랑으로 우리를 구원하시고 재창조하시기 위해 예수 그리스도 안에서 우리를 찾아오셨다. 그러므로 기쁜 소식은, 이 땅에 오셔서 하나님의 나라를 선포하시고, 겸손한 섬김의 삶을 사시고, 우리를 위해 죽으시고, 우리를 대신해 죄와 저주를 담당하신 예수라는 역사적 인격에 그 초점을 맞춘다. 그리고 그 예수는 하나님께서 죽은 자 가운데서 다시 일으키셔서 하나님의 아들로 입증하신 분이다. 하나님은 회개하고 그리스도를 믿는 사람들을 새 창조에 참여하게 하신다. 하나님은 우리에게 새 생명을 주셔서 우리를 죄에서 용서하시며, 또한 성령의 내주하시고 변혁시키는 능력을 주신다. 하나님은 모든 인종과 민족과 문화에 속한 각기 다른 사람들로 구성된 하나님의 새로운 공동체 안으로 우리를 받아 주신다. 그리고 하나님은 어느 날 우리가 하나님의 새 나라에 들어갈 것을 약속하신다. 그때에 악은 모두 제거되고, 자연 세계가 구속되며, 하나님이 영원히 통치하실 것이다.

이 복된 소식은 하나님의 구원의 능력이며, 우리에게는 이 복음을 알려야 할 의무가 있기 때문에, 교회에서 혹은 공공장소에서, 라디오와 텔레비전으로, 혹은 옥외에서도 가능한 곳이면 어디서나 담대하게 이 복음을 선포해야 한다. 우리는 말씀 전파로써 하나님이 성서에 계시하신 진리를 신실하게 선포하며, 또한 이 복음을 우리의 상황에 적용하기 위하여 애써야 한다.

우리는 또한 변증론, 즉 복음을 변명하며 확정하는 일(빌 1:7)이 선교를 성경적으로 이해하는 데 필수적이며, 또한 현대 세계에서 효과적으로 복음을 증거하는 일에 본질적인 요소라는 사실을 단언한다. 바울은 사람들에게 복음의 진리를 '설득'시키려고 그들과 성경의 말씀을 가지고 '변론'했다. 그러므로 우리도 그렇게 해야 한다. 사실 그리스도인은 누구나 자신들 속에 있는 소망에 관한 이유를 묻는 자들에게 대답할 것을 항상 예비하고 있어야 한다(벧전 3:15).

누가가 강조한 바, 우리는 다시 한 번 복음이 가난한 자들을 위한 복된 소식이라는 사실에 직면하면서(눅 4:18; 6:20; 7:22) 이것이 세계 각 곳에서 착취당하며, 고통을 당하거나 억압받는 수많은 사람들에게 무엇을 의미하는지 스스로 반문해 왔다. 우리는, 율법, 선지자, 지혜서 그리고 예수님의 가르침과 사역, 이 모두가 물질적으로 가난한 사람들에 대한 하나님의 관심이며, 따라서 그들을 변호하고 돌보아야 할 의무가 우리에게 있다는 사실을 강조하고 있음을 기억한다. 또한 성경은 오로지 하나님의 자비만을 바라고 있는, 영적으로 가난한 자도 이에 포함시킨다. 복음은 영적으로, 물질적으로 가난한 자 모두에게 복된 소식이 된다. 경제적 상황과 관계없이 영적으로 가난한 사람들이 하나님 앞에 겸손히 나오면, 믿음을 통해 값없이 주시는 구원을 선물로 받는다. 이외에 사람이 하나님의 나라에 들어가는 다른 길은 없다. 물질적으로 가난하고 무력한 사람들은 이와 더불어 하나님의 자녀로서의 새로운 존엄성과 또한 그들을 억압하는 모든 것으로부터 그들을 해방시키기 위해 함께 노력하는 형제자매들의 사랑도 발견하게 된다.

우리는 성경 안에 나타난 하나님의 진리를 조금이라도 소홀히 한 것을 회개하며, 그 진리를 변호하며 선포하기로 결의한다. 우리는 또한 가난한 사람들의 곤경에 대하여는 무관심하고 부유한 사람들을 선호해 왔던 것에 대하여 회개하며, 또한 말과 행동으로 모든 사람들에게 복된 소식을 선포하며 예수님을 따를 것을 다짐한다.

엡 2:4, 눅 15; 19;10; 행 8:35; 막 1:14, 15; 고후 5:21; 갈 3:13; 행 2:23, 24; 고후 5:17; 행 2:38, 39; 엡 2:11-19; 계 21:1-5; 22:1-5; 엡 6:19, 20; 딤후 4:2; 롬 1:14-16; 렘 23:28; 빌 1:7; 행 18:4; 19:8-9; 고후 5:11; 벧전 3:15; 눅 4:18; 6:20; 7:22; 신 15:7-11; 암 2:6,7; 슥 7:8-10; 잠 21:13; 습 3:12; 마 5:3; 막 10:15; 요일 3:1; 행 2:44,45; 4;32-35

3. 예수 그리스도의 유일성

우리는 점차 다원화되어 가는 세상에 그리스도를 선포하도록 부름받았다. 세상에는 옛 종교의 재흥도 있고 새로운 종교가 발생하기도 한다. 주후 1세기에도 '많은 신과 많은 주'(고전 8:5)가 있었다. 그러나 사도들은 예수 그리스도의 유일성, 필수성 및 중심성을 담대히 주장했으며 우리도 그와 같이 행하여야 한다.

남자나 여자나 사람은 다 하나님의 형상대로 창조되었고, 피조물 속에서 창조주의 흔적을 볼 수 있기 때문에, 기존의 종교 속에 때때로 진리와 미의 요소들이 포함되어 있기도 하다. 그렇다고 이런 것들이 또 다른 복음일 수는 없다. 인간은 죄 있는 존재이며 "온 세상은 악한 자의 지배 아래 있기"(요일 5:19) 때문에, 종교적인 사람일지라도 그리스도의 구속을 받아야 한다. 그러므로 우리는 그리스도 밖에서, 즉 그리스도의 사역을 믿음으로 분명히 받아들이지 않고서 구원받을 수 있다고는 도저히 말할 수 없다.

종종 유대인들은 하나님이 아브라함과 언약을 맺었기 때문에, 예수님을 그들의 메시아라고 인정할 필요가 없다고 한다. 그러나 우리는 유대인들도 다른 사람들과 마찬가지로 예수님이 필요하다는 것을 단언한다. 복음을 "먼저 유대인에게" 전하라는 신약 성경의 모형을 저버리는 것은 그리스도에 대한 불순종일 뿐 아니라, 반유대주의의 한 형태일 수도 있다고 단언한다. 그러므로 우리는, 유대인들이 하나님과 언약을 맺고 있으므로 예수님을 믿을 필요가 없다고 하는 주장을 배격한다.

우리를 연합시키는 것은 예수 그리스도에 대한 우리의 공통된 믿음이다. 우리는 그분이 영원한 하나님의 아들이심을 고백한다. 그는 온전한 신성을 소유하시면서도 온전한 인간으로 오셨으며, 십자가 위에서 우리를 대신해 우리 죄를 지시고 우리의 죽음을 대신하셨고, 자신의 의를 우리의 불의와 바꾸시고, 변화된 몸으로 승리의 부활을 하셨으며, 세상을 심판하시기 위해 영광 중에 다시 오실 것이다. 예수님만이 성육신하신 유일한 하나님의 아들이시요, 구세주이시요, 주님이시며 심판자이시다. 그러므로 그분은 성부와 성령과 함께 모든 사람들의 예배와 신앙과 순종의 대상이 되기에 합당한 분이다. 죽음과 부활로 인해 구원의 유일한 길이 되신 분은 오직 한 분 그리스도이기 때문에, 하나의 복음만이 있을 뿐이다. 따라서 우리는 모든 종교와 영성이 다같이 하나님께로 나아가는 유효한 접근 방법으로 간주하는 상대주의와, 그리스도에 대한 신앙과 다른 신앙들을 혼합하려는 혼합주의를 모두 배격한다.

더욱이 하나님은 예수님을 모든 사람이 인정하도록 지극히 높이셨으며, 우리 역시 그렇게 하기를 열망하신다. 그리스도의 사랑이 우리를 강권하므로, 우리들도 그리스도의 지상 명령에 순종하고, 그의 잃어버린 양들을 사랑해야 한다. 특별히 우리는 그의 거룩한 이름에 대한 '질투'로 인해서도, 그리스도께서 그에게 합당한 영예와 영광을 받게 되기를 갈망한다.

과거 우리는 다른 종교를 신봉하는 사람들에게 무지, 거만, 무례 혹은 대적의 태도를 취하는 잘못을 범해 왔다. 우리는 이에 대해 회개한다. 그럼에도 불구하고 타 종교와의 대화를 포함한 모든 형태의 전도에서, 그리스도의 생애나 죽음과 부활에 있어 우리 주님의 유일성을 적극적으로 증거하며, 결코 타협하지 않을 것을 다짐한다.

고전 8:5; 시 19:1-6; 롬 1:19, 20; 행 17:28; 요일 5:19; 행 10:1, 2; 11:14, 18; 15:8-9; 요 14:6; 창 12:1-3; 17:1, 2; 롬 3:9; 10:12; 행 13:46; 롬 1:16; 2:9, 10; 행 13:38, 39; 요 1:1, 14, 18; 롬 1:3, 4; 벧전 2:24; 고전 15:3; 고후 5:21; 고전 15:1-11; 마 25:31, 32; 행 17:30, 31; 계 5:11-14; 행 4:12; 빌 2:9-11; 고후 5:14; 마 28:19, 20; 요 10:11, 16; 고후 11:2, 3, 딤전 2:5-7

4. 복음과 사회적 책임

신빙성 있는 참된 복음은 변화된 성도들의 삶 속에 뚜렷이 나타나야 한다. 우리가 하나님의 사랑을 선포할 때 우리는 사랑의 봉사에 참여해야 하며, 우리가 하나님 나라를 선포할 때 우리는 정의와 평화에 대한 그 나라의 요청에 헌신적으로 응답해야 한다.

우리의 주된 관심은 복음에 있으며, 모든 사람이 예수 그리스도를 구주로 영접할 기회를 갖도록 하는데 있기 때문에 복음 전도가 우선이다. 예수님도 하나님의 나라를 선포하셨을 뿐만 아니라 하나님의 나라의 도래를 자비와 능력의 역사로 보여 주셨다. 오늘 우리 역시 이와 같이 겸손한 마음으로 말씀을 전파하고 가르치며, 병자를 돌보며 굶주린 자에게 먹을 것을 주고, 갇힌 자들을 살피며, 억울한 자와 장애가 있는 이들을 도와주며, 억압당하는 자들을 구하는 일을 해야 한다. 영적인 은사가 다양하고, 소명과 상황이 다르더라도 복된 소식과 선한 행위는 분리할 수 없음을 단언한다.

하나님 나라에 관한 선포는, 그의 나라에 용납될 수 없는 일에 대해 예언자적인 지적을 하도록 요청한다. 우리가 개탄하는 악은, 제도화된 폭력, 정치적 부패, 사람과 땅에 대한 온갖 형태의 착취, 가정 파괴, 낙태, 마약 유통, 인권 유린과 같은 파괴적인 폭력을 의미한다. 우리는 가난한 자들에게 관심을 가지면서 제3세계에 사는 그 많은 사람들이 부채로 인해 고통당하고 있는 사실을 마음 아파한다. 또한 우리는 우리와 마찬가지로 하나님의 형상을 지니고 있는 수백만의 사람들이 비인간적인 조건 속에서 살고 있다는 사실에 분개한다.

그러나 우리들이 계속해서 사회에 관심을 가지며 그것을 위하여 힘쓴다고 해서, 하나님 나라가 곧 기독교화된 사회를 의미하는 것이라 혼동하는 것은 아니다. 오히려 성경적 복음에는 언제나 사회적 적용이 내포되어 있다는 사실을 인정하는 것이다. 참된 선교는 언제나 성육신적이어야 한다. 참된 선교를 위해서는 겸허하게 그 사람들의 세계에 들어가서 그들의 사회적 현실, 비애와 고통 그리고 압제 세력에 항거하며 정의를 위해 투쟁하는 그들의 노력에 동참할 필요가 있는 것이다. 개인적인 희생 없이는 선교가 이루어질 수 없다.

우리의 관심과 비전이 작아서 사람들의 공적·개인적 삶이나 지역적·세계적 생활의 모든 분야에 있어 예수 그리스도가 주님이 되심을 선포하지 못했던 것을 회개한다. 우리는 "먼저 그 나라와 그 의를 구하라"(마 6:33)라는 예수님의 명령에 순종할 것을 결의한다.

살전 1:6-10; 요일 3:17; 롬 14:17; 롬 10:14; 마 12:28; 요일 3:18; 마 25:34-46; 행 6:1-4; 롬 12:4-8; 마 5:16; 렘 22:1-5; 11-17; 23:5-6; 암 1:1-2, 8; 사 59; 레 25; 욥 24:1-12; 엡 2:8-10; 요 17:18; 20:21; 빌 2:5-8; 행 10:36; 마 6:33

B. 온 교회

온 교회는 온전한 복음을 선포하여야 한다. 하나님의 모든 백성은 전도의 과제를 함께 나누도록 부름 받았다. 그러나 하나님의 성령의 역사 없이는 그들의 노력은 결실을 얻지 못할 것이다.

5. 전도자 하나님

성경은 하나님 자신이 전도의 대장이심을 선포한다. 하나님의 영은 진리와 사랑과 거룩과 능력의 영이시며, 전도는 하나님의 역사 없이는 불가능하기 때문이다. 전도자에게 기름을 붓고, 말씀을 확정하고, 듣는 이를 준비시키며, 죄를 책망하고, 눈먼 자에게 빛을 주고, 죽은 자들에게 생명을 주고, 우리로 하여금 회개하고 믿을 수 있게 하며, 우리를 그리스도의 몸에 연합시키며, 우리가 하나님의 자녀임을 확신시키며, 우리를 그리스도와 같은 성품과 봉사로 인도하고, 우리를 그리스도의 증인으로 내보내는 분은 바로 하나님이시다. 이 모든 일에서 성령이 주로 행하시는 일은, 우리로 하여금 예수 그리스도를 보게 하며 우리 속에 예수 그리스도의 형상이 이루어지게 함으로써 예수 그리스도의 영광을 나타내는 일이다.

모든 전도에는 악의 주관자와 세력에 대항하는 영적 싸움이 있다. 이 싸움에서는, 특히 기도와 더불어 말씀과 성령의 영적 무기로만 승리할 수 있다. 그러므로 우리는 모든 그리스도인들이 교회의 갱신과 세계 복음화를 위해 열심히 기도할 것을 호소한다.

진정한 회심에는 언제나 능력의 대결이 있으며, 이 대결에서 예수 그리스도의 우월한 권위가 드러난다. 믿는 자는 사탄과 죄, 두려움과 허무 그리고 어두움과 사망의 속박에서 해방되는데, 이보다 더 큰 기적은 없다.

지난 날 예수님이 행하신 기적들은 그가 메시아라는 것을 보여 주며 온 세상이 그에게 굴복하게 되는 그의 완전한 왕국의 도래를 예상케 하는 표적으로서 특별한 것이며, 그것이 과거의 일이라고 해서 오늘도 살아 역사하시는 창조주의 권능을 제한할 수는 없다.

우리는 기사와 이적을 부정하는 회의주의나, 또 그런 것들을 무분별하게 요구하는 무엄함도 모두 배격한다. 그리고 성령의 충만함을 꺼리는 소극성과, 우리가 약할 때 그리스도의 능력이 온전케 되는 것을 반대하는 승리주의도 배격한다.

우리는 자만함으로 우리의 힘으로 전도하려 했던 것과 성령을 지시하려 했던 것을 회개한다. 앞으로 우리는 성령을 근심하게 하지도 않고 소멸하지도 않으며, 이 기쁜 소식을 '능력과 성령과 큰 확신으로' (살전 1:5) 전할 것을 다짐한다.

고후 5:20; 요 15:26, 27; 눅 4:18; 고전 2:4; 요 16:8-11; 고전 12:3; 엡 2:5; 고전 12:13; 롬 8:16; 갈 5:22, 23; 행 1:8; 요 16:14; 갈 4:19; 엡 6:10-12; 고후 10:3-5; 엡 6:17; 엡 6:18-20; 살후 3:1; 행 26:17, 18; 살전 1:9-10; 골 1:13, 14; 요 2:11; 20:30, 31; 요 11:25; 고전 15:20-28; 렘 32:17; 딤후 1:7; 고후 12:9, 10; 렘 17:5; 엡 4:30; 살전 5:19; 살전 1:5

6. 증인들

전도자이신 하나님은 그의 백성에게 "하나님과 함께 일하는 자"(고후 6:1)가 되는 특권을 주신다. 하나님 없이는 우리가 복음을 증거할 수 없지만 하나님은 일반적으로 우리를 통해 증거하기를 원하시기 때문에 몇몇 사람들은 전도자, 선교사, 목사가 되도록 부르시면서도 아울러 온 교회와 모든 성도들이 다 증거자가 되도록 부르신다.

특권으로 받은 목사와 교사의 사명은 하나님의 백성(laos)을 성숙한 자로 이끌고(골 1:28) 그들이 사역을 감당할 수 있도록 그들을 양육시키는 일이다(엡 4:11-12). 목회자들은 사역을 독점할 것이 아니라 오히려 다른 사람들로 하여금 그들이 받은 은사를 사용하도록 격려하고, 제자 삼는 일을 할 수 있도록 훈련함으로써, 사역을 증폭시켜야 한다. 성직자가 평신도를 지배하는 것은 교회 역사에 있어서 커다란 악이었다. 이는 하나님이 의도하신 평신도나 성직자의 역할을 제대로 하지 못하게 하고, 또 성직자의 일을 좌절시키고 교회를 약화시켜, 마침내 복음 전파의 방해가 되었다. 무엇보다도 이것은 근본적으로 비성경적이다. 그러므로 여러 세기 동안 '믿는 자 모두의 제사장직'을 주장해 온 우리는 이제 또 믿는 자 모두가 사역자임을 주장한다.

우리는 어린이와 젊은이들이 교회의 예배를 풍요롭게 하고 열심과 믿음으로 전도함을 인해 감사한다. 제자도와 전도에 있어 그들을 훈련하여, 그들로 하여금 자기 세대의 이웃을 전도할 수 있도록 해야 한다.

하나님은 남자나 여자나 다 똑같이 하나님의 형상을 지닌 자로 창조하셨고(창 1:26-27), 그리스도 안에서 차별이 없이 받아들이시며(갈 3:28), 아들에게나 딸에게나 똑같이 모든 육체에 당신의 성령을 부어 주셨다(행 2:17-18). 그리고 또 성령께서 남자와 같이 여자들에게도 은사를 주시기 때문에, 모두에게 은사를 활용할 기회가 주어져야 한다. 우리는 여성들이 남긴 찬란한 선교 역사의 기록을 찬양한다. 그리고 하나님이 오늘날에도 여성들이 그런 역할을 감당하도록 부르신다고 확신한다. 여성들이 어떤 형태의 지도력을 가져야 할 것인가에 대해서는 여러 이견이 있겠지만, 세계 복음화를 위해서는 여성도 동역자가 되어야 한다는 데에는 모두 동의한다. 이는 하나님이 의도하시는 바이며 남자든 여자든 모두가 적절한 훈련을 받을 수 있어야만 한다.

남녀 평신도에 의한 증거는 지역 교회를 통해서뿐만 아니라(아래 8번 항목을 보라) 가정이나 직장에서의 친교를 통해서도 이루어진다. 가정이 없는 자나 직장이 없는 자도 모두 증인이 되라는 명령을 함께 받은 것이다.

우리의 일차적인 책임은 친구, 친척, 이웃, 동료에게 복음을 증거하는 일이다. 가정에서의 전도는 기혼자에게든 미혼자에게든 자연스럽게 할 수 있다. 기독교 가정은 결혼, 성, 가정에 대한 하나님의 표준을 제시해야 할 뿐 아니라 상처 입은 사람들에게 사랑과 평화의 피난처를 제공해 주어야 하며, 우리의 가정은 복음에 관해 말할 때에도, 교회에는 나가지 않으려는 믿지 않는 이웃이 편안함을 느끼는 곳이 되어야 한다.

평신도 전도를 위한 또 하나의 상황은 직장이다. 대부분의 그리스도인들이 깨어 있는 시간의 절반을 직장에서 보내기 때문이며, 또한 직업이란 하나님의 소명이기 때문이다. 그리스도인들은 입술의 언어, 일관성 있는 근면, 정직, 신중성, 직장에서의 정의에 대한 관심 및 특히 다른 사람들이 그들이 하는 일의 내용을 보고 그것이 하나님의 영광을 위해 행해지고 있다는 사실을 볼 때 그리스도를 증거할 수 있게 된다.

우리는 평신도 사역, 특히 여성과 젊은이들의 사역을 실망시킨 일에 대해 회개한다. 앞으로는 그리스도를 따르는 모든 사람들이 정당하고 자연스럽게 증인으로서 자기 역할을 하도록 격려할 것을 다짐한다. 참된 전도는 가슴 속에 그리스도의 사랑이 넘쳐날 때 이루어진다. 바로 이런 이유 때문에 전도는 예외 없이 하나님의 모든 백성에게 속한 일이다.

고후 6:1; 행 8:26-39; 14:27; 엡 4:11; 행 13:1-3; 행 1:8; 8:1, 4; 골 1:28; 엡 4:11-12; 마 28:19; 딤후 2:2; 살전 5:12-15; 고전 12:4-7; 엡 4:7; 마 21:15, 16; 딤전 4:12; 창 1:26-27; 갈 3:28; 행 2: 17-18; 벧전 4:10; 롬 16:1-6, 12; 빌 4:2, 3; 막 5, 18-20; 눅 5:27-32; 행 28:30, 31; 행 10:24, 33; 18:7, 8; 24-26; 고전 7:17-24; 딛 2:9, 10; 골 4:1; 골 3:17, 23, 24; 행 4:20

7. 증인의 성실성

변화된 삶보다 복음을 더 설득력 있게 잘 전하는 것은 아무것도 없다. 그리고 개인의 생활이 복음과 불일치하는 것만큼 복음을 비난받게 하는 것은 없다. 우리는 그리스도의 복음에 합당하게 행동하고, 거룩한 삶을 통해 복음의 아름다움을 선양하며 복음을 '빛나게' 해야 한다. 우리를 주시하는 세상 사람들은 그리스도의 제자들이 입으로 고백하는 바를 뒷받침할 만한 증거가 있는지 찾고 있는데 이는 너무도 당연하다. 우리의 성실성이 가장 강한 증거가 된다.

그리스도께서 우리를 하나님께로 인도하기 위해 죽으셨다는 선포는 영적으로 갈급한 사람들에게 호소력이 있다. 그러나 이러한 사람들도 우리 자신이 살아 계신 하나님을 안다는 증거를 제시하지 못할 때, 우리의 공중예배에 현실성이나 적용성이 결여될 때에는 우리의 증거를 믿지 않을 것이다.

그리스도께서 소외된 자들을 서로 화해시킨다는 우리의 메시지는, 우리가 서로 사랑하고 용서하며, 다른 사람들을 겸손히 섬기고, 또한 우리의 공동체를 넘어 어려운 자들에게 희생적인 사랑으로 봉사하는 것을 보게 될 때에야 그들 속에서 역사할 것이다.

다른 사람들에게 자기를 부인하고 자기 십자가를 지고 그리스도를 따르라는 우리의 도전은 우리 자신이 먼저 이기적인 야심, 부정직, 탐욕에 대해 철저히 죽고, 검소하게 자족하면서 너그러운 삶을 살 때에야 비로소 타당성이 있게 될 것이다.

우리는 그리스도인 개인의 삶에서나 교회에서 그리스도인다운 언행의 일관성이 없음을 뉘우친다. 즉, 우리들 사이에 있었던 물질적인 탐욕, 직업적인 교만이나 경쟁, 기독교 사역에 있어서의 경쟁, 젊은 지도자들에게 대한 시기, 선교에서의 가부장적인 자세, 상호 책임의 결여, 성에 대한 기독교적 기준의 상실, 인종적·사회적·성적 차별 등에 대하여 개탄하는 바이다. 바로 이 모든 세속적인 것들로 인해 교회가, 세상 문화에 도전해서 그 문화를 변화시키지 못하고, 오히려 오늘의 세상 문화가 교회를 붕괴시키게 되는 것이다. 우리는 개인적으로나 신앙 공동체 안에서 말로는 그리스도를 긍정하지만 행동으로는 그리스도를 부정했던 것에 대해 매우 부끄럽게 생각한다. 우리의 일관성 없는 삶으로 인해 증거가 신뢰성을 상실하고 있다. 우리에게 계속적인 갈등과 실패가 있다는 사실을 인정하지만 그럼에도 우리는 하나님의 은혜로 우리 자신과 교회의 성실성을 개발해 나갈 것을 결의한다.

고후 6:3, 4; 빌 1:27; 딛 2:10; 골 4:5, 6; 잠 11:3; 벧전 3:18; 요일 1:5, 6; 고전14:25, 26; 엡 2:14-18; 엡 4:31-5:2; 갈 5:13; 눅 10:29-37; 막 8:34; 마 6:19-21; 31-33; 딤전 6:6-10, 17, 18; 행 5:1-11; 빌 1:15-17; 고전 5:1-13; 약 2:1-4; 1 요 2:15-17; 마 5:13; 마 7:21-23; 요일 2:4; 엡 4:1

8. 지역 교회

모든 기독교 회중은 그리스도의 몸을 나타내는 지역적인 표현이며 동일한 책임을 지고 있다. 회중은 하나님께 예배라는 영적 제사를 드리는 '거룩한 제사장'이며, 또한 전도로 하나님의 덕을 널리 전파하는 '거룩한 나라'다(벧전 2:5-9). 이와 같이 교회는 예배하며 증거하는 공동체요, 모이고 흩어지는 공동체요, 부름받고 보냄을 받은 공동체다. 예배와 증거는 불가분의 것이다.

지역 교회의 일차적인 책임은 복음을 전하는 것이라고 믿는다. 성경은, "우리 복음이 너희에게 이르고" 그리고 "너희에게로부터 들린다"(살전 1:5, 8)라는 순서로 복음 전파에 대해 언급한다. 이런 식으로 복음은 교회를 세워 복음을 전하게 하고 이 복음은 다시 계속적인 연쇄 반응 속에서 더 많은 교회들을 세우게 한다. 더 나아가 성경이 가르치는 방법이 가장 좋은 전략이라고 믿는다. 각 지역 교회는 그 처해 있는 지역을 복음화해야 하며 또한 그렇게 할 자원을 가지고 있다.

우리는 선교에 대한 더 적절한 전략을 수립하기 위해 모든 회중이 개 교회의 교인들이나 프로그램뿐만 아니라 지역 사회의 모든 특성을 정기적으로 연구할 것을 권한다. 이런 사역을 위해 교인들은 그 지역 내의 모든 구석구석을 찾아갈 방문단을 조직해서, 사람들이 모이는 특정 지역에도 침투할 수 있을 것이다. 그리고 일련의 전도 집회, 강좌 또는 연주회를 마련하거나, 지역의 빈민가를 변화시키기 위해 가난한 자들과 함께 일할 수도 있다. 또는 주변 지역이나 이웃 마을에 새로운 교회를 개척할 수도 있을 것이다. 동시에 그리스도인들은 온 세상을 향한 교회의 책임을 잊지 않아야 한다. 선교사를 보내는 교회가 그 교회가 속해 있는 지역을 소홀히 해서는 안 되며, 이웃을 복음화하는 교회가 세계 선교를 소홀히 해서는 안 된다.

이런 모든 일에 있어, 각 교회 회중과 교단은 경쟁심을 협동심으로 돌이키도록 노력하면서, 가능한 곳에서 다른 교회 및 교단과 더불어 사역해야 한다. 교회는 또한 여러 선교 기관들과도 더불어 일해야 하는데 특별한 전도, 제자 양육, 사회봉사에 있어서는 관계 기관들과 협력해야 한다. 그러한 기관들은 그리스도의 몸의 지체이며, 가치 있고 전문적인 지식을 가지고 있어 교회에 많은 도움을 줄 수 있기 때문이다.

하나님은 교회가 하나님 나라의 한 표징이 되도록 의도하셨다. 즉, 인간 공동체가 하나님의 의와 평화의 통치 아래 있을 때 어떤 모습일지를 보여 주는 것이다. 복음이 효과적으로 전달되기 위해서는 개인에게 서나 교회에서 복음이 구체적으로 표현되어야 한다. 보이지 않는 하나님은 우리가 서로 사랑하는 것을 통해 오늘 우리에게 자신을 나타내시며(요일 4:12), 특히 작은 모임 안에서 우리가 서로 친교를 나누며 여러 공동체들을 분리시키는 인종 차별, 계층, 성, 연령의 장벽을 초월하게 될 때 자신을 계시하신다.

우리는, 많은 교회들이 내부 지향적이어서 선교보다는 자체 유지를 위해 조직되어 있고 전도를 희생시키면서까지 개 교회 중심 활동에만 몰두하고 있던 것에 대해 깊이 회개한다. 우리는 교회를 일신시켜 주께서 구원받는 사람을 날마다 더하게 하실 때까지(행 2:47) 계속 밖으로 뻗어나가는 일에 전념할 것을 결의한다.

고전 12:27; 벧전 2:5, 9; 요 17:6, 9, 11, 18; 빌 2:14-16; 살전 1:5, 8; 행 19:9, 10; 골 1:3-8; 행 13:1-3; 14:26-28; 빌 1:27; 눅 12:32; 롬 14:17; 살전 1:8-10; 요일 4:12; 요 13:34, 35; 17:21, 23갈 3:28; 골 3:11; 행 2:47

9. 전도의 협력

신약 성경에는 전도와 연합이 긴밀하게 연관되어 있다. 예수님은 세상이 자신을 믿도록(요 17:20-21) 하기 위해 자신이 성부와 하나 됨같이 하나님의 백성들이 하나 되기를 위하여 기도하셨다. 또 바울도 빌립보 교인들을 권면하며 "한 뜻으로 복음의 신앙을 위하여 협력하라"(빌 1:27)라고 했다. 이런 성서적 비전과는 달리 우리는, 서로 의심하고 대결하며, 비본질적인 것들에 대해 고집을 부리고, 권력 투쟁과 자기 왕국 건설에 힘씀으로 복음 전도 사역을 부패시키고 있음을 부끄럽게 여긴다. 우리는 전도에 있어서 협력이 필수불가결한 것임을 확인한다. 첫째, 그것이 하나님의 뜻일 뿐 아니라 화해의 복음이 우리의 분열로 인해 불신을 받기 때문이며 세계 복음화 과제가 기필코 성취되려면 우리가 이 일에 함께 협력해야만 하기 때문이다.

'협력' 이란, 다양성 가운데서 통일성을 찾는 것을 의미한다. 이것은 여러 가지 다른 기질, 은사 그리고 문화, 지역 교회와 선교 단체 남녀노소를 불문하고 모두 함께 일하는 것을 의미한다.

제1세계는 선교사를 파송하는 국가들이요, 제3세계는 선교를 받는 국가들이라고 단순하게 구분하는 분류법은 지난 식민주의 시대의 잔재이며 그런 분류는 영원히 지나간 것임을 단호히 밝혀둔다. 우리 시대에 있어 새로운 사실은 선교의 국제화이기 때문이다. 지금 복음적인 그리스도인들 대다수가 비서구인일 뿐 아니라 머지않아 제3세계 선교사의 수가 서구 선교사들의 수를 능가할 것이다. 구성에 있어서는 다양하지만, 마음과 정신에 있어 하나 된 선교팀들이 하나님의 은혜를 증거함에 있어서 획기적인 역할을 할 것으로 믿는다.

우리가 '온 교회'라고 말할 때, 우주적·보편적 교회가 복음적인 공동체와 동일하다고 주장하는 것은 아니다. 세계에는 복음주의 운동에 참여하지 않는 많은 교회가 있는 것을 알고 있기 때문이다. 로마 가톨릭과 동방 정교회에 대한 복음주의자들의 태도는 매우 다양하다. 복음주의자들 중 어떤 사람들은 이런 교회들과도 함께 기도하고, 대화하며, 성경 연구를 하고, 함께 일한다. 또 어떤 사람들은 이들과는 어떠한 형태의 대화나 협력도 모두 반대한다. 이런 복음주의자들은 그들과 우리 사이에 심각한 신학적 차이가 있다는 사실을 인식한다. 예를 들어, 성경 번역, 현안의 신학적·윤리적 문제들 그리고 사회사업과 정치적 행동에 대한 연구와 같이, 성경적 진리가 손상되지 않는 적절한 영역에서는 협력이 가능할 수 있을 것이다. 그러나 우리가 함께 전도할 때는 성경적 복음에 대한 같은 태도의 헌신이 요청된다는 것을 명확히 밝히고 싶다.

우리 중 일부는 세계교회협의회(WCC)에 속하는 교회의 성도들로서 그

협의회가 하는 일에 적극적이면서도 비판적으로 참여하는 것이 기독교적인 의무라고 믿고 있다. 또 어떤 이들은 세계교회협의회가 전도에 대해 철저한 성경적 이해를 채택하기를 촉구한다.

세계 복음화에 큰 거침돌이 되는 그리스도의 몸의 분열에 대해서는 우리에게도 책임이 있음을 고백한다. 우리는 그리스도께서 기도하신 대로, 진리 안에서 하나가 되기를 계속 추구하며 나아갈 것을 결의한다. 좀더 밀접한 협력을 향해 나아가는 바른 길은, 우리와 같은 관심을 가진 모든 사람들과 성경에 기초해서 솔직하게 그리고 인내심을 가지고 대화하는 것이라고 생각한다. 이를 위해 우리는 기쁘게 헌신한다.

요 17:20, 21; 빌 1:27; 빌 1:15, 17; 2:3, 4; 롬 14:1-15:2; 빌 1:3-5; 엡 2:14-16; 4:1-6; 엡 4:6, 7; 행 20:4; 요 17:11, 20-23

C. 온 세상

온전한 복음이 온 세상에 알려지도록 온 교회에 위탁되었다. 그러므로 우리는 우리가 보냄받은 이 세상을 이해할 필요가 있다.

10. 현대 세계

전도는 진공 속에서가 아니라 현실 상황 속에서 이루어진다. 우리는 복음과 상황 사이의 균형을 조심스럽게 유지하여야 한다. 복음을 전하기 위해서는 그 상황을 이해해야 하지만 그러나 상황이 복음을 왜곡시키게 해서는 안 된다.

이러한 맥락에서, 우리는 과학 기술과 함께 산업화되어 가며, 경제 질서의 변화와 함께 도시화되어 가는 새로운 세계 문화의 출현이라는 '현대성'(modernity)의 영향에 대해 관심을 가지게 되었다. 이러한 요인들이 복합되어 환경을 조성하는데, 그것은 우리가 세상을 바라보는 방식을 형성하게 한다. 더욱이 세속주의는 신앙을 황폐하게 해서 하나님과 초자연적인 사실들을 무의미하게 만들었고, 도시화는 사람들의 삶을 비인간화하였으며, 대중 매체는 말을 영상으로 대체해 진리와 권위의 가치를 하락시키는 데 큰 영향을 미쳤다. 결국 이런 복합적인 요인으로, 현대화의 결과는 많은 사람들이 애써 전하는 메시지를 왜곡시키며, 또 선교에 대한 동기 유발을 해친다.

1900년에는 세계 인구의 9퍼센트만이 도시에 살고 있었다. 그런데 2000년에는 50퍼센트 이상이 도시에 살게 될 것이다. 세계 각처에서 사람들이 도시로 이주하고 있으며 이것은 '인류 역사상 가장 큰 이주'라고 불려 왔다. 이런 현상은 기독교 선교에 주요한 도전이 되고 있다. 한편, 도시에는 세계 여러 나라 사람들이 살고 있기 때문에 이제는 여러 민족이 우리의 문턱에까지 와 있는 것이다. 그 안에서 우리는 복음으로 민족의 장벽을 허무는 우주적 교회들을 발전시킬 수 있지 않겠는가? 다른 한편, 많은 도시 주민들은 가난한 이주민들이기 때문에 복음을 잘 받아들인다. 하나님의 백성들이 그와 같은 도시 빈민 공동체 속으로 다시 들어가 그들을 섬기며 도시를 변화시키는 역할을 해야 하지 않겠는가?

현대화는 위험과 함께 축복을 가져오기도 한다. 전 세계를 연결하는 통신망과 교역망을 통해, 전통적 사회든지 전체주의적 사회든지, 현대화는 복음이 미개척지 경계를 넘어 그 닫힌 사회 속에 파고들어 갈 수 있는 전대미문의 문을 열어 놓고 있다. 기독교 매체들은, 복음의 씨앗을 뿌리는 일에나, 토양을 준비하는 일에나, 막강한 영향력을 지니고 있다. 주요 선교 방송국들은 2000년까지는 모든 주요 언어로 라디오를 통해 방송 전도를 할 것을 계획하고 있다.

우리는 현대화 문제를 이해하기 위해 마땅히 해야 할 만큼 노력하지 않았음을 고백한다. 우리는 현대적 방법과 기술들을 무비판적으로 사용함으로 인해 우리 자신이 세속성에 접하게 되었다. 그러나 앞으로는 이러한 도전과 기회를 심각하게 다루어, 현대의 세속적 압력에 대항하고, 그리스도의 주 되심을 현대의 모든 문화와도 연관시키며, 현대 사회에서 세속화되지 않으면서, 현대 선교에 매진할 것을 다짐한다.

행 13:14-41; 14:14-17; 17:22-31; 롬 12:1,2

11. 주후 2000년도와 그 이후의 도전

오늘날 세계 인구는 60억에 육박하고 있다. 전 세계 인구의 3분의 1이 명목상으로는 그리스도를 주로 고백한다. 그리고 나머지 40억 중 절반은 그리스도에 관하여 들었으며, 그 나머지 반은 듣지도 못하고 있다. 이러한 자료에 비추어 우리는 다음의 네 가지 범주의 사람들을 고려함으로써 우리의 복음화 과제를 평가한다.

첫째로, 잠재적인 선교 역군으로 헌신된 사람들이다. 이러한 범주에 속하는 기독교 신자들이 1900년에는 4천만이었는데 오늘날에는 5억으로 늘

어났다. 그리고 지금은 다른 어떤 주요한 종교 그룹보다 두 배 이상 빠르게 성장하고 있다.

둘째로, 헌신되지 않은 사람들이 있다. 그들은 그리스도인이라고 스스로 고백한다(그들은 세례를 받고, 교회도 가끔 참석하며, 자신들을 기독교인이라고 부르기까지 한다). 그러나 이들에게 있어 그리스도에 대한 인격적인 헌신이란 개념은 생소하기만 하다. 이런 사람들은 전 세계의 어느 교회에서나 찾아볼 수 있다. 우리는 이들을 시급히 재복음화해야 한다.

셋째로, 비복음화된(unevangelized) 사람들이 있다. 이들은 복음에 대한 최소한의 지식을 가지고 있지만, 이 복음에 응답할 수 있는 적절한 기회를 만나지 못한 사람들이다. 아마도 그리스도인들이 이웃의 거리, 길, 마을, 촌락에 가면 만나 전도할 수 있는 사람들일 것이다.

넷째로, 미복음화된(unrached) 사람들이 있다. 예수님이 주되심을 한 번도 들어보지 못한 사람이 20억이나 되는데, 이들은 자국의 그리스도인들이 접촉할 수 있는 영역 안에 있지 않다. 사실 약 2,000여 민족들 가운데서는 아직도 활발한 토착적인 교회 운동이 일어나고 있지 않다. 여기에서 '민족'이란, 서로 유사성(예를 들면, 공통된 문화, 언어, 가정, 직업)을 가진 종족의 사람들이라고 생각하면 된다. 그들에게 다가갈 수 있는 가장 효과적인 복음 전달자는, 이미 그들의 문화에 속하고 그들의 언어를 아는 신자들일 것이다. 그것이 불가능하면, 다른 문화권에 속하는 복음의 사자들이 가야만 하며 이들은 자기의 문화를 떠나, 전도하려는 민족들과 자신을 동일화하여야 할 것이다.

현재 2,000여 개의 큰 민족들 속에 그와 같은 약 12,000여 개의 미전도 종족이 있으며 그들을 전도한다는 과제는 전혀 불가능한 것이 아니다. 그러나 현재 전체 선교사의 겨우 7퍼센트만이 이 일에 전념하고 있으며, 나머지 93퍼센트는 세계의 절반이 되는 지역, 곧 이미 복음화된 지역에서 일하고 있다. 이와 같은 불균형을 시정하려면 선교 인력을 전략적으로 재배치해야 할 것이다.

위에서 언급한 이 모든 범주의 선교에 있어서 한 가지 방해 요인은, 접근이 불가능하다는 사실이다. 많은 국가들이 그 나라에 기여할 만한 일이 없으면 선교사로 입국하고자 할 때 비자를 발급하지 않는다. 그렇다고 해서 이런 지역들에 절대적으로 접근할 수 없다는 말은 아니다. 우리의 기도는 어떤 휘장도, 문도, 장벽도 뛰어넘을 수 있기 때문이다. 기독교 라디오나 텔레비전, 오디오나 비디오 카세트, 필름이나 책자는 그런 지역에까지도 들어갈 수 있다. 그러므로 바울과 같이 스스로 생계를 꾸려 나가는, 소위 '자비량 선교사'는 그렇게 할 수 있다. 그들은 직업을 가지고서(예를 들면, 상인, 대학 교수, 전문 기술인, 어학 교사) 여행하며, 가능한 모든 기회를 이용해 예수 그리스도를 전할 수 있다. 그들은 자신들의 직업상 정당하게 가는 것이기 때문에 속임수를 써서 다른 나라에 들어가는 것이 아니다. 그리스도인들은 그들이 어디에 있든지, 그리스도인의 삶의 모습 그 자체로써 증거가 되기 때문에 전도는 자연히 되어지는 것이다.

우리는 예수님의 죽음과 부활 이후 거의 2000년이 지나도록 아직도 세계 인구의 3분의 2가 예수님을 알지 못하고 있다는 것을 심히 부끄럽게 생각한다. 그러나 한편으로는, 세계에서 가장 가망성이 없어 보이는 곳에서도 하나님의 능력의 역사가 힘 있게 일어나고 있음에 놀라지 않을 수 없다.

이제 주후 2000년은 많은 사람들에게 있어서 도전적인 이정표가 되었다. 2000년 시대의 마지막 십 년 동안 세상을 복음화하는 데 우리 자신을 헌신해야 하지 않겠는가? 날짜에는 마술적인 것이 있을 수 없지만, 이 목표를 달성하기 위해 최선을 다해야 되지 않겠는가? 그리스도께서는 모든 민족에게 복음을 전하라고 명령하신다. 이 과업은 긴급하다. 우리는 기쁨으로 희망을 가지고 그리스도께 순종할 것을 다짐한다.

행 18:1-4; 20:34; 눅 24:45-47

12. 어려운 상황

예수님은 제자들에게 반대를 예상하라고 말씀하셨다. 예수님은 "사람들이 나를 핍박하였은즉 너희도 핍박할 터이요"(요 15:20)라고 말씀하셨다. 예수님은 제자들에게 핍박을 받을 때 기뻐하라고까지 말씀하시며(마 5:12) 열매를 많이 맺으려면 죽어야 한다는 사실(요 12:24)을 상기시켰다.

그리스도인의 고난은 불가피한 것이며, 고난이 열매를 낳을 것이라는 예언은 모든 시대의 진리였고, 우리 시대에도 예외는 아니다. 그동안 수없이 많은 사람들이 순교했다. 오늘날의 상황도 다를 바 없다. 우리는, '글라스노스트'(glasnost)와 '페레스트로이카'(perestroika)가 소비에트 연방과 다른 동구권 국가들에게 완전한 종교적 자유를 가져다주고, 회교 국가들과 힌두교 국가들도 복음에 대해 좀더 개방적이 되기를 간절히 소망한다. 우리는 최근 일어난 중국에서의 민주화 운동에 대한 잔혹한 억압에 대해 탄식하며, 그 억압이 그리스도인들에게 더 많은 고난을 가하게 되지 않기를 위해 기도한다. 그러나 전반적으로 볼 때 고대 종교들은 복음에 대한 관용에 있어서 더 인색해지며 추방된 자들을 받아들이지 않는 등, 세계는 복음에 대해 점차 냉혹해져 가는 것 같다.

이러한 상황에서, 우리는 기독교 신자들에 대한 그들의 태도를 재고하는 정부들에 대해 아래의 세 가지 사항을 밝히고자 한다.

첫째로, 그리스도인들은 국가의 안녕을 추구하는 충성스러운 시민이다. 그들은 지도자를 위해 기도하며 세금을 납부한다. 물론 예수님을 주로 고백해 온 사람들이 다른 권력자들을 주라고 부를 수는 없다. 만일 그리스도인에게 그렇게 하라고 명하거나 또는 하나님이 금하시는 것을 행하도록 강요한다면 그 명령에는 불복할 수밖에 없다. 그러나 그들은 양심적인 시민이다. 그들은 결혼 생활과 가정생활을 안정시키며, 그들의 업무에 정직하고 근면하며, 장애인과 곤경에 처한 자들을 돕는 일에 자발적으로 활동함으로써 국가의 안녕에 기여한다. 공의로운 정부는 그리스도인들을 경계할 필요가 전혀 없다.

둘째로, 그리스도인들은 전도에 있어서 비열한 방법을 거부한다. 신앙의 본질상 우리는 복음을 다른 사람들과 함께 나누어야 하지만, 그 전도를 공개적으로 정직하게 해서 복음을 듣는 이가 자신의 의사에 따라 자유롭게 결단하게 한다. 우리는 다른 종교를 가진 사람들에 대해 민감하길 바라며, 그들의 개종을 강요하는 어떤 방법도 거부한다.

셋째로, 그리스도인은 기독교에 대한 자유뿐만 아니라, 진심으로 모든 사람들이 종교의 자유를 갖기를 간절히 바란다. 기독교가 우세한 국가에서는 그리스도인이 앞장서서 다른 소수 종교를 위해 자유를 요청하고 있다. 비기독교 국가의 그리스도인들은, 비슷한 상황에 처한 다른 종교인들을 위한 자유 이상으로 자신들의 자유를 요구하고 있지는 않다. 세계인권선언(the Universal Declaration of Human Rights)에 정의된 바대로, 종교를 '고백하고, 실천하고, 전하는' 자유는 분명히 상호 인정할 수 있는 권리이며 또 마땅히 그래야만 한다.

우리는 예수님을 따르는 사람들이 비열한 방법으로 전도해서 죄를 지었다면, 이에 대해 깊은 유감을 표한다. 우리는 그리스도의 이름이 불명예스럽게 되지 않도록 어떠한 일에도 불필요한 공격을 하지 않기로 다짐한다. 그러나 십자가를 공격한다면 이를 회피할 수 없다. 십자가에 달리신 그리스도를 위해 우리는 하나의 은총으로 고난도 받고 죽을 준비가 되어 있기를 위해 기도한다. 순교는 그리스도께서 특별히 귀히 여기겠다고 약속하신 하나의 증거 형태다.

요 15:20; 마 5:12; 요 12:24; 렘 29:7; 딤전 2:1, 2; 롬 13:6, 7; 행 4:19; 5:29; 고후 4:1, 2; 고후 6:3; 고전1:18, 23; 2:2; 빌 1:29; 계 2:13; 6:9-11; 20:4

맺음말: 그리스도께서 오실 때까지 그를 선포하라

"그리스도께서 오실 때까지 그를 선포하라." 이것이 로잔 2차 대회의 주제다. 물론 우리는 그리스도가 이미 오셨음을 믿는다. 그분은 아우구스투스가 로마의 황제였을 때 이 땅에 오셨다. 그러나 우리가 아는 바, 그분의 약속대로 어느 날 그의 나라를 완성하기 위해 상상할 수 없는 영광 속에 다시 오실 것이다. 우리는 깨어 준비하고 있으라는 명령을 받았다. 이 초림과 재림 사이의 간격은 기독교 선교 활동으로 채워져야 한다. 우리는 복음을 가지고 땅끝까지 가라는 명령을 받았으며, 주님은 그렇게 할 때 이 시대의 종말이 올 것이라고 약속하셨다. 두 가지의 마지막(곧, 시간과 공간의 우주적 종말)이 동시에 있을 것이다. 그때까지 주님은 우리와 함께 있겠다고 약속하셨다.

그러므로 기독교 선교는 긴급한 과업이다. 우리는 선교를 위한 시간이 얼마나 남아 있는지 모른다. 분명 허비할 시간은 없다. 그리고 우리의 의무를 시급히 수행하기 위해서 우리가 갖추어야 할 것이 있는데, 특히 연합(함께 전도해야 한다)과 희생(복음화를 위한 대가를 알고, 또 치러야 한다)이 필요할 것이다. 로잔에서 우리는 온 세상의 복음화를 위해 함께 기도하고, 계획하고, 일할 것을 언약했다. 마닐라에서 우리는 온 교회가 온 세상에 온전한 복음을 가지고 나아가 하나가 되어 희생적으로 주님이 재림하실 때까지 긴급하게 그리스도를 선포할 것을 선언하는 바이다.

눅 2:1-7; 막 13:26, 27; 막 13:32-37; 행 1:8; 마 24:14; 마 28:20

IV-3
케이프타운 서약: 신앙고백과 행동 요청

차례

머리말
전문(Preamble)

제1부. 우리가 사랑하는 주님을 위하여: 케이프타운의 신앙고백
 1. 우리는 하나님이 먼저 우리를 사랑하셨기에 우리는 사랑한다
 2. 우리는 살아 계신 하나님을 사랑한다
 3. 우리는 성부 하나님을 사랑한다
 4. 우리는 성자 하나님을 사랑한다
 5. 우리는 성령 하나님을 사랑한다
 6. 우리는 하나님의 말씀을 사랑한다
 7. 우리는 하나님의 세상을 사랑한다
 8. 우리는 하나님의 복음을 사랑한다
 9. 우리는 하나님의 백성을 사랑한다
 10. 우리는 하나님의 선교를 사랑한다

제2부. 우리가 섬기는 세상을 위하여: 케이프타운의 행동 요청
 서론
 IIA. 다원주의적이고 세계화된 세상 속에서 그리스도의 진리를 증거하기
 IIB. 분열되고 깨진 오늘의 세상에서 그리스도의 평화를 세우기
 IIC. 타종교인들 가운데서 그리스도의 사랑을 실천하기
 IID. 세계 복음화를 위한 그리스도의 뜻을 분별하기
 IIE. 그리스도의 교회가 겸손과 정직과 단순성을 회복하기
 IIF. 선교의 연합을 위해 그리스도의 몸 안에서 협력하기
 결론

머리말: 더글라스 버드셀 (로잔 위원회 의장)
린지 브라운 (로잔 국제 총무)

2010년 10월 16일부터 25일까지 케이프타운에서 세계복음화를 위한 제3차 로잔대회가 있었다. 이 대회에 참여하기 위해 198개국에서 온 4200여 명의 복음주의 지도자들이 한 자리에 모였다. 대회의 규모는 온라인을 통해 전 세계에서 참여한 수십만 명의 참가자들로 더 확대되었다. 이 대회의 목적은 무엇인가?

예수 그리스도와 그분의 모든 가르침을 모든 국가, 사회의 모든 영역, 그리고 여러 관념의 세계에서 증거하도록 세계 교회에 새로운 도전을 제기하기 위함이다.

케이프타운 서약은 이러한 노력의 결실이다. 이 서약은 로잔 언약과 마닐라 선언에 기초하여 작성되었으므로 역사적 연속성을 지니고 있다. 이 서약은 두 부분으로 구성되어 있다. 제1부는 성경을 통해 우리에게 전해 내려오는 성경적 확신들로 구성되어 있고, 제2부는 그에 따른 행동 요청이다.

제1부의 작성 과정은 어떠한가? 이것은 모든 대륙에서 초청된 18명의 신학자들과 복음주의 지도자들이 2009년 12월 미국 미니애폴리스에 모인 모임에서 처음으로 논의되었다. 로잔 신학위원회 위원장인 크리스토퍼 J. H. 라이트가 주도한 소위원회가 케이프타운 대회에 제출할 최종 서약문을 준비하도록 하였다.

제2부의 작성 과정은 어떠한가? 대회가 열리기 3년 이상 전부터 광범위한 경청의 과정이 시작되었다. 로잔 운동의 지역 담당 국제 부총무들은 각기 자신들의 지역에서 협의회를 구성하고, 그곳에서 기독교 지도자들이

교회가 직면하고 있는 주요 문제들을 확인하도록 하였다. 그러자 여섯 가지 핵심 이슈가 부상했다. 이 이슈들이 (1) 대회의 프로그램을 규정했고, (2) 행동 요청을 위한 골격을 형성했다. 이러한 경청의 과정은 대회 기간 내내 계속되었으며, 크리스토퍼 라이트와 서약문 작성 소위원회가 충실하게 모든 의견들을 모아 기록하는 일을 하였다. 이것은 대대적이고도 기념비적인 노력이었다.

이제 케이프타운 서약은 앞으로 10년간 로잔 운동의 청사진 역할을 할 것이다. 일하고 기도하라는 케이프타운 서약의 예언자적 부르심은, 교회, 선교단체, 신학교, 일터에서의 그리스도인들, 그리고 캠퍼스의 학생 선교 단체들로 하여금 이를 수용하고 일하는 현장에서 자신의 역할을 발견하도록 이끌어 주기를 우리는 희망한다.

서약에 있는 많은 교리적 진술들은 교회가 믿는 바를 확증한 것이다. 우리는 더 나아가 믿음이 실천과 연결되기를 소망한다. 우리는 사도 바울의 모델을 우리의 모델로 삼았다. 곧 사도 바울의 신학적 가르침은 실천적인 교훈으로 구현되었다. 일례로, 그가 골로새서에서 행한 그리스도의 우월성에 대해 심오하고도 경이로운 묘사는 그리스도 안에 뿌리를 두는 것이 무엇을 의미하는지에 대한 현실적인 가르침으로 이어지고 있다.

우리는 기독교 복음의 핵심, 곧 우리가 일치해야 하는 주요 진리들과, 성경이 가르치거나 요구하는 것에 대한 해석에서 신실한 그리스도인들 사이에서 일치하지 않는 이차적인 이슈들을 구분한다. 우리는 여기서 "경계 안에서의 넓이"라는 로잔의 원리를 본으로 삼았는데, 제1부에서 이러한 경계들을 명백하게 규정하고 있다.

이 전 과정에 걸쳐 각 단계에서 우리와 함께 했던 세계복음주의연맹(World Evangelical Alliance)과의 협력을 기쁘게 생각한다. 세계복음주의연맹 지도자들은 "케이프타운 신앙고백"과 "케이프타운 행동 요청" 모두에 전적으로 동의한다.

우리는 로잔 운동에서 복음주의 전통을 따라 말하고 집필하지만, 그리스도의 몸의 하나 됨을 확증하고, 다른 전통들 안에도 주 예수 그리스도를 따르는 이들이 많다는 것을 기쁘게 인정한다. 우리는 케이프타운의 참관인으로서 다른 기독교 전통들의 여러 역사적 교회들에서 온 대표들을 환영하며, 케이프타운 서약이 모든 전통의 교회들에 도움이 될 것을 믿는다. 우리는 겸허한 마음으로 이 서약을 제시한다.

케이프타운 서약에 대하여 우리가 희망하는 바는 무엇인가? 우리는 이 서약이 전 세계 복음주의자들로부터 하나의 일치된 스테이트먼트로 언급되고 토의되는 중요한 문서가 될 것이라고 믿는다. 또한 이 서약이 기독교 사역의 의제를 형성하고, 공공 분야에서 일하는 사려 깊은 지도자들을 굳건하게 하며, 담대한 계획과 협력을 이끌어 낼 것을 믿는다.

하나님의 말씀이 우리의 길에 빛을 비추시고, 주 예수 그리스도의 은혜와 하나님의 사랑과 성령의 교통하심이 우리 모두에게 함께하시기를 기원한다.

케이프타운 서약의 서문

예수 그리스도의 전 세계 교회의 일원으로서, 우리는 살아 계신 하나님과 주 예수 그리스도를 통한 그분의 구원 목적에 헌신할 것을 기쁘게 확증한다. 그분을 위해 우리는 로잔 운동의 비전과 목표에 대한 우리의 헌신을 새롭게 한다.

이것은 두 가지를 의미한다.

첫째, 우리는 예수 그리스도와 그분의 모든 가르침을 전 세계에 증거하는 과업에 계속 헌신한다. 제1차 로잔 대회(1974)는 세계 복음화라는 과업을 위해 소집되었다. 이 대회가 세계 교회에 제공한 주된 선물 가운데에는 (1) 로잔 언약, (2) 미전도 종족 집단들의 수에 대한 새로운 인식, 그리고 (3) 성경적 복음과 기독교 선교의 통전적 본질에 대한 참신한 발견이 있었다. 마닐라에서 열린 제2차 로잔 대회(1989)는 세계 복음화를 위한 300개 이상의 전략적인 동반자적 협력 관계를 탄생시켰다. 그리하여 세계 전 지역에 있는 나라들 간에 협력하는 많은 동반자적 협력이 있게 되었다.

그리고 둘째, 우리는 로잔 운동의 주요 문서인 로잔 언약(1974)과 마닐라 선언문(1989)을 계속 수용한다. 이 문서들은 성경적 복음의 핵심 진리들을 분명하게 표현하고 있으며 또한 그 진리들을 여전히 적실하고 도전적인 방식으로 우리의 선교 현장에 적용하고 있다. 우리는 이 문서들에서 약속했던 헌신에 신실하지 못했음을 고백한다. 그러나 우리는 이 문서들을 추천한다. 그리고 우리는 이 문서들에 입각하여 시시각각으로 변하는 우리들의 세상 속에서 복음의 영원한 진리를 어떻게 표현하고 적용하여야 할지를 분별하기를 추구한다.

변화하는 실재들

우리가 살고 생각하고 서로 관계 맺는 방식에 대한 거의 모든 것이 급속도로 변화하고 있다. 선한 것이건 그렇지 않건 우리는 세계화와 디지털 혁명의 영향, 그리고 경제적? 정치적 권세의 균형의 변화에서 오는 영향을 느끼고 있다. 우리가 직면하는 어떤 것들은 우리 안에 슬픔과 불안을 조장한다. 전 세계적인 빈곤, 전쟁, 종족 간 갈등, 질병, 생태 위기, 기후 변화가 그것이다. 그러나 우리 세계에서 기뻐할 한 가지 커다란 변화가 있으니, 그것은 바로 전 세계 그리스도의 교회의 성장이다.

제3차 로잔 대회가 아프리카에서 개최되었다는 사실이 이것의 증거다. 전 세계 그리스도인들 중 최소한 3분의 2가 현재 지구의 남쪽과 동쪽 대륙에 살고 있다. 우리 케이프타운 대회의 구성은 1910년 에든버러 세계선교대회 이후 한 세기 동안 세계 기독교에서 일어난 이 거대한 전환을 반영한 것이었다. 우리는 아프리카 교회의 놀라운 성장을 기뻐하며, 그리스도 안에 있는 우리 아프리카 자매 형제들이 이 대회를 주최한 일에 대해 기뻐한다. 동시에, 우리들이 남아프리카 공화국에서 모이면서 과거 여러 해 동안 아파르트헤이트(*남아프리카 공화국의 인종 차별 정책) 하에서 고통을 당한 일들은 생각하지 않을 수 없었다. 그러므로 우리는 최근 역사에서의 복음의 전진과 역사하시는 하나님의 주권적인 의로 인해 감사드리면서 아직도 악과 불의의 유산들과 여전히 싸우고 있다. 이런 일은 모든 곳에서 교회가 거듭 증거하고 행하여야 할 역할이다.

우리는 우리 자신의 세대의 실재들에 대한 그리스도인의 사명에 응답해야 한다. 우리는 또한 우리가 이전 세대로부터 물려받은 지혜와 실수, 성취와 실패의 혼합물로부터 배워야 한다. 우리는 모든 역사를 자신의 손안에 두고 계신 하나님의 이름으로, 과거를 기리고도 애도하고, 미래에 참여한다.

불변하는 실재들

끊임없이 급속도로 다른 모습을 보이기 위해 애쓰는 세상에서도 어떤 것들은 그대로 남아 있다. 이 위대한 진리들이 우리의 선교 참여에 성경적 근거를 제공한다.

*인간은 잃어버린 존재다. 근원적인 인간의 곤경은 성경이 묘사하는 대로 여전히 남아 있다. 즉, 우리는 모두 죄와 반역에 대한 하나님의 공의로운 심판 아래 있으며 그리스도 없이는 우리에게는 아무런 희망이 없다.

*복음은 기쁜 소식이다. 복음은 새로운 아이디어를 필요로 하는 개념이 아니라 새로운 전달 방식을 필요로 하는 이야기이다. 그것은 특별히 예수 그리스도의 삶과 죽음, 부활과 통치라는 역사적 사건 속에서 하나님이 세상을 구원하기 위해 행하신 불변의 이야기다. 그리스도 안에 소망이 있다.

*교회의 선교는 계속된다. 하나님의 선교는 땅 끝까지 그리고 세상 끝날까지 계속된다. 이 세상 나라들이 우리 하나님과 그리스도의 나라가 되고, 하나님이 새 창조 속에서 구속받은 인류와 함께 거하시게 될 것이다. 그날까지 하나님의 선교에 대한 교회의 참여는, 기쁜 긴박함으로, 우리 세대를 포함한 모든 세대들 속에서 새롭고 흥분되는 기회들과 함께, 계속될 것이다.

우리 사랑의 열정

이 선언은 사랑의 언어라는 틀로 구성되어 있다. 사랑은 언약의 언어다. 옛 언약이건 새 언약이건 성경의 언약은 잃어버린 인류와 타락한 세상을 향한 하나님의 구속적 사랑 및 은혜의 표현이다. 그분의 사랑과 은혜는 그에 대한 보답으로 우리의 사랑을 요청한다. 우리의 사랑은 우리의 언약자이신 주님에 대한 신뢰와 순종, 그리고 열정적인 헌신 속에서 그 모습을 드러낸다. 로잔 언약은 복음화를 "온 교회가, 온전한 복음을, 온 세상에 전하는" 것으로 정의하였다. 우리의 열정은 여전히 이와 동일하다. 그러므로 우리는 다음을 재차 확인함으로써 그 언약을 새롭게 한다.

*온전한 복음을 향한 우리의 사랑. 복음이란 하나님의 창조 세계는 죄와 악으로 인해 모두 황폐화되었기에, 창조 세계의 모든 차원을 위한, 그리스도 안에 있는 하나님의 영광스러운 기쁜 소식이다.

*온 교회를 향한 우리의 사랑을 확증한다. 교회는 하나님의 백성 곧, 그리스도에 의하여 속량 받은 지구상의 모든 나라와 역사 속 모든 세대의 속한 사람들로서, 이 세대에 하나님의 선교에 참여하고, 다가올 세대에 하나님께 영광을 영원히 돌리고자 하는 사람들이다.

*온 세상을 향한 우리의 사랑. 세상은 하나님으로 부터 매우 떨어져 있어 보이나, 실은 하나님의 마음에 매우 가까이 있으며, 하나님이 너무나 사랑하셨기에 구원을 위해 그분의 독생자를 주셨다.

이와 같은 세 가지 사랑에 사로잡혀, 우리는 온전한 교회가 되며, 온전한 복음을 믿고 순종하고 전하며, 그리고 모든 열방을 제자 삼기 위해 온 세상으로 나아가기로 새롭게 헌신한다.

1부.
우리가 사랑하는 주님을 위하여: 케이프타운 신앙고백

1. 하나님이 먼저 우리를 사랑하셨기에 우리는 사랑한다.

하나님의 선교는 하나님의 사랑에서 흘러나온다. 하나님 백성의 선교는 하나님을 향한, 그리고 하나님이 사랑하시는 모든 이들을 향한 사랑에서 흘러나온다. 세계 복음화는 우리를 향한, 그리고 우리를 통한 하나님의 사랑에서 비롯된다. 우리는 하나님의 은혜가 우선임을 확인한다. 그리고 우리가 이번에는 사랑의 순종을 통해 드러나는 믿음으로 그 은혜에 응답한다. 하나님이 먼저 우리를 사랑하셨고 우리 죄를 위한 대속물로 그분의 아들을 보내셨기에 우리는 사랑한다.[주1]

A. 하나님을 향한 사랑과 이웃사랑은 모든 율법과 예언서를 지탱하는 처음이자 가장 위대한 계명이다. 사랑은 율법의 완성이자 성령의 첫 번째라 일컬어진 열매다. 사랑은 우리가 거듭난 증거요, 우리가 하나님을 안다는 확신이며, 하나님이 우리 안에 거하신다는 증거다. 사랑은 그리스도의 새 계명이다. 곧 제자들에게 오직 이 계명에 순종함으로써만 그들의 선교가 가시화되고 신뢰할 만한 것이 될 것이라 말씀하신 그리스도의 새 계명이다. 그리스도인이 서로 사랑하는 것은, 성육신한 아들을 통해 자신을 드러내신 보이지 않는 하나님이 계속해서 세상에 자신을 드러내시는 방식이다. 사랑은 믿음, 소망과 함께 바울이 새 신자들에게 훈육하고 당부했던 첫 번째 사항들 가운데 하나였다. 그러나 사랑은 영원하기 때문에 그 중에서 가장 위대하다.[주2]

B. 이러한 사랑은 결코 연약하거나 감상적이지 않다. 하나님의 사랑은 언약에 있어 신실하고, 헌신적이며, 자기를 내어주고, 희생적이며, 강하고, 거룩하다. 하나님은 사랑이시기에 사랑은 그분의 전 존재와 모든 행위, 그리고 긍휼뿐 아니라 공의에 스며든다. 하나님의 사랑은 그분의 모든 창조 세계로 확장된다. 우리는 이 모든 동일한 차원에서 하나님의 사랑을 반영하는 방식으로 사랑하라는 명령을 받았다. 이것이 바로 주님의 길을 따라 걷는다는 것을 의미한다.[주3]

C. 따라서 사랑의 관점에서 우리의 확신과 헌신을 재정의 할 때 우리는 모든 것 중에서 가장 기본적이면서도 어려운 성경적 도전을 부여받는다.

1. 마음과 영혼과 생각과 힘을 다해 우리 주 하나님을 사랑하라.
2. 이웃을(외국인과 원수를 포함해) 우리 자신처럼 사랑하라.
3. 하나님이 그리스도 안에서 우리를 사랑하셨듯이 서로 사랑하라. 그리고
4. 독생자를 통하여 세상이 구원받도록 하기 위해 독생자를 주신 하나님의 사랑으로 세상을 사랑하라.[주4]

D. 이러한 사랑은 우리 마음에 부어진 하나님의 선물이지만, 또한 우리 의지의 순종을 요구하시는 하나님의 명령이기도 하다. 이러한 사랑은 그리스도 그분과 같이 되는 것을 의미한다. 즉 인내 가운데 강건하고, 겸손 가운데 온유하며, 악에 저항하는 데 굳세고, 고난당하는 자들을 긍휼히 여기는 데 부드러우며, 고난에 용감하고, 죽음 앞에서조차 신실하다. 이러한 사랑은 그리스도께서 지상에서 그 모범을 보이신 것이다. 그리고 사랑이 이러한 사랑인가 아닌가는 영광중에 부활하신 그리스도께서 판단하신

다.[주5]

우리는 이러한 포괄적인 성경적 사랑이 예수님의 제자들을 규정하는 정체성이자 특징이 되어야한다고 단언한다. 예수님의 기도와 명령에 응답하는 가운데 우리들도 그렇게 되기를 염원한다. 슬프게도 우리는 너무나 자주 그렇지 않음을 고백한다. 따라서 우리는 사랑 안에서, 곧 하나님을 향한 사랑, 서로를 향한 사랑, 그리고 세상을 향한 사랑 안에서, 걷는다는 것이 의미하는 바를 나타내는 방식으로, 살고, 생각하고, 말하고, 행동하기 위해 모든 노력을 기울이는데 우리 자신을 새롭게 다시 헌신한다.

2. 우리는 살아 계신 하나님을 사랑한다.

우리가 사랑하는 하나님은 그분의 주권적인 뜻에 따라, 그리고 그분의 구원 목적을 위해 모든 것을 다스리시는 유일하고 영원하시며 살아 계신 하나님으로 자신을 성경에 계시하신다. 성부와 성자와 성령 하나님의 하나 됨 안에서 오직 하나님만이 창조주요 통치자이시며 심판자이고 세상의 구세주이시다.[주6] 그래서 우리는 하나님을 사랑한다. 그리고 창조세계에서의 우리의 위치로 인해 그분께 감사하고, 그분의 주권적인 섭리에 순종하고, 그분의 공의를 신뢰하며, 그분이 우리를 위해 이루신 구원으로 인해 그분을 찬양한다.

A. 우리는 모든 필적할만한 대상가운데서 그 누구보다 하나님을 사랑한다. 우리는 살아 계신 하나님 한 분만을 사랑하고 예배하라는 명령을 받았다. 그러나 우리는 구약성경의 이스라엘처럼 이 세상의 신들, 우리 주변의 신들을 좇음으로써 하나님을 향한 우리의 사랑에 불순물이 섞이는 것을

허락했다.[주7] 우리는 하나님보다는 맘몬을 섬기며 탐욕과 권세와 성공과 같은 많은 우상들에 현혹되어 혼합주의에 빠졌다. 우리는 성경적으로 비판하지 않은 채 이 세상의 지배적인 정치적? 경제적 이데올로기를 받아들이고 있다. 우리는 종교 다원주의의 압력 아래 그리스도의 유일성에 대한 우리의 믿음을 타협하도록 유혹받고 있다. 이스라엘처럼 우리는, 회개하고, 모든 우상들을 버리고, 하나님 한 분만을 순종하며 사랑하고 예배하는 자리로 돌아가라는 예언자들과 예수님 그분의 부르심을 들어야 한다.

B. 우리는 하나님의 영광을 위해 열정적으로 하나님을 사랑한다. 우리가 선교를 하는 가장 위대한 동기는 하나님 자신의 선교를 가동시킨 동기와 동일하다. 곧 그 동기는 한 분이시며 참되고 살아 계신 하나님이 그분의 모든 창조세계를 통해 알려지고 영광 받으시게 하는 것이다. 이것이 하나님의 궁극적인 목표이며, 우리의 가장 큰 기쁨이어야 한다.

(존 스토트는 다음과 같이 말한다) "모든 나라가 예수님께 무릎을 꿇고 모든 혀가 그분을 고백하는 것이 하나님이 원하시는 것이라면 우리는 그렇게 해야 한다. 우리는 (성경이 종종 이 단어를 사용하듯이) 하나님의 이름을 높이기 위해 '열심(jealous)을 내야 한다.- 그의 이름이 알려지지 않음으로 문제가 생기고, 그의 이름이 무시당할 때 상처를 입으며, 그의 이름이 모독을 당할 때 분노하게 된다. 그러므로 그의 이름이 마땅히 받아야 할 명예와 영광을 그 이름이 받게 되도록 항상 조심하고 결단하여야 한다.
모든 선교적 동기들 가운데 최상의 동기는 (중요하지만) 지상명령에 대한 순종도 아니고, (하나님의 진노를 생각할 때 특히 더 강하게 드러나는) 소외되고 죽어가는 죄인들에 대한 사랑도 아니고, 오직 예수 그리스도의 영광을 위해 불꽃처럼 타오르는 열심(zeal)이다.- 이러한 기독교 선교의

궁극적 목표 앞에 모든 무가치한 동기들은 시들고 사라진다."[주8]

이 세상에서 살아 계신 하나님이 영광을 받지 못하시는 것이 우리의 가장 큰 슬픔이어야 한다. 살아 계신 하나님은 공격적인 무신론 속에서 거부당하고 있다. 유일하고 참된 하나님이 세상의 많은 종교들의 예배의식(practice)에서 대체되거나 왜곡되고 있다. 우리 주 예수 그리스도는 대중문화 속에서 오용되고 잘못 전해지고 있다. 그리고 성경의 계시 속에 나타난 하나님의 얼굴은 기독교적 명목주의와 혼합주의, 그리고 위선으로 모호해져 버렸다.

하나님을 거부하거나 왜곡하는 세상 한가운데 계신 사랑의 하나님은 담대하고도 겸손하게 하나님을 증거 할 것을 요청하신다. 하나님의 아들이신 그리스도의 복음의 진리에 대한 강력하고도 은혜로운 변호, 죄를 깨닫고 확신케 하는 성령의 사역에 대한 기도 어린 신뢰를 요청하신다. 우리는 이러한 증거를 행할 것을 다짐한다. 왜냐하면, 우리가 하나님을 사랑한다고 주장한다면 우리는 하나님의 최우선순위를 함께 실행하여야 하기 때문이다. 곧 그분의 이름과 그분의 말씀이 모든 것 위에 높임을 받도록 하여야 한다.[주9]

3. 우리는 하나님 아버지를 사랑한다.

우리는 예수그리스도, 곧 하나님의 아들을 통하여 곧 길이요 진리요 생명이신 오직 그분만을 통해 하나님을 아버지로 알고 사랑하게 된다. 성령께서 우리가 하나님의 자녀임을 우리의 영과 더불어 증거하므로 우리는 예수님이 기도에서 "아바 아버지"라고 부르신 것처럼 우리도 (하나님을)

"아바 아버지"라고 부르며, 또한 예수님이 가르치신 기도로, 우리들도 "우리 아버지" 하고 기도한다. 순종으로써 증명되는 예수님에 대한 우리의 사랑은, 아버지와 아들이 상호 사랑의 교통 가운데 우리 안에 내주하시는 것처럼, 우리를 향한 아버지의 사랑에 의해 충족된다.[주10] 이러한 친밀한 관계는 깊은 성경적 근거를 가지고 있다.

A. 우리는 자신의 백성의 아버지이신 하나님을 사랑한다. 구약의 이스라엘은 하나님을 아버지로 알았다. 곧 그들에게 존재를 부여하시고, 그들을 인도하고 훈련시키시며, 그들에게 순종을 요구하시고, 그들의 사랑을 갈망하시며, 긍휼 가득한 용서와 참고 인내하는 사랑을 실천하시는 아버지로 알았다.[주11] 이 모든 것은, 아버지 하나님과 맺는 우리의 관계 속에서 그리스도 안에 있는 하나님의 백성 된 우리들에게도 해당된다.

B. 우리는 세상을 이처럼 사랑하사 우리의 구원을 위해 독생자를 주신 아버지이신 하나님을 사랑한다. 우리를 하나님의 자녀로 부르신 하나님 아버지의 사랑이 얼마나 크고 놀라운지! 독생자를 아끼지 않고 우리 모두를 위해 내어주신 아버지의 사랑을 어떻게 측량할 수 있겠는가! 아들을 주신 아버지의 이 사랑은 자신을 내어준 아들의 사랑으로 나타났다. 아버지와 아들이 영원하신 성령을 통해 십자가에서 성취하신 구속 사역에서 그분의 뜻이 완전한 조화를 이루었다. 아버지는 세상을 사랑하셔서 자신의 아들을 주셨다. "하나님의 아들은 나를 사랑하셨고 나를 위해 자신을 내어주셨다." 예수님에 의해 확증된 아버지와 아들의 하나 됨은 바울의 서신에 가장 반복적으로 나오는 문안 인사에 반영되어 있다. "우리의 죄를 위해 자신을 내어주신 주 예수 그리스도와 우리 아버지 하나님으로부터 은혜와 평강이 넘치기를…우리 하나님 아버지의 뜻을 따라 영광이 그에

게 영원토록 있을지어다. 아멘."[주12]

C. 우리는 우리가 닮아야할 성품을 가지시고 우리를 신실하게 돌보시는 아버지이신 하나님을 사랑한다. 예수님은 산상설교에서 하늘에 계신 아버지를 우리 행동의 모델이며 중심이라고 반복하여 가리키고 있다. 우리는 하나님의 자녀로서 화평케 하는 자라야 한다. 우리는 선행을 해야 하며, 그렇게 했을 때 아버지께서 찬양을 받으신다. 우리는 하나님의 자애로운 사랑을 본받아 원수도 사랑해야 한다. 우리는 오직 아버지에게 보이기 위해 구제와 기도와 금식을 실천해야 한다. 아버지가 우리를 용서하시듯 우리도 다른 이들을 용서해야 한다. 우리는 근심하지 말고 아버지의 공급하심을 신뢰해야 한다. 그리스도인의 성품에서 흘러나오는 이러한 행위들을 통해 우리는 하나님 나라 안에서 하늘에 계신 우리 아버지의 뜻을 이루는 것이다.[주13]

우리는 하나님이 아버지라는 진리를 종종 무시해 왔고 그분과의 관계의 풍성함을 스스로 박탈해왔음을 고백한다. 우리는 그의 아들 그리스도를 통해 아버지에게 나아가기로 새롭게 헌신한다. 곧, 그분의 자애로운 사랑을 받고 또 그에 응답하며, 그분이 아버지로서 내리는 훈련 하에 순종하며 살고, 우리의 모든 행위와 태도에서 그분의 자애로운 성품을 반영하고, 그분이 우리를 인도하시는 환경이 어떠하건 간에 그분의 아버지로서 공급하심을 신뢰하기로 새롭게 헌신한다.

4. 우리는 성자 하나님을 사랑한다.

하나님은 이스라엘에게 배타적인 충성으로 주 하나님을 사랑하라고 명령하셨다. 마찬가지로 하나님은 우리에게도 명령하셨다. 주 예수 그리스도를 사랑한다는 것은 우리가 그분만이 구세주이며 주님이시고 하나님이라고 확고하게 단언한다는 것을 의미한다. 성경은 예수님이 오직 하나님과 동등하게 주권적인 사역을 수행하신다고 가르치고 있다. 그리스도는 만물의 창조주요, 역사의 통치자이며 열방의 심판자요, 하나님께 돌아오는 모든 이들의 구세주이시다.[주14] 그분은 아버지와 아들과 성령이 신성에 있어 동등하며 하나이신 하나님의 정체성을 지니신 분이다. 하나님이 이스라엘을 언약적 신앙과 순종, 그리고 종 된 증인으로서 그분을 사랑하라고 부르셨듯이, 우리는 예수 그리스도를 신뢰하고 순종하며 전파함으로 그분을 향한 우리의 사랑을 확증한다.

A. 우리는 그리스도를 신뢰한다. 우리는 하나님이 아브라함에게 약속하셨듯이 나사렛 예수가 메시아이며, 구약의 이스라엘의 고유한 사명, 곧 하나님이 아브라함에게 약속하셨듯이 하나님의 구원의 축복을 열방에 가져오는 사명을 성취하기 위해 하나님에게 지명되어 보냄을 받은 분이라는 복음서의 증거를 믿는다.

1. 성령으로 잉태되어 동정녀 마리아에게 나신 예수님 안에서, 하나님은 우리 인간의 육신을 취하셔서 온전히 신으로, 그리고 온전히 인간으로 우리 가운데 사셨다.
2. 예수님은 하나님에 대한 완전한 신실함과 순종으로 생의 길을 걸으셨다. 그분은 하나님 나라를 선포하고 가르치셨으며, 그분의 제자들이 하나님의 통치 아래 어떻게 살아가야 하는지를 몸소 보여 주셨다.
3. 예수님은 그분의 사역과 기적들을 통해 악과 악의 권세에 대한 하나님 나라의 승리를 선포하고 증거하셨다.

4. 예수님은 십자가상의 죽음을 통해 우리를 대신해 우리 죄의 완전한 대가, 형벌, 수치를 지심으로 우리의 죄값을 치르셨고, 죽음과 악의 권세를 물리치시고, 모든 피조물의 화해와 구속을 성취하셨다.

5. 예수님은 육체적 부활을 통해 하나님으로부터 (하나님의 아들로) 입증 받고 높임을 받으셨으며, 십자가의 온전한 승리를 성취하시고 증거하셨으며, 구속받은 인류의 선구자가 되셨고 창조세계를 회복시키셨다.

6. 예수님은 승천하시어 주(主)로서 모든 역사와 만물을 다스리고 계신다.

7. 예수님은 재림하시어 하나님의 심판을 수행하고 사탄과 악과 죽음을 물리치며 하나님의 우주적 통치를 성취하실 것이다.

B. 우리는 그리스도께 복종한다. 예수님은 우리를 제자로 부르시며 또한 자기 십자가를 지고 자기를 부인하며 종이 되어 순종하는 길을 걸으며 그분을 따르라고 부르신다. "만일 너희가 나를 사랑한다면 내 계명을 지키라."고 예수님은 말씀하셨다. "너희는 나를 불러 주여, 주여 하면서도 어찌하여 내가 말한 것을 행하지 아니 하느냐? 우리는 그리스도께서 사셨던 것처럼 살고 그리스도께서 사랑하셨던 것처럼 사랑하도록 부르심을 받았다. 그분의 계명을 무시하면서 그리스도를 고백하는 것은 위험하고도 어리석은 행위다. 예수님은 우리에게 경고하시기를, 많은 사람들이 주님의 이름으로 화려하고 기적적인 사역을 한다고 하나, 그들이 불법을 행하는 자들로 그에 의하여 버림을 받을 것이라고 하셨다.[주15] 우리 중 누구도 그런 두려운 위험에서 제외될 수 없기에 우리는 그리스도의 경고에 유의해야 한다.

C. 우리는 그리스도를 선포한다. 하나님은 오직 그리스도 안에서 온전

히 그리고 궁극적으로 자신을 계시하셨으며, 오직 그리스도를 통해 세상의 구원을 성취하셨다. 그러므로 우리는 제자로서 나사렛 예수의 발아래 무릎을 꿇고 베드로와 함께 "주는 그리스도시요 살아 계신 하나님의 아들"이라고 말하며 또한 도마와 함께 "나의 주시며 나의 하나님" 이라고 고백한다. 비록 우리는 그분을 본 적이 없지만 그분을 사랑한다. 그리고 우리는 그분을 있는 그대로 보게 될 날, 곧 그분이 다시 오실 날을 열망하며 소망 가운데 즐거워한다. 그날이 올 때까지 우리는 베드로와 요한과 함께 "다른 이로써는 구원을 받을 수 없나니 천하사람 중에 구원을 얻을 만한 다른 이름을 우리에게 주신 일이 없음이라"고 선포한다.[주16]

우리는 예수 그리스도와 그분의 모든 가르침을 온 세상에 증거하기로 새롭게 헌신한다. 우리는 그분의 가르침을 직접 순종하며 살 때에만 그러한 증거를 할 수 있음을 알고 있다.

5. 우리는 성령 하나님을 사랑한다.

우리는 성부 하나님, 성자 하나님과 함께 삼위일체의 한 위이신 성령을 사랑한다. 성령은 선교의 하나님과 선교의 아들에 의해 보냄 받은 선교의 영으로서 선교하는 하나님의 교회에 생명과 능력을 불어넣는다. 그리스도에 대한 성령의 증거가 없는 한 우리 자신의 증거는 헛되기에 우리는 성령의 임재를 사모하고 이를 위해 기도한다. 죄를 깨닫게 하는 성령의 사역이 없는 한 우리의 설교는 헛되다. 성령의 은사, 인도, 능력이 없는 한 우리의 선교는 단지 인간적인 노력일 뿐이다. 성령의 열매가 없는 한 우리의 매력적이지 않은 삶은 복음의 아름다움을 반영할 수 없다.

A. 우리는 구약성경에서 하나님의 영이 창조와 해방 및 공의의 사역에서, 그리고 모든 종류의 섬김을 위해 사람들을 충만하게 채우고 능력을 부어 주시는 일에 활발하게 역사하고 있음을 본다. 성령 충만한 예언자들은 인격과 사역이 하나님의 영으로 기름부음 받게 되실 왕이요 종이신 그분이 오실 것을 고대했다. 예언자들은 또한 하나님의 영의 부으심, 새로운 삶과 새로운 순종, 그리고 남녀노소를 무론하고 하나님의 모든 백성에게 예언의 은사를 가져다주는 것으로 특징지어질 시대가 올 것을 고대했다.[주17]

B. 하나님은 오순절에 예언자들과 예수님이 약속하신 대로 그분의 성령을 부어주셨다. 거룩하게 하시는 성령은 신자들의 삶에 열매를 맺게 하신다. 그리고 그 첫 열매는 언제나 사랑이다. 성령은 그의 은사들로 교회를 충만하게 하신다. 그것은 그리스도인의 봉사를 위해서는 반드시 있어야 하는 것으로, 우리가 '간절히 염원하는' 것이다. 성령은 우리에게 선교를 위한 능력과 매우 다양한 섬김의 사역들을 위한 능력을 주신다. 성령은 우리에게 복음을 선포하고 제시하며 진리를 분별하고 효과적으로 기도하며 어둠의 세력들을 물리칠 능력을 주신다. 성령은 우리의 예배에 영감을 주시고 동행하신다. 또한 성령은 그리스도를 증거 할 때 박해를 받거나 시련을 당하는 제자들을 굳건하게 하시고 위로하신다.[주18]

C. 따라서 우리의 선교사역은 성령의 임재와 인도, 능력이 없이는 무의미하고 열매가 없다. 이것은 전도, 진리 증거, 제자 훈련, 화평케 함, 사회 참여, 윤리적 변혁, 창조세계를 돌봄, 악한 세력을 물리침, 악의 권세에 대한 승리, 병든 자의 치유, 박해 아래의 고난과 인내와 같은 모든 차원의 선교에서도 그렇다. 우리가 그리스도의 이름으로 행하는 모든 것들은 성령

에 의해 인도되고 능력을 부여받아야 한다. 신약성경은 초대교회의 삶과 사도들의 가르침을 통해 이를 분명히 보여 주고 있다. 이러한 성령의 역사는 예수님을 따르는 사람들이 성령의 능력을 의지하고 기대하는 가운데 확신 있게 행동하는 교회들의 성장과 부흥에서 오늘날도 드러나고 있다.

성령의 인격과 사역, 그리고 능력이 없다면 참된 복음도, 온전한 복음도, 진정한 성경적 선교도 없다. 우리는 이러한 성경적 진리에 대한 더 큰 각성이 일어나기를 위하여 기도한다. 또한 우리는 전 세계에 있는 그리스도의 몸의 모든 지체들 안에서도 그런 경험이 실제로 일어나기를 위해 기도한다. 그러나 우리는 성령의 이름으로 가장하여 오용하는 일이 많음을 안다. 또한 신약성경에서 분명히 가르치고 있는 성령의 은사가 아닌 온갖 종류의 현상이 행해지고 찬양받고 있는 일들이 많이 있음을 우리는 알고 있다. 더욱 심오한 분별이 있어야 하겠다, 곧 망상에 대한 분명한 경고를 하기 위하여, 또한 자신들의 세속적 풍요를 위해 영적 능력을 남용하는 거짓되고 자기만을 위하는 조종자들을 폭로하기 위하여 보다 깊은 분별력이 있어야 하겠다.

무엇보다 겸손한 기도로 준비된 성경적 가르침과 설교가 절실히 요청된다. 이는 일반 신도들이 참된 복음을 이해하고 기뻐하며 거짓된 복음을 거부할 수 있도록 할 것이다.

6. 우리는 하나님의 말씀을 사랑한다.

"내가 주의 말씀을 정금보다 사랑하나이다.…얼마나 내가 주의 율법을 사모하는지요"라는 시편 기자의 환희에 찬 즐거움에 화답하며 우리는 신구약 성경에 담긴 하나님의 말씀을 사랑한다. 우리는 성경을, 인간 저자들이 하나님의 영으로 영감을 받아 말하고 쓴 하나님의 말씀으로 받아들인다. 우리는 우리의 믿음과 행위를 주관하는 궁극적이며 유일한 권위로서 성경을 감수한다. 우리는 하나님 말씀의 능력이 그분의 구원 목적을 성취한다는 것을 증언한다. 우리는 성경이 최종적으로 기록된 하나님의 말씀임을 확증한다. 따라서 우리는 이 성경을 능가하는 어떤 계시가 장래에 있지 않음을 단언한다. 그러나 우리는 또한 성령께서 하나님 백성의 마음을 조명하여 모든 문화권의 사람들에게 성경이 새로운 방법으로 계속해서 하나님의 진리를 말씀하게 함을 (인정하고) 기뻐한다.[주19]

A. 성경이 계시하는 인물. 우리는 신부가 신랑의 편지를 사랑하듯 성경을 사랑한다. 그러나 편지 자체 때문이 아니라 그 편지를 통해 말하고 있는 인물(예수)때문에 성경을 사랑한다. 성경은 하나님의 정체성과 인격, 목적과 사역에 대한 하나님 자신의 계시를 우리에게 보여 준다. 성경은 주 예수 그리스도에 대한 근원적 증거다. 우리는 성경을 읽으며 성령을 통해 커다란 기쁨으로 하나님을 만난다. 성경에 대한 우리의 사랑은 하나님에 대한 우리의 사랑의 표현이다.

B. 성경이 말하는 이야기. 성경은 창조, 타락, 역사 속에서의 구속, 그리고 새 창조에 대한 우주적 이야기를 하고 있다. 이 중요한 이야기는 우리에게 분명한 성경적 세계관을 제공하며 또한 우리의 신학을 바로 잡아 준다. 이 이야기들의 정점은 복음의 핵심인 그리스도의 십자가와 부활의 최대의 구원 사건이다. (신구약 성경에 나오는) 이 이야기들은 우리가 누구이며, 무엇을 위해 존재하며, 어디로 가고 있는지에 대해 말해 준다. 하나님의 선교에 관한 이 이야기는 우리의 정체성을 규정하고, 우리의 선교를 주도한다. 그리고 그 종말이 하나님의 손안에 있음을 우리들에게 분명히

말하고 있다. 이 이야기가 하나님 백성의 과거의 기억과 미래의 소망을 바로 말하게 하여야 하고, 또한 이 이야기가 인류의 전 역사를 통해 전해져야 할 복음의 내용을 지배하게 하여야 한다. 성경의 메시지가 이 땅에 살아가는 모든 사람들을 위한 것이기 때문에 우리는 모든 수단을 동원하여 성경을 전해야 한다. 따라서 우리는 문맹 상태에 있는 지역과 전통적으로 구술 문화권인 지역을 포함해, 모든 문화와 언어 가운데 성경을 번역하고 반포하며 가르쳐야 할 과제를 성취하는 데 헌신할 것을 다시 한 번 다짐한다.

C. 성경이 가르치는 진리. 성경 전체는, 하나님이 품고 계시는 모든 의도와 하나님께서 우리들이 알기를 원하시는 진리를 우리들에게 가르치고 있다. 성경은 거짓되지 않으며 오류가 없는 하나님의 말씀이기 때문에, 우리는 성경이 증거하는 모든 것들이 참되고 확실한 진리임을 믿고 성경 말씀에 복종한다. 성경은 구원의 길을 계시하는 데 분명할 뿐 아니라 충분하다. 성경은 하나님의 진리의 모든 차원들을 탐구하고 이해하는 데 기초가 된다.

그러나 우리는 진리를 기만하고 거부하는 세상 속에서 살고 있다. 절대적 진리란 존재하지 않으며 알려질 수도 없다고 주장하는 상대주의가 수많은 문화들을 지배하고 있다. 우리가 진심으로 성경을 사랑한다면 성경이 주장하는 진리를 수호하기 위해 분연히 일어나야 한다. 우리는 모든 문화들 가운데 성경의 권위를 분명하게 제시하는 새로운 방법들을 찾아내야 한다. 우리는 하나님의 말씀을 사랑하며, 하나님의 계시의 진리를 고수하는 데 헌신할 것을 재차 다짐한다.

D. 성경이 요구하는 삶. "말씀이 네 입에 있고 네 마음에 있으므로 그

말씀에 순종해야 한다.… 예수님과 야고보는 단지 말씀을 듣는 자가 아니라 행하는 자가 되라고 요구하신다.[주20] 성경은 신자들과 신자들의 공동체를 측정하는 삶의 방식을 제시한다. 아브라함으로 부터 모세, 시편 기자들, 예언자들과 이스라엘의 지혜자들, 예수님과 사도들에 이르는 그들의 삶에서 우리는 성서적 생활양식을 배운다. 그들의 삶 곧 그들의 하나님에 대한 예배와 찬양, 그리고 신실한 삶에는 정의, 긍휼, 겸손, 청렴, 정직, 진실함, 순결, 관용, 친절, 자기부인, 환대, 화평케 함, 보복하지 않음, 선행, 용서, 기쁨, 자족과 사랑이 있었다.

우리는 성경이 가르치고 있는 삶, 곧 그리스도를 통하여 하나님을 순종함에 있어 값비싼 대가를 지불하는 삶을 사랑하지 않으면서 성경을 사랑한다고 너무나 쉽게 말한다. 그러나 "변화된 삶보다 복음을 감동적으로 전하는 것은 없다. 그리고 개인의 삶의 불일치만큼 불명예스러운 것은 없다. 우리는 거룩한 삶을 통해 복음의 아름다움을 드러내고 복음의 '빛' 을 비추는 삶으로 그리스도의 복음의 가치를 드러내야 한다."[주21] 따라서 우리는 그리스도의 복음을 위해 그것을 믿고 순종함으로써 하나님의 말씀에 대한 우리의 사랑을 증명하는 데 헌신할 것을 다시 한 번 다짐한다. 성경적 삶이 없는 성경적 선교는 없다.

7. 우리는 하나님의 세상을 사랑한다.

우리는 세상을 향한 하나님의 열렬한 사랑(passion)을 함께한다. 그리하여 우리는 하나님이 만드신 모든 것을 사랑하고, 하나님의 창조세계 전반에 걸친 그분의 섭리와 공의를 즐거워하며, 모든 피조물과 모든 열방에 기쁜 소식을 선포하고, 물이 바다를 덮음같이 하나님의 영광을 아는 지식

이 온 땅에 가득 찰 그날을 고대한다.[주22]

A. 우리는 하나님의 창조세계를 사랑한다. 이 사랑은 자연에 대한 단순한 감상적인 애정이 아니다(성경 어디에서도 그렇게 명령하고 있지 않다). 더욱이 이는 자연에 대한 범신론적 예배도 아니다(성경은 분명히 이를 금하고 있다). 오히려 우리는 하나님에 대한 우리의 사랑에서 우러나와 하나님께 속한 것들을 돌보는 것이다. "이 땅은 하나님의 것이고 모든 것이 그 안에 있다." 이 땅은 우리가 사랑하고 복종하는 하나님의 소유다. 가장 단순하게는, 이 땅이 우리가 주님이라 부르는 그분께 속해 있기 때문에, 우리는 이 땅을 돌본다.[주23]

이 땅은 그리스도에 의해 창조되고 유지되고 속량(贖良)되었다.[주24] 우리가 창조, 구속과 상속의 권한에 의해 당연히 그리스도께 속한 것을 악용하면서 우리가 하나님을 사랑한다고 주장할 수는 없다. 우리는 이 땅을 돌보고 그 풍부한 자원들을 책임 있게 사용하되, 세속 세계의 근거에 따라서가 아니라 주님을 위하여 그렇게 해야 한다. 예수님이 온 세상의 주님이시라면, 우리는 그리스도에 대한 우리의 관계를 우리가 이 땅과의 관계에서 행하는 방식과 분리시킬 수 없다. 그리스도의 주되심은 모든 창조세계를 포괄하는 것이기에 "예수는 주시다"라고 복음을 선포하는 것은 이 땅을 포함하는 복음을 선포하는 것이다. 그렇기 때문에 창조세계를 돌보는 것은 그리스도의 주되심을 인정하는 한 복음적 이슈인 것이다.

하나님의 창조세계에 대한 그러한 사랑은, 우리가 지구상의 자원들을 파괴하고 허비하며 오염시키는 데 일조 한 점과, 소비주의의 유독한 우상 숭배에 공모한 점을 회개할 것을 요구한다. 따라서 우리는 긴박성을 가지고 예언자적으로 생태계에 대한 책임에 헌신한다. 책임 있는 지배와 관리를 수행함으로써 인간 복지 및 필요를 제공하는 위임을 경건하게 완수하는 데 헌신한 그리스도인들뿐 아니라, 환경 보호와 운동을 특별한 선교적 사명으로 삼고 있는 그리스도인들을 지지한다.

성경은 창조세계 자체에 대한 하나님의 구속적 목적을 선포한다. 통합적(Integral) 선교란 복음이 예수 그리스도의 십자가와 부활을 통해 개개인과 사회, 창조세계에 하나님의 기쁜 소식이 된다는 성경적 진리를 분별하고 선포하고 실천하는 것을 의미한다. 개인과 사회 및 창조세계 모두 죄로 인해 깨어지고 고통당하고 있다. 이 모두는 하나님의 구속적 사랑과 선교에 포함되며, 또한 이 모두는 하나님 백성의 총체적 선교의 대상이 되어야 한다.

B. 우리는 이 세상 나라와 문화의 세계를 사랑한다. "하나님은 한 사람으로부터 시작하여, 이 땅의 전 지역에서 살아갈 인류의 모든 나라를 만드셨다." 인종적 다양성은 창조세계에 대한 하나님의 선물이며, 이것은 우리의 타락한 분열과 경쟁으로부터 해방될 새 창조 때에도 보전될 것이다. 모든 백성들을 향한 우리의 사랑은 이 땅의 모든 열방들에게 복 주시려는 하나님의 약속과 하나님이 자신을 위해 모든 족속과 언어와 나라와 백성들을 한데로 모아 새로운 한 민족을 창조하시려는 하나님의 선교를 반영한다.

우리는 하나님이 복 주시기 위해 선택하신 모든 것을 사랑해야 한다. 거기에는 모든 문화도 포함된다. 역사적으로 기독교 선교는 파괴적인 실패로 인해 흠이 나긴 했어도, 토착문화와 언어를 보호하고 보전하는 데 중요한 역할을 했다. 그러나 모든 문화는 인간의 삶 속에서 하나님의 형상의 긍정적인 증거를 들러낼 뿐 아니라 사탄과 죄의 부정적인 흔적들까지도 보여 주기 때문에, 하나님의 사랑(Godly love)은 비판적인 분별을 포함 한다. 우리는 복음이 모든 문화 속에 구체적으로 표현되고 스며들어, 모든 문화를 안으로부터 속량하므로 문화가 하나님의 영광과 그리스도의 광채를 충만하게 드러내는 것을 보길 바란다. 우리는 모든 문화의 풍성함과 영광과 웅장함이 하나님의 도성으로 들어와 모든 죄가 구속받고 제거되어 새로운 창조세계를 풍요롭게 하기를 고대한다.[주25]

모든 백성들을 향한 이러한 사랑은, 우리가 인종주의와 자민족 중심주의라는 악을 거부하고, 그들이 창조와 구속 안에 나타난 하나님께 근거한 가치의 토대 위에서 모든 종족과 문화들을 존중과 존경으로 대할 것을 요구한다.[주26]

이러한 사랑은 또한 우리가 지구상의 모든 백성과 문화 가운데 복음을 전파할 것을 요구한다. 유대인이건 이방인이건 어떤 종족도 지상명령의 대상에서 제외되지 않는다. 복음 전도는 하나님을 아직 알지 못하는 사람들을 향한 하나님의 사랑 가득한 마음이 흘러 넘쳐 이루어지는 것이다. 우리는 예수 그리스도 안에 있는 하나님의 사랑의 메시지를 전혀 듣지 못한 사람들이 이 세상에 여전히 매우 많다는 것을 부끄러움으로 고백한다. 우리는 모든 백성들에게 복음을 전하기 위해 모든 가능한 수단을 동원하도록, 처음부터 로잔 운동을 고취시켰던 그 때의 헌신을 새롭게 한다.

C. 우리는 이세상의 가난한자들과 고통받는 자들을 사랑한다. 성경은, 주님이 자신이 만든 모든 것을 사랑하며, 억압받는 자들을 위하고, 나그네들을 살피며, 굶주린 자들을 먹이고, 고아와 과부들을 돌보신다고 말한

다.[주27] 또한 성경은 하나님은 그러한 일에 헌신한 사람들을 통해 이 일을 하길 원하신다는 것을 보여 준다. 무엇보다 하나님은 이 사회에서 정치적 또는 법적 리더십이 주어진 이들에게 그러한 책임을 부여하신다.[주28] 그러나 하나님은, 율법과 예언서, 시편과 지혜서, 그리고 예수님과 바울, 야고보와 요한에 의하여, 하나님의 백성에게 가난한 자들을 위한 실제적인 사랑과 공의 가운데서 하나님의 사랑과 공의를 드러내라고 명령하셨다.[주29]

가난한 자들에 대한 이러한 사랑은, 우리가 자비와 긍휼의 행위를 사랑할 뿐 아니라, 가난한 자들을 억압하고 착취하는 모든 것을 폭로하고 반대하는 행위를 통해 공의를 실천할 것을 요구한다. "우리는 악과 불의가 존재하는 곳은 어디서나 그것을 고발하기를 두려워해서는 안 된다."[주30] 이 문제에 관해서 우리는 하나님의 열정을 함께 나누고, 하나님의 사랑을 구현하며, 하나님의 성품을 반영하고, 하나님의 뜻을 행하는 데 실패했음을 부끄러움으로 고백한다. 우리는 소외되고 억압받는 자들과 연대하고 그들을 지지하는 행위를 포함하여 공의를 증진시키는 일에 새롭게 헌신한다. 우리는 악에 대한 이러한 투쟁은, 성령의 능력 안에서 지속적인 기도와 함께 십자가와 부활의 승리를 통해서만 이루어질 수 있는 영적 전쟁의 차원으로서 인식한다.

D. 우리는 우리의 이웃들을 내 몸과 같이 사랑한다. 예수님은 율법의 두 번째 큰 계명으로서 이 계명을 복종하도록 제자들을 부르시고는, (같은 장에서) 급진적으로 그 요구를 "외국인을 너 자신처럼 사랑하라"에서 "네 원수를 사랑하라"로 심화시키셨다.[주31]

우리의 이웃을 향한 이러한 사랑은 우리에게 그리스도의 명령에 복종하고 그리스도의 본을 따르는 가운데 복음의 심장으로 모든 사람을 대할 것을 요구한다. 이러한 이웃 사랑에는 다른 신앙을 가진 사람들도 포함되며, 우리를 미워하고 비방하며 박해하고 죽이기까지 하는 사람들에게까지 확대된다. 예수님은 악의 사슬을 끊고 그분께로 사람들을 이끌기 위해 진리로 거짓에 맞서고, 친절과 자비와 용서의 행위로 악을 행하는 자들에 대항하며, 자기희생으로 그의 제자들에 반대하는 폭력과 살인에 맞서라고 우리에게 가르치셨다. 우리는 복음을 전파하되 폭력적인 방식을 단호하게 거부하고 우리에게 잘못을 저지르는 사람들에 대한 복수로 앙갚음하고자 하는 유혹을 포기한다. 이에 불복종하는 것은 그리스도 및 신약 성경의 본과 가르침에 모순된다.[주32] 동시에 고통 받고 있는 우리의 이웃들에 대한 사랑의 의무는, 죄를 범한 자들을 징벌하는 기능을 지닌 국가 당국에 적절히 호소함으로써 이들을 위하여 공의를 추구하기를 요청한다.[주33]

E. 우리가 사랑하지 않는 세상. 하나님의 선한 창조세계는 하나님께 대적하는 인간의 세상과 사탄의 세상이 되었다. 우리는 죄악 된 욕망과 탐욕과 인류의 오만으로 찬 세상을 사랑하지 말도록 명령받았다. 우리는 정확히 이러한 세속적 가치의 표지들이 너무 자주 그리스도인의 존재를 훼손하고 복음의 증거를 부인한다는 것을 부끄러운 마음으로 고백한다.[주34]

우리는 타락한 세상과 덧없는 열정에 경솔히 빠져들지 않고 하나님이 세상을 사랑하신 것처럼 온 세상을 사랑하기 위해 새롭게 헌신한다. 따라서 우리는 그리스도 안에서 모든 창조세계와 모든 문화의 구속과 회복을 바라고, 땅 끝까지 이르러 모든 열방들로부터 하나님의 백성들을 불러 모으고 모든 파괴와 빈곤과 증오를 불식시키고자 하는 거룩한 열망으로 세상을 사랑한다.

8. 우리는 하나님의 복음을 사랑한다.

예수님의 제자로서 우리는 복음의 사람이다. 우리 정체성의 핵심은 예수 그리스도를 통한 하나님의 구원 사역이라는 성경의 기쁜 소식에 대한 우리의 열정에 있다. 우리는 복음 안에서 하나님의 은혜를 누린 경험, 그리고 모든 가능한 수단을 동원해 땅 끝까지 이르러 그 은혜의 복음을 전하려는 동기로 연합되어 있다.

A. 우리는 나쁜 소식들로 가득 찬 세상에서 기쁜 소식을 사랑한다. 복음은 인간의 죄, 실패, 그리고 욕구가 야기한 심각한 결과들을 언급하고 있다. 인류는 하나님을 거역하고 하나님의 권위를 거부하며 하나님의 말씀에 불순종했다. 이러한 죄악 된 상태에서 우리는 하나님으로부터 소외되었고, 서로에게서 소외되었으며, 창조 질서로부터 소외되었다. 죄는 하나님의 정죄를 받을 만하다. 회개하기를 거부하고 "우리 주 예수 그리스도의 복음에 복종하지 않는" 자들은 영원한 멸망으로 형벌을 받으며 하나님의 임재로부터 격리될 것이다.[주35] 죄의 결과와 악의 권세는 인간성의 모든 (영적 · 육체적 · 지적 · 관계적) 차원을 타락시켰다. 이 타락은 모든 문화 및 역사 속 모든 세대에 걸쳐 문화적 · 경제적 · 사회적 · 정치적 · 종교적 삶에 침투해 들어갔다. 그것은 인류에게 헤아릴 수 없을 정도의 비참함을 허락했으며 하나님의 창조세계에 심각한 손상을 주었다. 이러한 절망적인 상황에서, 성경의 복음은 실로 복된 소식이 아닐 수 없다.

B. 우리는 복음이 전하는 이야기를 사랑한다. 복음은 나사렛 예수의 삶과 죽음, 그리고 부활이라는 역사적 사건을 기쁜 소식으로 선포한다. 하나님은 다윗의 자손이요, 약속된 메시아이자 왕이신 예수님을 통해 그분의 나라를 세우셨고, 아브라함에게 약속하신 대로 온 땅의 모든 열방들이 복을 받을 수 있도록 이 세상의 구원을 위해 행동하셨다. 바울은 "성경대로 그리스도께서 우리 죄를 위하여 죽으시고 장사 지낸 바 되셨다가 성경대로 사흘 만에 다시 살아나사 게바에게 보이시고 후에 열두 제자에게 나타나셨다"라는 진술로 복음을 정의한다. 복음은 그리스도의 십자가 위에서, 하나님이 친히, 자신의 아들 안에서, 우리를 대신하여, 우리의 죄로 인한 심판을 몸소 받으셨음을 선포한다. 부활을 통해 완성되고, (예수를 하나님의 아들로) 입증한 이 위대한 구원의 역사를 통하여 하나님은 사탄과 죽음과 모든 악의 권세에 대해 결정적인 승리를 이루셨으며, 우리를 사탄의 권세와 두려움에서 해방시키셨고, 이들의 궁극적 파멸을 확증하셨다. 하나님은 모든 장벽과 대립을 넘어 하나님과 믿는 자들 간의 화해와 사람들 간의 화해를 이루셨다. 또한 하나님은 모든 피조물의 궁극적인 화해를 이루셨고, 예수님의 육체의 부활 가운데 새 창조의 첫 열매를 우리에게 주셨다. "하나님께서 그리스도 안에 계시사 세상을 자기와 화목하게 하셨다." [주36] 우리가 이 복음의 이야기를 얼마나 사랑하는지!

C. 우리는 복음이 가져다주는 확신을 사랑한다. 오직 그리스도만을 신뢰함으로 우리는 성령을 통해 그리스도와 하나가 되며, 그리스도 안에서 하나님 앞에 의롭다 함을 받는다. 우리는 믿음으로 의롭게 되어 하나님과 화평을 누리고, 더 이상 정죄를 받지 않는다. 우리는 우리의 죄를 용서받는다. 우리는 그리스도께서 부활하신 새 생명을 나눔으로써 산 소망으로 거듭난다. 우리는 그리스도와 같은 상속자로서 입양된다. 우리는 하나님

의 언약 백성으로서의 시민이요, 하나님 가족의 일원, 그리고 하나님이 거하시는 처소가 된다. 따라서 그리스도를 신뢰함으로 우리는 구원과 영원한 생명을 온전히 확신하게 된다. 이는 우리의 구원이 궁극적으로 우리로 말미암은 것이 아니라 그리스도의 역사와 하나님의 약속에 달린 것이기 때문이다. "어떤 피조물이라도 우리를 우리 주 예수 그리스도 안에 있는 하나님의 사랑에서 끊을 수 없을 것이다."[주37] 우리가 이 복음의 약속을 얼마나 사랑하는지!

　D. 우리는 복음이 낳는 변화를 사랑한다. 복음은 세상에서 역사하고 있는 삶을 변화시키는 하나님의 능력이다. "이 복음은 모든 믿는 자에게 구원을 주시는 하나님의 능력이 됨이라."[주38] 믿음만이 복음의 축복과 확신을 얻는 유일한 방법이다. 그러나 구원하는 믿음은 결코 그 자체만으로 남아 있는 것이 아니라 반드시 순종의 형태로 나타난다. 그리스도인의 순종은 "사랑으로써 역사하는 믿음"이다.[주39] 우리는 선한 행위로 구원받은 자가 아니라, 오직 은혜로만 구원을 받아 "선한 일을 위하여 그리스도 예수 안에서 지으심을 받은 자인 것이다."[주40] "행함이 없는 믿음은 그 자체가 죽은 것이라."[주41] 바울은 복음이 이루는 윤리적 변화를 하나님의 은혜의 역사 곧 그리스도의 초림 때 우리의 구원을 성취하신 은혜요 또한 그리스도의 재림의 관점에서 윤리적으로 살도록 가르치시는 하나님의 은혜의 역사로 보았다.[주42] 바울에게 있어서 "복음에 순종하는 것"은 은혜를 신뢰하는 것이자 은혜에 의해 가르침을 받는 것을 의미했다.[주43] 바울의 선교의 목표는 모든 열방 가운데 "믿음의 순종"을 일으키는 것이었다.[주44] 이 언약적인 언어는 아브라함을 강하게 떠올리게 한다. 아브라함은 그를 의롭다고 칭하신 하나님의 약속을 믿었고, 그 믿음의 증거로 하나님의 명령에 순종했다. "믿음으로 아브라함은 …순종했다."[주45] 예

수 그리스도 안에서 회개와 믿음은 복음이 요청하는 순종의 첫 번째 행위이며, 하나님의 명령에 대한 지속적인 순종은 우리를 거룩하게 하시는 성령을 통해 복음을 믿는 믿음을 가능케 하는 생활방식이다.[주46] 따라서 순종은 구원하는 믿음의 살아 있는 증거이자 살아 있는 열매다. 또한 순종은 예수님에 대한 우리 사랑의 시금석이다. "나의 계명을 지키는 자라야 나를 사랑하는 자니라."[주47] "우리가 그의 계명을 지키면 이로써 우리가 그를 아는 줄로 알 것이요."[주48] 우리가 이 복음의 능력을 얼마나 사랑하는지!

9. 우리는 하나님의 백성을 사랑한다.

하나님의 백성은 새 창조세계의 시민으로서 그리스도의 영광을 나누기 위해 하나님이 그리스도 안에서 사랑하고 선택하고 부르시고 구원하고 거룩하게 하여 자기의 소유로 삼으신 모든 세대와 모든 열방에서 모인 백성들이다.

이런 우리는 하나님이 영원에서 영원까지 그리고 완악하고 반역적인 우리의 모든 역사를 거치는 가운데서도 사랑하신 백성으로서, 서로 사랑하라는 계명을 받았다. "하나님이 이같이 우리를 사랑하셨은즉 우리도 서로 사랑하는 것이 마땅하도다." 그리고 그것으로 "하나님을 본받는 자가 되고 그리스도께서 우리를 사랑하시고 우리를 위하여 자신을 내어주신 것같이 우리도 사랑가운데서 행하라." 하나님의 가족으로서 서로 사랑하는 것은 바람직한 선택사항이 아니라 피할 수 없는 계명이다. 그러한 사랑은 복음에 대한 순종의 첫 번째 증거이자 세계 선교의 강력한 원동력이다.[주49]

A. 사랑은 하나 됨을 요청한다. 예수님이 제자들에게 '서로 사랑하라'고 내리신 그의 명령은, 그들이 하나 되게 해 달라는 그분의 기도로 연결된다. 계명과 기도는 둘 다 (다음과 같이) 선교와 연결되어 있다. - "너희가 내 제자라는 것을 세상이 알게 될 것이다." 그리고 "당신[아버지]께서 나를 보내신 것을 세상이 알 것" 이다.[주50] 복음의 진리를 가장 강력하게 확증하는 표지는 인종과 피부색, 성별(gender), 사회적 지위, 경제적 특권, 정치적 노선 같은 세상의 고질적인 분열의 장벽들을 넘어서 그리스도인들이 사랑 안에서 하나 될 때에 나타난다. 그러나 그리스도인들이 자신들 안에서 세상과 똑같은 분열을 일으키고 증폭시킬 때만큼 우리의 증거가 무너지는 경우는 거의 없다. 우리는 가부장주의나 건강하지 않은 의존이 아닌, 깊은 상호 사랑과 상호 복종, 그리고 극대화된 경제적 나눔에 근거하여, 모든 대륙을 초월해 그리스도의 몸 안에서 새로운 세계적 동반자적 협력 관계를 긴박하게 추구한다. 또한 우리는 복음 안에서 우리의 연합의 증거로서뿐 아니라 그리스도의 이름과 하나님의 선교를 위해서도 이를 추구한다.

B. 사랑은 정직성을 요청한다. 사랑은 은혜 가운데 진리를 말한다. 이스라엘의 예언자들과 예수님보다 하나님의 백성들을 더 사랑했던 이들은 없다. 나아가 하나님의 백성들이 언약의 주님에게 대적하고 우상을 숭배하는 등, 그들이 실패한 진실에 대해 그들보다 더 정직하게 대항한 이들도 없다. 그렇게 함으로써 그들은 이스라엘 백성들에게 회개하도록 요청했고, 그리하여 백성들은 용서받고 하나님의 선교 사역을 회복시킬 수 있었다. 이와 동일한 예언자적 사랑의 목소리가 동일한 이유로 오늘날에도 전해져야 한다. 하나님의 교회를 향한 우리의 사랑은, 우리가 사랑하는 주 예수 그리스도의 얼굴을 욕되게 하고, 이 세상은 주님께로 그토록 절박하

게 인도받아야 할 세상임에도 불구하고, 그 세상에서 그분의 아름다움이 가려지는 추악함이 우리들 안에 있음을 인하여 슬퍼하며 아파한다.

C. 사랑은 연대를 요청한다. 서로 사랑하는 것은, 특별히 믿음과 복음 증거로 인해 박해를 받아 감옥에 갇힌 자들을 돌보는 것을 포함한다. 몸의 한 지체가 고통을 당하면 모든 지체가 그 고통을 느낀다. 요한과 마찬가지로 우리는 "예수의 환난과 나라와 참음에 동참하는 자"들이다.[주51] 우리는 정보와 기도, 지지, 그리고 다른 지원 수단을 통해 전 세계에 걸쳐 그리스도의 몸의 지체로서 고통을 함께 나누기를 약속한다. 그러나 우리는 그러한 나눔을 단순히 연민의 실천으로서가 아니라 고통당하는 교회가 같은 방식으로 고통당하고 있지 않은 그리스도의 몸의 지체들에게 가르치고 줄 수 있는 것을 배우기를 또한 염원한다.

우리는 주의하여야 한다. 곧 부와 자기충족에 빠져 편안함을 느끼는 교회는, 라오디게아 교회처럼, 예수님이 보시기에는 그 자신의 가난함에 대해 가장 눈먼 자이며, 그를 떠나 문 밖에 서있는 외인처럼 느끼는 자인 것이다.[주52]

예수님은 자신의 모든 제자들을 함께 불러, 이들이 열방 가운데 한 가족이 되게 하신다. 곧 주님의 화평케 하는 은혜를 통해 모든 죄악 된 장벽이 허물어진 하나의 화해된 모임(reconciled fellowship)이 되게 하신다. 이런 교회는 성령의 교통 안에 있는 은혜와 순종과 사랑의 공동체다. 그러한 공동체에는 하나님의 영광스러운 속성들과 그리스도의 은혜로운 특성들이 반영되어 있고, 하나님의 다양한 색상을 입은 지혜가 드러난다. 하나님 나라의 가장 생생한 현재적 표현인 교회는, 더 이상 자신들을 위해 살지 않고, 그들을 사랑하고 그들을 위해 자신을 내어주신 구세주를 위해 사는, 화평케 된 이들의 공동체다.

10. 우리는 하나님의 선교를 사랑한다.

우리는 세계 선교가 하나님과 성경, 교회와 인류 역사, 그리고 궁극적인 미래를 이해하는 데 핵심적이기 때문에, 세계 선교에 헌신한다. 성경 전체가 십자가의 보혈을 통해 화평케 하신 그리스도 아래서 하늘과 땅의 모든 것을 하나 되게 하시는 하나님의 선교를 드러내고 있다. 하나님은 자신의 선교를 통하여 죄와 악으로 깨어진 창조세계를 더 이상 죄나 저주가 없는 새로운 창조세계로 변화시키실 것이다. 하나님은 아브라함의 후손이자 메시아이신 예수님의 복음을 통해 이 땅의 모든 열방에 복을 주시겠다고 아브라함에게 하신 약속을 성취하실 것이다. 하나님은 그분의 심판 아래 흩어진 열방의 분열된 세계를, 모든 종족, 나라, 백성, 그리고 언어로부터 그리스도의 피로 구속되고, 함께 모여 우리 하나님과 구주를 예배하게 될 새로운 인류로 변모시키실 것이다.

그리스도께서 생명과 공의와 평화의 영원한 통치를 세우시기 위해 다시 오실 때, 하나님은 죽음과 부패와 폭력의 통치를 무너뜨리실 것이다. 그리고 나서 임마누엘 하나님은 우리와 함께 거하실 것이고 세상 왕국은 우리 주님과 그리스도의 왕국이 될 것이며, 그분이 영원 세세토록 다스리실 것이다.[주53]

A. 하나님의 선교에의 참여. 하나님은 자신의 선교에 동참케 하기 위해 그분의 백성들을 부르신다. 모든 열방의 교회는 메시아 예수를 통해 구약 성경에 나타난 하나님 백성들의 연속선상에 있다. 그들과 함께 우리는 아브라함을 통해 부르심을 받았고 열방을 위한 복과 빛이 되도록 위임되었다. 그들과 함께 우리는 율법과 예언자들을 통해 죄와 고통의 세상에서 성

결, 긍휼, 그리고 공의의 공동체가 되도록 가르침을 받고 있다. 우리는 예수 그리스도의 십자가와 부활을 통해 구속받았고, 하나님께서 그리스도 안에서 행하신 것을 증거하기 위해 성령의 능력을 받았다. 교회는 영원토록 하나님을 예배하고 영화롭게 하며, 역사 속에서 하나님의 변혁시키는 선교에 참여하기 위해 존재한다. 우리의 선교는 온전히 하나님의 선교에 근거를 두고, 하나님의 창조세계 전체를 다루며, 십자가의 구속적인 승리에 그 중심을 두는 데 기반하고 있다. 이것이 우리가 속한 백성, 우리가 고백하는 믿음을 지닌 백성, 우리가 함께 선교하는 백성이다.

B. 우리선교의 총체성. 우리의 모든 선교 자원은 성경에 계시된 것처럼 하나님께서 그리스도 안에서 온 세상의 구속을 위해 행하신 일이다. 우리의 복음 전도 과업은 그 좋은 소식이 모든 열방에 알려지게 하는 것이다. 우리의 모든 선교적 상황은 바로 우리가 사는 세상, 곧 죄와 고통과 불의와 무질서로 들어찬 세상이다. 그런데 하나님은 우리를 이런 세상으로 보내시어 그리스도를 위해 사랑하고 섬기도록 하신다. 그러므로 우리의 모든 선교는 복음 전도와 헌신적인 사회 참여의 통합을 반영해야 한다. 이 두 가지는 하나님의 복음에 관한 온전한 성경적 계시에 의하여 주장하는 것이고 지시된 것이다.

"복음 전도 자체는 사람들을 그리스도께 인격적으로 나아오도록 설득하여 하나님과 화해케 하려는 목적을 가지고 역사적, 성경적인 그리스도를 구세주이자 주님으로 선포하는 것이다.…복음 전도의 결과는 그리스도에 대한 순종, 그분의 교회로의 연합, 그리고 세상에서의 책임감 있는 섬김 등을 포함한다.…우리는 복음 전도와 사회 정치적 참여는 둘 다 우리 그리스도인의 의무임을 확증한다. 이 두 가지는 모두 하나님과 인간에 대한 우리의 교리와 이웃에 대한 우리의 사랑, 그리그 예수 그리스도에 대한 우리의 순종의 필수적인 표현이다.····우리가 선포하는 구원은 우리의 개인적, 사회적 책임의 총체성 안에서 우리를 변화시키는 것이어야 한다. 행함이 없는 믿음은 죽은 것이다."[주54]

총체적 선교는 복음의 선포와 증거다. 이는 단순히 복음 전도와 사회 참여가 서로 나란히 이루어져야 한다는 뜻이 아니다. 그보다는, 우리가 사람들을 삶의 모든 영역에서 사랑과 회개로 부르는 것이기에, 우리의 선포는 총체적 선교 안에서 사회적 중요성을 지닌다. 그리고 우리의 사회 참여는 우리가 예수 그리스도의 변화시키는 은혜를 증거할 때 따라오는 복음 전도의 결과들이다. 우리가 세상을 무시한다면 우리는 세상을 섬기기 위해 우리를 보내신 하나님의 말씀을 배반하는 것이다. 우리가 하나님의 말씀을 무시한다면 우리가 세상에 가져다 줄 것이 아무것도 없는 것이다.[주55]

하나님은 그분의 교회로 하여금 선교의 모든 차원을 총체적이고 역동적으로 실천하도록 부르셨으며, 우리는 이에 헌신한다.

*하나님은 모든 사람들을 회개, 믿음, 세례, 그리고 순종하는 제자도로 부르시며, 하나님의 계시의 진리와 예수 그리스도를 통한 하나님의 구원하시는 은혜의 복음을 모든 열방에게 전하라고 우리에게 명령하신다.

*하나님은 가난한 자들에 대한 긍휼 어린 돌봄을 통해 그분 자신의 성품을 드러내시고, 정의와 평화를 위해 분투하며 하나님의 창조세계를 돌보는 가운데 하나님 나라의 가치와 능력을 드러내라고 우리에게 명령하신다.

그리스도 안에서 우리를 향한 하나님의 무한한 사랑에 대한 응답으로, 그리고 그분에 대한 우리의 넘치는 사랑으로, 우리는 성령의 도우심으로, 자기를 부인하는 겸손과 기쁨과 용기를 가지고 하나님이 명령하시는 모든 것에 온전히 순종하는 데, 우리 자신을 다시 드린다. 우리는 하나님이 먼저 우리를 사랑하셨기에 우리가 사랑하는 주님과의 이 언약을 갱신한다.

2부
우리가 섬기는 세상을 위하여: 케이프타운의 행동 요청

서론

우리가 하나님과 맺은 언약은 사랑과 순종을 한데 묶는다. 하나님은 우리의 "믿음의 역사"와 "사랑의 수고"를 기뻐하신다.[주56] "우리는 그가 만드신 바"이며, "그리스도 예수 안에서 선한 일을 위하여 지으심을 받은 자니 이 일은 하나님이 전에 예비하사 우리로 그 가운데서 행하게 하려 하심"이기 때문이다.[주57]

우리는 예수 그리스도의 전 세계 교회 일원으로서 성령을 통해 하나님의 음성을 듣고자 힘썼다. 우리는 에베소서 강해에 나타난 하나님의 기록된 말씀으로부터, 그리고 전 세계의 그분의 백성들의 음성을 통해 우리에게 말씀하시는 그분의 음성을 들었다. 케이프타운 대회에서 논의된 6개의 주제들은 그리스도께 속한 전 세계 교회가 직면하고 있는 도전들과 미래를 향한 우리의 우선순위를 분별하는 뼈대를 제공한다. 그러나 이러한 서약들만이 교회가 고려해야 할 유일한 것들이라거나, 어디에서나 그 우선

순위가 동일하다는 것을 의미하지는 않는다.

IIA. 다원주의적이고 세계화된 세상 속에서 그리스도의 진리 증거하기

1. 진리와 그리스도의 인격

예수 그리스도는 만유의 진리이시다. 예수님은 진리이기 때문에 그리스도 안의 진리는 (1) 명제적일 뿐 아니라 인격적이며, (2) 상황적일 뿐 아니라 보편적이고, (3) 현재적일 뿐 아니라 궁극적이다.

A. 그리스도의 제자로서 우리는 진리의 사람들로 부름 받았다.

1) 우리는 진리를 실천하여야한다. 진리를 실천한다는 것은 우리가, 예수님의 얼굴이 되어 눈먼 마음들에게 복음의 영광이 나타나게 한다는 것이다. 사람들은 예수님을 위해 신실함과 사랑으로 살아가는 자들의 얼굴에서 진리를 볼 것이다.
2) 우리는 진리를 선포해야한다. 복음의 진리를 말로 선포하는 것은 우리의 선교에서 가장 중요한 부분이다. 이것은 진리를 실천하는 것과 분리될 수 없다. 행위와 말씀은 반드시 함께 가야만 한다.

B. 우리는 교회지도자들과 목회자들 및 복음전도자들이, 바울이 그랬듯 복음의 우주적인 범위와 진리 속에서 성경적 복음의 충만함을 설교하고 가르칠 것을 촉구한다. 우리는 복음을 단순히 개인 구원이나 다른 신들이 주는 것보다 더 나은 해결책 제공 수단으로서가 아니라, 그리스도 안에서 온 우주를 위한 하나님의 계획으로 제시해야 한다. 때로는 사람들이 개

인적인 필요를 채우기 위해 그리스도 앞에 와도 그리스도가 진리인 줄 알게 되면 그리스도와 함께 머물게 된다.

2. 진리와 다원주의의 도전

문화적·종교적 다원주의는 존재하는 사실이다. 일례로 아시아의 그리스도인들은 수세기 동안 문화적·종교적 다원주의 상황에서 살아왔다. 각기 다른 종교들은 자신들이 진리의 길이라고 주장한다. 대부분은 다른 신앙의 상충되는 진리 주장을 존중하고 그들과 함께 살아가고자 노력할 것이다. 그러나 포스트모던하고 상대주의적인 다원주의는 다르다. 그 이데올로기는 절대적이거나 보편적인 진리를 허용하지 않는다. 종교들의 진리 주장을 관용하는 반면, 이들을 문화적 구성물에 지나지 않는 것으로 바라본다. (이러한 입장은 논리적으로 자기 파괴적인데, 그 이유는 하나의 절대적 진리는 존재하지 않는다는 것을 하나의 절대적 진리로 주장하기 때문이다.) 이러한 다원주의는 '관용'을 궁극적 가치로서 주장하지만 세속주의나 공격적인 무신론이 공적 영역을 지배하는 국가에서는 억압적인 형태를 취할 수 있다.

A. 우리는 확고한 변증이라는 어려운 과제에 대한 더욱 깊은 헌신을 보기를 갈망한다. 이는 두 차원이 되어야만 한다.
1. 우리는 공적 영역에서 성경적 진리를 변론하고 변호하는 데 최상의 지적, 공적 수준으로 참여할 수 있는 이들을 찾아내어 구비시키고, 이들을 위해 기도해야 한다.
2. 우리는, 교회 지도자들과 목회자들이 모든 신자들로 하여금 용기를 갖도록, 그리고 예언자적 적실성을 지닌 진리를 일상의 공적 대화에 연결

시킬 수 있는 수단을 갖게 되도록, 그리하여 우리가 살고 있는 모든 측면의 문화에 참여하도록 구비시킬 것을 촉구한다.

3. 진리와 일터

성경은 인간의 노동에 관한 하나님의 진리를 창조세계에 나타난 하나님의 선하신 목적의 일부로 우리에게 제시한다. 성경은, 우리가 각기 다른 소명 가운데 하나님을 섬기듯이 우리의 노동하는 삶 전체를 사역의 영역으로 본다. 대조적으로 "성·속의 분리"라는 허의가 교회의 사고와 행동에 침투해 들어왔다. 이러한 분리는, 종교적 활동은 하나님께 속한 반면, 다른 활동은 그렇지 않다고 우리에게 말한다. 대부분의 그리스도인들이 영적 가치가 거의 없다고 생각하는 일(소위 세속적인 일)을 하며 대부분의 시간을 보낸다. 그러나 하나님은 삶의 모든 것의 주님이시다. 바울은 이교도적 일터에서 일하는 노예들에게 "무슨 일을 하든지 마음을 다하여 주께 하듯 하고 사람에게 하듯 하지 말라"[주58]고 말했다.

성인 그리스도인들이 비그리스도인들과 대부분의 관계를 맺게 되는 일터는 복음 전도와 변혁의 거대한 기회를 가진 곳임에도 불구하고, 많은 교회들은 이 기회를 잡기 위해 신자들을 구비시키려는 비전을 가지고 있지 못했다. 우리는 그리스도의 주되심 아래서 살지 못했던 것처럼 일자체가 성경이 말하는 대로 본질적으로 중요하다고 여기지 못하여 왔다.

A. 우리는 이러한 성·속의 분리가 하나님의 선교에서 하나님의 모든 백성들을 동원하는 것을 방해하는 주요장애물로 인정하고, 전 세계 그리스도인들이 이러한 비성경적인 가정들을 거부하고 그 해로운 영향들에

저항할 것을 촉구한다. 우리는 (지역 또는 타문화권 선교)사역과 선교는 주로 교회에서 봉급을 받으며 일하는, 극히 작은 일부 전임 사역자들과 선교사들의 사역으로만 간주하려는 경향에 도전한다.

B. 우리는 모든 신자들은 하나님이 그들을 일하도록 불러 세우신 일터가 바로 자신들의 일상의 사역과 선교지로 받아들이며 확증하도록 격려한다. 우리는 목회자들과 교회 지도자들이 그런 사역을 하는 사람들 곧 자기의 공동체와 일터에서, - "섬김[사역]의 일을 위해 성자들을 구비시키기 위하여" 그들의 삶의 각 분야에서 사역하는 사람들을 후원하도록 호소한다.

C. 우리는 삶 전체를 아우르는 제자도안에서 하나님의 모든 백성들을 훈련시키기 위한 집중적인 노력이 필요하다. 삶 전체를 아우르는 제자도란 일상적인 생활과 일터의 모든 장소나 상황 속에서 선교적 효율성을 추구하며 성경적 세계관으로 살아가고, 생각하고, 일하고, 말하는 것을 의미한다.

종종 그리스도인들은 다양한 기술과 무역과 사업과 직업을 통해 전통적인 교회 개척자들과 복음 전도자들이라면 갈 수 없는 곳들로 갈 수 있다. 이러한 "텐트메이커들"과 사업가들의 일터 사역은 지역 교회들의 사역의 한 영역으로서 그 가치를 인정받아야 한다.

D. 우리는 교회지도자들이 일터사역의 전략적 영향력을 이해하고 교인들을 선교사로 동원하고 구비시켜 그들을 일터로, 그리고 그들 자신의 지역 공동체와 전통적 형태의 복음 증거를 거부하는 국가들에 파송할 것을

촉구한다.

E. 우리는 선교지도자들이 "텐트메이커들"을 세계선교 전략안으로 온전히 통합시킬 것을 촉구한다.

4. 진리와 세계화된 미디어

우리는 우리의 미디어 문화 가운데 그리스도의 진리를 드러내는 본보기의 일부로서 미디어와 테크놀로지 분야에 새롭게 비판적이며, 창조적인 참여로 임할 것을 다짐한다. 우리는 진리, 은혜, 사랑, 평화, 그리고 정의에 대한 하나님의 대사로서 그렇게 해야 한다.

이에 우리는 주로 다음과 같은 일을 해야 한다.

A. 미디어에 대한 인식: 사람들로 하여금 그들이 수용하는 메시지와 그들 이면에 있는 세계관에 대한 더욱 비판적인 인식을 발전시키도록 도와야 한다. 미디어는 중립적일 수 있으며, 때로 복음에 우호적일 수도 있다. 그러나 미디어는 또한 포르노, 폭력, 탐욕을 위해 이용되기도 한다. 우리는 목회자들과 교회들이 이러한 이슈들에 개방적으로 직면하고 신자들이 그러한 압력과 유혹을 거부하도록 교육하고 인도할 것을 권면한다.

B. 미디어의 실재: 일반적인 정보 미디어와 예능 미디어 분야에서 진정성 있고 신뢰할 만한 기독교적 역할을 할 모델들과 커뮤니케이터들을 발굴하여야 한다. 또한 이 직종들을 그리스도를 위해 영향력을 미치는 가치 있는 수단들이 되도록 권하여야 한다.

C. 미디어를 통한 사역: 통전적인 성경적 세계관의 맥락에서 그리스도의 복음을 전하기 위해 '전통적인' 미디어와 '기성' 미디어와 '새로운' 미디어를 창조적이며 통합적으로 활용할 수 있도록 개발하여야 한다.

5. 진리와 선교에서의 예술

우리는 하나님의 형상을 지니고 있기에 창조성이라는 은사를 가지고 있다. 다양한 형태로 존재하는 예술은 우리가 인류로서 하는 행위에서 필수적 역할을 맡고 있으며 하나님의 아름다움과 진리를 반영할 수 있다. 자신의 정점에 있는 예술가들은 진리를 말하는 자들이며, 따라서 예술은 복음의 진리를 말할 수 있는 하나의 중요한 구성요소다. 연극, 춤, 이야기, 음악, 그리고 시각 이미지는 우리의 깨어진 실재, 그리고 만물이 새롭게 될 것이라는 복음의 소망, 이 두 가지 모두를 표현할 수 있다.

선교의 세계에서 예술은 미개척 자원이다. 우리는 더 많은 그리스도인들의 예술 참여를 적극적으로 권장한다.

A. 우리는 다음 사항을 통해 모든 문화 속에서 교회가 선교를 위한 수단으로 예술에 열정적으로 참여하는 것을 보게 되기를 갈망한다. 곧

1. 우리가 제자직을 행함에 있어 예술이 타당하고 가치 있는 요소가 되도록 예술을 신앙 공동체의 삶 속으로 되가져오기를 갈망한다.
2. 예술적 은사를 가진 사람들, 특히 그리스도 안에 있는 형제자매들을 후원하여 그들의 사역이 번창하도록 지원하기를 갈망한다.

3. 예술이 우리들의 이웃과 이방인을 인정하고 이해하게 될 수 있는 친숙한 환경을 조성하기를 갈망한다.

4. 문화적 차이를 존중하고 토착적인 예술 표현들을 거행하게 되기를 갈망한다.

6. 진리와 부상하는 테크놀로지

21세기는 (바이오, 인포/디지털, 나노, 가상실재, 인공지능과 로봇기술에서 보듯이) 부상하는 모든 테크놀로지의 진보로 "바이오테크놀로지 세기"라고 널리 알려져 있다.

이것은 특히 인간이라는 것이 의미하는 바에 대한 성경적 진리와 관련하여 교회와 선교에 대해 암시하는 바가 크다. 우리는 과학과 테크놀로지가 우리의 인간성을 조종하고 왜곡하고 파괴하는데 상용되지 않고, 우리의 인간성을 하나님이 그분의 형상을 따라 창조하신 것으로 보존하고 더 잘 충족시키기 위하여 사용될 수 있도록 우리는 공공 정책의 분야에서 그리스도인이 확실히 응답하고 실체적으로 행동하도록 할 필요가 있다. 따라서 우리는 다음과 같이 호소한다.

A. 지역교회 지도자들이 (1) 과학, 테크놀로지, 보건, 그리고 공공 정책에 전문적으로 종사하는 교인들을 격려하고 후원하며 그들에게 문제를 제기하고, (2) 신학적으로 사려 깊은 학생들에게 그리스도인들이 이러한 분야들에 참여할 필요성을 제시하도록 한다.

B. 신학교들이 커리큘럼에 이러한 분야들을 포함시켜 미래 교회지도자들과 신학교육자들이 새로운 테크놀로지에 대해 정확한 기독교적 비평능

력을 함양하도록 한다.

C. 정부, 경제, 학계, 그리고 기술 분야에 있는 신학자들과 그리스도인들이 새로운 테크놀로지와 과학적 진보에 참여하기 위해 국가나 지역의 '싱크탱크' (think tank)를 결성하거나 동반협력 관계를 구축하고, 성경적이며 적실한 목소리를 냄으로써 공공 정책 형성에 영향을 미치도록 한다.

D. 모든 지역 기독공동체들이 우리가 창조된 인간성의 물리적, 정서적, 관계적, 영적 측면들을 통합하는 실제적이고 통전적인 돌봄을 통해 인간 삶의 고유한 존엄성과 신성함에 대한 존경심을 보여 주도록 한다.

7. 진리와 공적 영역

정부, 기업, 학계가 연계된 영역들은 각 국가의 가치관에 막대한 영향을 미치고 있고, 인간의 관점에서 교회의 자유를 규정한다.

A. 우리는 그리스도를 따르는 자들이 사회적 가치를 형성하고 공적논의에 영향을 미치기 위해 공공서비스나 개인사업 모두에서 해당영역들에 적극적으로 참여 할 것을 권면한다. 우리는 학문적 탁월성과 성경적 진리에 헌신하는 그리스도 중심의 학교와 대학교를 지원할 것을 권면한다.

B. 성경은 부패를 정죄한다. 부패는 경제 발전을 침식하고 공정한 의사결정을 왜곡하며 사회적 응집력을 파괴한다. 부패로부터 자유로운 국가는 하나도 없다. 우리는 이 재앙에 최상으로 대처할 수 있는 방법들을 창조적으로 구상하기 위해 일터에 있는 그리스도인들, 특히 젊은 기독 기업

가들을 초청한다.

C. 우리는 젊은 기독학자들이 성경적 세계관으로 (1) 가르치고 (2) 학과목을 개발하여 그들의 주요 분야에 영향력을 발휘할 수 있도록 세속 대학에서 장기적인 직장 생활을 고려하기를 권면한다. 우리는 감히 학술연구를 무시하지 않는다.[주59]

IIB. 우리의 분열되고 깨진 세상에서 그리스도의 평화 세우기

1. 그리스도께서 이루신 평화

하나님과의 화해는 서로간의 화해와 분리되지 않는다. 우리의 평화이신 그리스도는 십자가를 통해 평화를 이루시고 유대인과 이방인의 분열된 세상에 평화를 선포하셨다. 하나님의 백성들의 하나됨과 연합은 ('그가 둘을 하나로 만드신')하나의 실재이자 ('평안의 매는 줄로 성령이 하나 되게 하신 것을 힘써 지키라'는)명령이다. 그리스도 안에서 모든 피조물을 하나 되게 하려는 하나님의 계획은 하나님의 새로운 인류의 종족간의 화해로 그 모형을 들어낸다. 이것이 아브라함에게 약속된 바 있는 복음의 능력이다.[주60]

우리는 바울이 이방인들에게 설명한 대로, 유대인들이 하나님의 언약과 약속에서 제외되지 않았음으로, 그들은 여전히 메시아 예수를 통해 하나님과 화해해야 할 위치에 서 있음을 확언한다. 유대인과 이방인 모두 죄인이라는 점에서 그들 사이에는 아무런 차이가 없으며, 구원에 있어서도 아무런 차이가 없다고 바울은 말했다. 그들은 오직 십자가 안에서, 십자가

를 통해, 그리고 한 분이신 성령을 통해 하나님 아버지께 나아갈 수 있다.[주61]

A. 그러므로 우리는 온 교회가 메시아이며 주님이시고 구세주이신 예수님에 대한 기쁜 소식을 유대인들과 함께 나누어야함을 계속해서 명백히 확증한다. 또한 로마서 14-15장이 의미하듯이 우리는 이방인 신자들이 유대인 가운데서 복음을 증거하는 메시아적 유대 신자들을 받아들이고 격려하며 그들을 위해 기도할 것을 촉구한다.

하나님과의 화해와 서로간의 화해는 또한 하나님이 요구하시는 정의 추구의 근거이자 동기다. 하나님은 그러한 화해 없이는 평화는 없다고 말씀하신다. 참되고 지속적인 화해는 과거와 현재의 죄에 대한 인정, 하나님 앞에서의 회개, 상처받은 자에 대한 고백, 그리고 용서를 구하고 용서를 받는 것을 요구한다. 그것은 또한 폭력과 억압의 피해를 입은 사람들을 위해 적절한 곳에서 정의나 보상을 구하려는 교회의 헌신을 포함한다.

B. 우리는 전 세계 그리스도의 교회가 하나님과 화해하고, 이웃과 화해하고 살아가며, 그리스도의 이름으로 성경적 평화를 이루는 과업과 분투에 헌신하는 모습을 보기를 열망한다.

2. 종족 간 갈등 속의 그리스도의 평화

종족 간 다양성은 창조세계 속의 하나님의 선물이자 계획이다.[주62] 이것이 인간의 죄와 오만으로 오염되어 혼돈과 분쟁, 폭력, 그리고 국가간의 전쟁을 낳았다. 그러나 종족 간 다양성은 모든 나라와 종족과 백성과 언어로부터 온 백성들이 하나님의 구속된 백성들로 모일 때 그 새 창조세계에서 보존될 것이다.[주63] 우리는 때로 종족의 정치성을 진지하게 다루지 못했고, 성경이 그러하듯 창조와 구속 사건에서 이것을 가치 있게 다루지 못했음을 고백한다. 우리는 다른 이들의 종족 정치성을 존중하지 못할 뿐 아니라, 이렇게 장기간 존중하지 못한 결과로 야기된 깊은 상처들을 무시한다.

A. 우리는 교회목회자들과 지도자들이 종족간의 다양성에 대한 성경적 진리를 가르칠 것을 촉구한다. 우리는 모든 교인들의 종족 정체성을 긍정적으로 주장해야 한다. 그러나 우리는 또한 우리의 종족적 충성이 죄로 인해 어떻게 변질되었는지를 보여 주어야 하며, 우리의 종족 정체성보다는 그리스도 안에서 십자가를 통해 새로운 인류가 될 우리의 구속된 정체성을 중시하여야 함을 가르쳐야 한다.

우리는 종족적 폭력과 억압이라는 가장 파괴적인 상황에서, 그러한 분쟁이 일어났을 때 그리스도인들이 공모한 일, 그리고 수많은 교회들이 통탄할 정도로 침묵한 것을 슬픔과 수치심을 가지고 인정한다. 그러한 상황은 인종주의와 흑인노예제, 유대인 학살, 인종분리주의, "인종 청소", 그리스도인들의 종파 간 폭력, 원주민 학살, 종교·정치·종족간의 폭력, 팔레스타인들의 고통, 카스트 제도의 억압, 종족 학살과 같은 역사와 유산을 포함한다. 자신들의 행동이나 무관심으로 세상의 깨어짐을 가속화하는 그리스도인들은 평화의 복음 증거를 심각하게 약화시키는 것이다. 그러므로

B. 복음을 위해, 그리스도인들이 종족적 폭력과 불의와 억압에 참여했

던 것을 우리는 애통해하며 회개하기를 요청한다. 우리는 또한 그리스도인들이 침묵, 무관심, 중립적 태도를 통해, 또는 이러한 입장에 대해 그릇된 신학적 변명을 제공함으로써, 그러한 악에 여러 번 동조했던 데 대한 회개를 요청한다.

복음이 불의한 세계관과 체제에 도전하고 변혁시키는 그 상황에 깊이 뿌리내리지 않고 있다면, 그 후 악의 날이 도래하는 때에는 그리스도인의 충성은 헌신짝처럼 버려질 것이고, 사람들은 미신자가 하는 충성과 행위를 한 것으로 여겨질 것이다. 제자도가 따르지 않는 복음 전도나 그리스도의 명령에 대한 급진적 복종이 없는 부흥은 충분하지 않을 뿐더러 위험하다.

우리는 교회가 세상에서 가장 가시적으로 빛나는 종족 간 화해의 모델이 되고 갈등 해소에 가장 적극적인 지지자가 될 날을 고대한다.

복음에 근거한 이러한 열망은 우리에게 다음과 같은 결단을 요청한다. 곧

C. 복음의 화해시키는 능력의 충만함을 안고, 그것을 적절히 가르치기를 요청한다. 이것은 구속에 대한 온전한 성경적 이해를 포함한다. 이는 예수님이 하나님과 우리를 화해시키기 위해 십자가 위에서 우리의 죄를 대신 짊어지셨을 뿐 아니라, 우리가 서로 화해하도록 서로간의 적대감을 종식시키셨음을 이해하는 것이다.

D. 화해의 삶의 양식을 채택하기를 요청한다. 실제적인 차원에서, 이것

은 그리스도인들의 다음과 같은 행동을 할 때에 드러난다. 곧

1. 다른 사람들을 대신하여 불의에 도전하는 용기를 갖고 박해자들을 용서할 때,
2. 화해를 추구하기 위해 장벽을 넘어설 행동을 먼저 취해 갈등의 "상대"인 이웃들을 돕고 환대할 때,
3. 폭력적 상황에서 그리스도를 계속해서 증거하고, 파괴나 복수의 행위에 동참하기보다는 오히려 기꺼이 고난을 겪고, 심지어 죽음까지 감수할 때,
4. 교회로 하여금, 이전의 적들을 포함한 모든 이들을 위한 안전한 피난처 및 치유의 처소가 되게 하여, 분쟁 이후의 상처들을 장기적으로 치유하는 데 참여할 때 들어난다.

E. 희망의 등대와 희망의 사자가 되기를 요청한다. 우리는 그리스도 안에서 세상을 자신과 화해케 하신 하나님을 증거한다. 오직 그리스도의 이름으로, 그리고 그분의 십자가와 부활의 승리로, 우리는 인류의 갈등을 부추기는 악의 악마적 세력들에 맞설 권세를 갖게 되며 그분의 화해케 하는 사랑과 평화를 섬기는 능력을 갖게 된다.

3. 가난하고 억압받는 자들을 위한 그리스도의 평화

억압받는 자들과 가난한 자들을 위한 정의와 '샬롬'에의 헌신을 위한 성경적 기초는 "케이프타운 서약" 제1부 7장(C)에 요약되어 있다. 이에 근거하여 우리는 다음과 같은 더욱 효율적인 그리스도인의 행동을 열망한다.

노예제와 인신매매

윌버포스(Wilberforce)가 대서양 노예무역을 폐지하기 위해 싸우던 200년 전보다 오늘날 전 세계에 (2천 7백만 명 정도로 추정되는)더 많은 노예들이 있다. 인도에만도 1천 5백만 명 정도의 어린이들이 노예 상태에 있다. 카스트 제도는 하위 카스트 계급을 억압하고 달리트(Dalit: 인도의 전통 카스트 제도에서 최하 계급에 속하는 사람)들을 배척한다. 그러나 슬프게도 많은 기독교 교회 자체가 그와 똑같은 형태의 차별에 오염되어 있다. 실제로 세계에서 가장 오래된 노예제도 가운데 하나인 카스트 제도에 대항하는 데 전 세계 교회는 한 목소리를 내야 한다. 그러나 이러한 보편적 주장이 진정성을 확보하기 위해서는 교회는 그 자체 내부의 모든 불평등과 차별부터 거부해야 한다.

오늘날의 세상에서 유례없는 대규모의 이주로 인하여, 다양한 이유들로, 모든 대륙에서 인신매매, 그리고 성 매매로 여성과 아동이 광범위하게 노예화되며, 아동들이 강제노동이나 군에 징집됨을 통하여 학대를 받고 있다.

A. 인신매매라는 악에 대항하고, "갇힌 자들을 자유케 하기 위해" 예언자적으로 말하며 행동하기 위하여 세계에 있는 온 교회는 일어나자. 여기에는 인신매매를 촉진하는 사회적 · 경제적 · 정치적 요소들에 대한 문제 제기를 포함해야 한다. 전 세계 노예들은 전 세계 그리스도의 교회에게 "우리 아이들을 자유케 해 달라. 우리 여성들을 자유케 해 달라. 우리의 대변자가 되어 달라. 예수님이 약속하신 새로운 사회를 우리에게 보여 달

라"고 부르짖고 있다.

빈곤

가난한 자들에 대한 구조적인 경제적 정의와 가난하고 궁핍한 자들을 향한 개인적 긍휼, 존중과 관용을 원하시는 하나님의 뜻을 말하고 있는 성경전체의 증거를 우리는 환영한다. 초대교회와 사도 바울에게 그랬듯이 이러한 폭넓은 성경의 가르침이 우리의 선교 전략과 실천에 더욱더 통합되어 감을 우리는 기뻐한다.[주64]

따라서 우리는,

B. 밀레니엄 개발목표(Millennium Development Goals)가 지역교회 및 전 세계 교회에 제시된 사실이 중대한 기회임을 인식하자. 우리는, 정부에 대해 이것을 주장하고 미가 챌린지(Micah Challenge)와 같은 일들을 성취하려는 노력에 참여할 것을 교회들에 요청한다.

C. 넘치는 부와 탐욕에 맞서지 않고서는 세상이 빈곤의 문제를 해결 할 수 없을 뿐 아니라 언급조차 할 수 없다는 것을 용기 있게 선포하자. 복음은 만연하는 소비주의라는 우상 숭배에 도전한다. 우리는 맘몬이 아니라 하나님을 섬기는 자들로서 탐욕이 빈곤을 고착시키고 있음을 인식하고 이를 거부하도록 부르심을 받았다. 동시에 우리는, 복음이 부유한 사람들도 회개로 부르고, 용서하시는 은혜로 인해 변화된 사람들의 친교의 장으로 이들을 초청함을 기뻐한다.

4. 장애인들을 위한 그리스도의 평화

6억이 넘는 장애인들은 세계에서 가장 거대한 소수 집단 중 하나를 이룬다. 이들 가운데 대다수는 최저개발국에 살고 있으며, 가난한 자 중에서도 가장 가난한 자들에 속해 있다. 육체적 · 정신적인 장애가 그들의 일상적 경험의 일부이긴 하지만, 대부분 그들이 겪는 것은 사회적 태도, 불의, 그리고 여러 자원들에 대한 접근성 부족으로 경험하는 장애다. 장애인들을 섬기는 것은 의료적 돌봄이나 사회적 규정으로 끝나는 것이 아니다. 그것은 사회와 교회 안에서 이들의 포용과 평등을 위해 이들과 이들의 가족을 돌보는 자들과 함께 투쟁하는 것을 수반한다. 하나님은 상호간의 우정과 존경과 사랑과 정의로 우리를 부르신다.

A. 전 세계 그리스도인들이 일어나서 문화적 고정관념을 거부하자. 왜냐하면 사도 바울이 주장했듯이 "우리가 이제부터는 어떤 사람도 육신을 따라 알지 아니하기" 때문이다.[주65] 하나님의 형상으로 창조된 우리 모두는 하나님이 자신의 사역에 사용하실 수 있는 은사들을 갖고 있다. 우리는 장애인들을 섬기며 또한 장애인들이 제공하는 섬김도 받기로 다짐한다.

B. 우리는 교회와 선교지도자들이 장애인 가운데서의 선교를 고려할 뿐 아니라, 장애를 가진 신자들도 그리스도의 몸의 일부로서 선교적 소명을 지니고 있음을 인식하고 확증하며 그들이 일을 할 수 있도록 도와줄 것을 권면한다.

C. 우리는 너무 많은 장애인들이, 장애의 원인이 개인적인 죄, 믿음의

부족 혹은 치유되고자 하는 열망의 부족 때문이라고 들어온 데 대해 애통해한다. 우리는 성경이 이것을 보편적 진리로 가르치고 있다는 주장을 부인한다.[주66] 이와 같은 거짓된 가르침은 목회적으로 무감각하고 영적으로 무가치하다. 이러한 가르침은 죄책감을 부가할 뿐 아니라 다른 많은 장벽들에 직면하고 있는 장애인들에게 실망을 가져다준다.

D. 우리는 우리의 교회들을 장애인들을 위한 포용과 평등의 장소로 만드는 일에서, 그리고 장애인들에 대한 편견에 저항하며 더 넓은 사회에서 그들의 필요를 변호하는 일에서, 그들의 편에 서기로 다짐한다.

5. 에이즈(HIV)를 앓고 있는 사람들을 위한 그리스도의 평화

HIV(인류 면역 결핍 바이러스)AIDS((acquired immunodeficiency syndrome)는 수많은 나라들에서 주된 위기의 원인이 되고 있다. 많은 교인들을 포함하여 수백만 명의 사람들이 HIV에 감염되어 있고, 수백만 명의 어린이들이 AIDS로 인해 고아가 되었다. 하나님은 HIV에 감염된 사람들과 감염시킨 사람들, 그리고 생명을 구하고자 할 수 있는 모든 노력을 기울이는 이들에게 그분의 깊은 사랑과 긍휼을 보여 주시고자 우리를 부르고 계신다.

우리는 예수님의 십자가와 부활의 변혁적 능력과 그분의 가르침과 모범이 통전적 복음의 중심임을 믿는다. 그리고 그런 진리들만이 HIV와 AIDS로 인하여 생긴 오늘의 세계의 긴급한 필요에 우리들이 대응하기에 적절하다고 믿는다.

A. 우리는 HIV와 AIDS를 안고 살아가는 사람들에 대한 모든 정죄와 적

대감, 오명, 그리고 차별을 거부하고 고발한다. 그러한 일들은 그리스도의 몸 안에서 죄와 수치다. 우리 모두는 죄를 지었고, 하나님의 영광에 미치지 못했다. 우리는 은혜로만 구원을 받았다. 우리는 판단에 더디어야 하고, 회복과 용서에 빨라야 한다. 우리는 또한 매우 많은 사람들이 자신들의 잘못 없이 그리고 종종 다른 사람들을 돌보는 가운데 HIV에 감염된다는 것을 슬픔과 긍휼로 인지해야 한다.

B. 우리는 바울이 명한 대로, 모든 목회자들이 성적 순결과 충실함의 모범을 보이기를, 그리고 결혼만이 성적 연합을 위한 한정된 장소임을 분명하게 자주 가르칠 것을 열망한다. 이것은 성경의 분명한 가르침이기 때문일 뿐 아니라 혼외에서 흔히 행하여지고 있는 성적 연합들이 HIV에 가장 많이 감염된 나라들에서 보듯이 HIV가 급속히 퍼지는 주된 요인이기 때문이다.

C. 전 세계의 교회로서, 우리는 그리스도의 이름과 성령의 능력으로 이 도전에 맞서자. HIV와 에이즈의 가장 큰 공격을 받는 지역에 대한 실제적 지원과 긍휼, 보호(과부와 고아를 돌보는 것을 포함하여), 사회적·정치적 변호, 교육 프로그램(특히 여성들의 능력을 강화하는 프로그램들), 그리고 지역적 상황에 적합한 효과적 예방책을 통해 우리 형제자매들과 단결하자. 우리는 그러한 긴급하고 예언적인 행동을 교회의 총체적 선교의 일부로 보고 그에 헌신한다.

6. 고통 받고 있는 창조세계를 위한 그리스도의 평화

하나님의 창조세계에 관련된 성경의 명령은 [케이프타운 서약] 1부 7장 (A)에 명시되어 있다. 모든 인류는 하나님의 선한 창조세계의 풍성함을 지키는 청지기가 되어야 한다. 우리는 농업, 어업, 광업, 에너지 산업, 기술, 건축, 무역, 의료 등과 같은 인간의 복지와 필요를 위해 창조세계를 사용하는 데 하나님의 통치를 수행하는 권리를 위임받았다. 이 땅이 우리가 아닌 하나님께 속한 것이기에, 이렇게 함으로써, 우리는 이 땅과 그 안의 모든 피조물들을 돌보도록 명령받았다. 우리는 모든 창조세계의 창조주이시며, 주인이시고 보존자이시며 구속자이시고 상속자이신 주 예수 그리스도를 위해 이것을 수행한다.

우리는 생명의 다양성을 포함해, 이 땅의 자원들의 광범위한 남용과 파괴를 애통해한다. 오늘날 물리적인 세계가 직면하고 있는 가장 심각하고 긴박한 도전은 아마도 기후 변화의 위협일 것이다. 기후 변화는 더 가난한 국가의 국민들에게 불균형적으로 영향을 미친다. 가난한 국가의 극한 기후가 가장 혹독하고, 그곳의 국민들은 이에 대응할 능력이 거의 없기 때문이다. 세계의 빈곤과 기후 변화, 이 둘은 함께, 그리고 모두 긴박한 것으로 논의되어야 한다.

우리는 전 세계 그리스도인들에게 다음과 같이 촉구한다. 곧

A. 파괴적이거나 공해를 유발하는 소비습관을 버리는 삶을 채택하기를,

B. 합법적인 수단을 행사하여, 환경 파괴와 잠재적인 기후 변화의 이슈들에 관한 정치적 편의주의에 도덕적 책임을 부여하도록 정부를 설득하기를,

C. 농업, 산업, 의료 등을 통해 (1) 인류의 필요와 복지를 위한 지구의 자원들을 적절하게 사용하는 데 참여하는 그리스도인들과 (2) 보전과 지지를 통해 지구의 주거환경과 종(種)들을 보존하고 회복하는 데 참여하는 그리스도인들, 이 모두의선교적 소명을 인식하고 격려하기를 촉구한다. 이 둘 모두는, 동일한 창조자요 공급자요 구속자를 섬기려는 동일한 목표를 공유한다.

IIC. 타종교인들 가운데서 그리스도의 사랑을 실천하기

1. "네 이웃을 네 몸과 같이 사랑하라"는 명령은 타종교인들을 포함한다

[케이프타운 서약] 1부 7장(D)에서 이루어진 입장(확증)을 고려할 때, 우리는 예수 그리스도의 제자로서, 타종교인 들을 성경적 의미에서 우리 이웃으로 간주하도록 부름 받은 것을 안다. 그들은 하나님의 형상으로 창조되었으며, 하나님이 사랑하시는 사람들이며, 그들의 죄를 위해 그리스도께서 죽으셨다. 우리는 그들을 우리의 이웃으로 보려고 노력할 뿐 아니라, 그들에게 이웃이 됨으로써 그리스도의 가르침에 순종하고자 한다. 우리는 순진한 것이 아니라 온화한 사람이 되라고 부름 받았고, 속기 쉬운 사람이 아니라 분별하는 사람으로 부름 받았으며, 우리가 직면하는 위협이 어떤 것이건 간에 두려움에 지배당하는 사람이 아니라 당당히 맞서는

사람으로 부름 받았다.

우리는 가치 없는 개종에 가담하라고 부름 받은 것이 아니라, 복음 전도를 통해 좋은 소식을 나누도록 부름 받았다. 복음전도는, 사도 바울의 본을 따라 설득력 있고 이성적인 논쟁을 포함하기도 하지만, 복음전도는 ?? 복음에 관하여 정직하게 그리고 개방적으로 설명하여, 듣는 자들이 복음에 관하여 전적으로 자유롭게 결심하도록 하는 것이다. 우리는 타종교인들에게 민감하기를 원하며, 그들을 강제로 회심시키려는 어떤 접근법도 거부한다.[주67] 이와 대조적으로, 개종(proselytizing)은 다른 이들을 '우리 중 하나가' 되게 하거나 '우리의 종교를 받아들이게' 하거나 진정으로 '우리의 교파에 소속되도록' 강요하려는 시도다.

A. 우리의 모든 복음전도에서 우리들이 세심하게 윤리적이기를 곧 행동이 따르도록 헌신한다. 우리의 증거는 '깨끗한 양심을 지키는 온유함과 존경' 으로 드러나야 한다.[주68] 따라서 우리는 강제적이고 비윤리적이며, 거짓되고 경멸적인 복음 증거는 어떤 형태든 거부한다.

B. 우리는 사랑의 하나님의 이름으로 무슬림, 힌두교인, 불교인, 그리고 다른 종교 배경을 지닌 사람들과 우정을 추구하지 못한 것을 회개한다. 예수님의 정신으로 우리는 솔선하여 타종교인들에게 사랑과 선한 뜻과 환대를 보여 줄 것이다.

C. 우리는 진리의 하나님의 이름으로 (1) 타종교에 관한 거짓과 조롱을 조장하는 행위를 거부하고, (2) 대중매체와 정치적 수사법을 통해 선동되는 인종차별적 편견과 증오와 공포를 고발하고 이에 저항한다.

D. 우리는 평화의 하나님의 이름으로, 폭력적인 공격을 당했을 때에라도 타종교인 들을 대하는 데 있어 폭력과 복수의 방법을 거부한다.

E. 우리는 바울이 회당과 공공장소에서 유대인들이나 이방인들과 논쟁을 벌였던 것처럼, 타종교인 들과의 적절한 대화를 지지한다. 그런 대화는, 기독교 선교의 합법적인 방법가운데 하나로서, 거기에는 그리스도의 유일성과 복음의 진리에 대한 확신과 다른 이들을 존중하는 마음으로 경청함이 아울러 있어야 한다.

2. 그리스도의 사랑은 우리에게 복음을 위해 고난당하고 때로는 죽기까지 할 것을 요청한다.

그리스도의 사도들과 구약의 예언자들에게 그러했듯, 고난은 우리가 그리스도의 증인들로서 선교에 참여하는 데 필요할 수 있다.[주69] 기꺼이 고난을 받는 것은 우리 선교의 진정성에 대한 신랄한 테스트이기도 하다. 하나님은 그분의 선교를 진전시키기 위해 고난과 박해와 순교를 사용하실 수 있다. ??순교는 그리스도께서 명예를 주기로 특별히 약속하신 증거의 한 형태다.??[주70] 안락과 번영 속에 살고 있는 많은 그리스도인들은 그리스도를 위해 기꺼이 고난 받으라는 그리스도의 부르심을 다시 경청해야 한다. 왜냐하면 많은 다른 신자들이 적대적인 종교문화 속에서 예수 그리스도를 증거하는 대가로 그러한 고난 한가운데 있기 때문이다. 그들은 신실한 순종 때문에 사랑하는 사람들이 순교를 당하는 것을 보기도 했고, 고문이나 박해를 견뎠을지도 모른다. 그러나 그들은 자신들에게 해를 입힌 사람들을 계속해서 사랑한다.

A. 우리는 복음을 위해 고난 받는 사람들의 간증을 눈물과 기도로 듣고 기억한다. 그리스도께서 우리에게 명령하셨듯이 우리는 ??우리의 원수를 사랑할 수 있도록??은혜와 용기를 주시길 기도한다. 우리는 복음 증거자들에게 매우 적대적인 곳에서 복음이 열매 맺기를 기도한다. 우리는 고난 받는 자들을 위해 슬퍼할 때, 하나님이 그분의 사랑과 복음, 그리고 그분의 종들을 거부하고 거절하는 사람들에 대해 느끼시는 무한한 슬픔을 기억한다. 우리는 그들이 회개하고 용서받으며 하나님과 화해했을 때 느끼는 기쁨을 발견하게 되기를 간절히 바란다.

3. 행동하는 사랑은 은혜의 복음을 구현하며 권고한다.

"우리는 그리스도의 향기다."[주71] 우리의 소명은 타종교인 들이 하나님의 은혜의 향기에 젖어 들어 그리스도의 향기를 맡으며, 하나님이 선하시다는 것을 맛보고 알게 되도록 타종교인들 속에서 살고 그들을 섬기는 것이다. 우리는 그러한 구현된 사랑을 통해 모든 문화적·종교적 상황에서 복음을 매력적인 것으로 만들어야 한다. 그리스도인들이 사랑의 삶과 섬김의 행위를 통해 타종교인들을 사랑할 때, 그들은 하나님의 변화시키는 은혜를 구체적으로 체험하게 된다.

수치와 복수가 종교적 율법주의와 결합된 '명예'를 중시하는 문화에서 '은혜'는 낯선 개념이다. 이러한 상황에서 하나님의 연약하고 자기희생적인 사랑은 논쟁거리가 아니라, 매우 이질적이며 혐오스러운 개념으로 간주된다. 여기서 은혜는, 아주 굶주려 은혜를 맛보고자 하는 사람들에게는 오랜 기간에 걸쳐 조금씩 체득된 맛이다. 그리스도의 향기는 그분을 따르는 자들이 접하는 모든 사람들에게 서서히 스며든다.

A. 우리는 하나님께서 타종교에 의해 지배되고 있는 어려운 곳에서, 오랫동안 살면서 사랑하고 봉사하기로 다짐한 은혜 충만한 남녀 그리스도인들을 더 많이 일으켜 세워 주시기를 열망한다. 그리하여 예수 그리스도의 은혜의 향기를 내기가 위험하고 환영받지 못하는 문화 속에서도 예수 그리스도의 은혜의 맛과 향기가 있게 되기를 열망한다. 이런 일을 하기에는 인내와 감내가 필요하다. 이는 때로는 긴 세월 동안, 때로는 죽을 때까지 필요하다.

4. 사랑은 제자도의 다양성을 존중한다.

소위 "내부자 운동"(insider movements)은 여러 종교들 안에게 발견되어야 한다. 이들은 예수님을 그들의 하나님과 구세주로 따르는 사람들의 집단이다. 그들은 자신들의 종교적 의무 준수의 요소들을 포함함, 그들이 날 때부터 속한 공동체 안에서 사회적으로, 문화적으로 살아가기를 계속하면서, 예수님과 성경을 중심으로 한 친교, 가르침, 예배, 기도를 위한 소그룹 모임으로 함께 모인다. 이는 복합적인 현상이며, 이에 대해 어떻게 반응하느냐에 있어서는 많은 의견 차가 있다. 어떤 이들은 이러한 운동을 권하고, 어떤 이들은 이것이 혼합주의로 빠질 위험성이 있다고 경고하기도 한다. 그러나 혼합주의는 우리의 신앙을 우리 자신의 문화 속에서 표현함으로, 그 어디서나 그리스도인들 가운데서 발견되는 위험이다.

우리가 예상하지 못하거나 익숙하지 않은 방법으로 하나님이 일하시는 것을 목도할 때 (1) 성급하게 그것을 분류하고 하나의 새로운 선교 전략으로 추진하거나 (2) 민감하게 현지 상황을 이해하지 못한 채 성급하게 그것을 비난하려는 경향을 피해야 한다.

A. 안디옥에 도착해 "하나님의 은혜를 보고 기뻐하여 모든 사람에게 굳건한 마음으로 주와 함께 머물러 있으라."고 권했던[주72] 바나바의 심정으로 우리는 이 이슈와 연관된 모든 사람들에게 다음의 사항을 호소한다.

1. "이방인 중에서 하나님께로 돌아오는 자들을 괴롭게 하지 말라."[주73]는 사도들의 결정과 실행을 주요 지침 원리로 취할 것.
2. 겸손과 인내와 자비를 실천하며 관점의 다양성을 인정하고, 공격적인 태도나 상호 비난을 배제한 대화를 전개할 것.[주74]

5. 사랑은 흩어져 있는 사람들과 접촉하려 한다.

오늘날 전례 없는 대규모 인구 이동이 일어나고 있다. 이주는 우리 시대에서 세계적으로 크게 일고 있는 현실들 가운데 하나이다. 2억 명 정도의 인구가 자발적 또는 비자발적으로 자신들의 출생지가 아닌 곳에서 살고 있는 것으로 추정되고 있다. 여기서 '디아스포라'라는 단어는 어떤 이유에서건 자신들의 출생지를 떠난 사람들을 의미하는 데 사용된다.

그리스도인을 포함하여 다양한 종교적 배경을 지닌 수많은 사람들이 디아스포라의 상태로 살고 있다. 일거리를 찾는 경제적 이주자들, 전쟁이나 자연재해로 인해 내부적으로 격리된 민족들, 난민들과 망명 신청자들, 인종청소의 희생자들, 종교적 폭력과 박해를 피해 도망친 사람들, 가뭄이나 홍수, 전쟁으로 인한 기근 피해자들, 도시로 이주한 빈농 희생자들이 모두 그런 이들이다.

우리는 현대의 이주 현상에 연관될 수 있는 악과 고통을 무시하지 않지만, 그 현상이 하나님의 주권적인 선교적 목적 안에 있음을 깨닫게 되었다.[주75]

A. 우리는 교회 및 선교지도자들이 선교전략을 계획함에 있어, 그리고 디아스포라 공동체들 가운데서 사역하도록 부름 받은 사람들을 발굴하고 집중훈련 시키는 일 있어서, 세계적인 이주 현상과 디아스포라 공동체가 가져다준 선교적 기회들을 인식하고 그에 대한 책임을 다 할 것을 권고한다.

B. 우리는 다른 종교적 배경을 갖고 있는 이민자들의 공동체들이 거주하고 있는 국가들에 살고 있는 그리스도인들이 이방인들을 사랑하고, 외국인들의 복지를 변호하며, 죄수들을 방문하고, 환대를 실천하며 우정을 나누고, 자신들의 집을 개방해 초청하고, 돕고 섬기라는 포괄적인 성경의 명령에 순종함으로써, 행위와 말씀 안에서 그리스도의 사랑을 반문화적으로 증거 할 것을 권면한다.[주76]

C. 우리는 디아스포라공동체에 속해있는 그리스도인들이, 자신들이 선택하지 않은 환경에서도 하나님의 손길을 분별하도록 권면하고, 또한 공동체의 복지를 추구하고 그들이 살고 있는 공동체 안에서 그리스도를 증거하기 위해 하나님이 제공하시는 기회는 어떤 것이건 추구하도록 권면한다.[주77] 우리는, 기독교 교회들이 있는 국가에서는, 이주민 교회와 토착 교회가 서로에게 귀를 기울이고 배우며, 또한 복음으로 그 나라의 모든 분야에 접근하는 일에 협력할 것을 촉구한다.

6. 사랑은 모든 사람의 종교적 자유를 위해 일한다.

종교의 자유를 수호하면서 인간의 권리를 주장하는 것은 박해에 직면했을 때 십자가의 길을 따르는 것과 대립되지 않는다. 그리스도를 위하여 기꺼이 개인적으로 학대를 당하거나 우리 자신의 권리를 상실하는 것과 인권 침해 아래서 말 못하는 사람들을 대변하고 변호하는 데 헌신하는 것 사이에는 결코 모순이 없다. 또한 우리는 타종교인들의 권리를 옹호하는 것과 그들의 신앙의 진리를 지지하는 것의 차이를 구분해야 한다. 우리는 다른 사람의 종교를 진리로 수용하지 않고도 그들이 그들의 종교를 믿고 실천하도록 그들의 자유를 변호할 수 있다.

A. 우리는 모든 사람들을 위한 종교의 자유라는 목표를 위해 노력하자. 이를 위하여 박해를 받고 있는 그리스도인들과 타종교인들을 대신하여 정부에게 변호하여야 한다.

B. 우리는 우리가 살고 있는 나라의 복지를 추구하고, 권력을 가진 자들을 존중하고 그들을 위해 기도하며, 세금을 내며 선을 행하고 평화롭고 평온한 삶을 추구하는 선한 시민이 되라는 성경적 가르침에 의지적으로 순종하자. 국가가 하나님이 금하신 것을 명령하지 않고 하나님이 명령하신 것을 금하지 않는다면 그리스도인은 국가에 복종하도록 부름을 받았다. 따라서 국가가 우리에게 국가에 대한 충성과 하나님에 대한 더 큰 충성 가운데 하나를 선택하라고 강요한다면, 우리는 주님이신 예수 그리스도께 '예' 라고 말했기에 국가에 대해 '아니오' 라고 말해야 한다.[주78]

모든 사람들의 종교의 자유를 위한 우리의 모든 합법적 노력들 중 우리 마음의 깊은데서 나오는 열망은, 모든 사람들이 주 예수 그리스도를 알게 되고, 자유로이 그분을 믿게 되고, 하나님 나라에 들어가게 되는 것이다.

IID. 세계 복음화를 위한 그리스도의 뜻 분별하기

1. 미전도 종족과 미접촉 종족

하나님의 마음은 모든 사람들이 하나님의 사랑과 예수그리스도를 통한 그분의 구원사역에 대한 지식에 이르기를 열망한다. 그런 지식에 대한 그리스도인들의 증거를 아직도 접할 수 없는 사람들의 집단이 세상에 수천이나 존재하고 있음을 우리는 슬프고 부끄러운 마음으로 인정한다. 이들은 그들 가운데 알려진 신자들이나 교회가 없다는 의미에서, 미전도 종족이다.[주79] 이 종족들 중 다수는, 우리가 현재 알고 있는 바, 그들에게 복음을 전하려고 시도하는 교회나 선교단체가 없다는 점에서, 미접촉 종족들이다. 실제로 매우 미미한 수준의 교회의 인적·물질적 자원들이 가장 소외된 미전도 종족들에게 동원되고 있다. 분명 이들은 좋은 소식에 대해 아는 것이 전혀 없기에, 우리들이 좋은 소식을 가지고 오도록 초청하지 않을 종족들이다. 그러나 예수님이 모든 나라들을 제자 삼으라고 우리에게 명령하신 지 2천 년이 지났음에도 세상에 미전도 종족들이 존재한다는 것은 우리의 불순종에 대한 책망, 그리고 일종의 영적인 불의일 뿐 아니라 '마케도니아 사람의 요청'에 침묵했음을 의미한다.

전 세계 교회는 이러한 도전에 응답하기 위해 일어나자. 그리고:

A. 이 세계에 수많은 미전도 종족들이 계속 존재하는 것에 무관심했던 것과 그들에게 복음을 전해야 한다는 긴박성이 부족했던 것을 회개하자.

B. 아직 복음을 듣지 못한 사람들에게 찾아가서 그들의 언어와 문화에 깊이 참여하고 성육신적 사랑과 희생적 봉사로 그들 가운데서 복음을 살아내며, 성령의 능력을 통해 하나님의 놀라운 은혜에 대해 그들을 일깨우면서 주 예수 그리스도의 빛과 진리를 말씀과 행의로 전하려는 우리의 헌신을 새롭게 하자.

C. 성경은 여전히 복음 전도에 필수적이기 때문에 이 세상에 성경이 많이 보급되록 하자. 이를 위해 우리는,

1. 하나님의 말씀을 전혀 갖지 못한 종족들의 언어로 성경 번역을 서둘러야 한다.
2. 성경의 메시지가 구전의 방법으로 널리 사용될 수 있도록 하여야 한다.(또한 다음의 '구술문화' 항목을 보라.)

D. 성경은 신자들을 그리스도를 닮도록 제자 삼는 데 여전히 필수적이기 때문에, 교회 안에서 성경에 대한 무지의 근절을 목표로 하자.

1. 우리는 사역과 연합과 성숙, 교회사역의 성장에 대한 성경의 가르침이 절대 필요하다는 사실에 대한 새로운 깨달음이 모든 하나님의 교회를 사로잡기를 열망한다.[주79) 우리는 그리스도께서 목회자와 교사로서 교회에게 주신 모든 신자들의 은사로 인하여 기뻐한다. 우리는 하나님의 말씀을 선포하고 가르치는 일에 있어 그들을 인정하고 격려하고 훈련하고

지원하기 위한 모든 노력을 기울일 것이다. 그러나 우리는 그렇게 하는 가운데 하나님의 말씀 사역을 소수의 유급 전문직 사역자나 교회 강단에서 공식적인 설교를 하는 자들로 제한하는 일종의 성직주의를 거부해야 한다. 하나님의 백성들을 목양하고 가르치는 데 분명한 은사가 있는 많은 남녀들이 비공식적으로 혹은 교단의 공식적인 직책 없이 하나님의 성령이 주시는 분명한 축복으로 자신들의 은사를 발휘하고 있다. 그들도 또한 인정을 받고 격려를 받으며 바로 갖추어져서 하나님의 말씀을 바르게 다루게 하여야 한다.

2. 우리는 현재 종이, 펜, 연필로 하는 성경 공부를 디지털 방식을 채택하여 성경을 귀납법적으로 깊이 있게 공부하도록 격려함으로써, 우리는 책보다 주로 디지털 방식의 의사소통에 익숙한 세대들이 성경을 읽고 쓸 수 있도록 촉진해야 한다.

E. 복음 자체가 모든 성경적으로 타당한 선교의 원천이요 내용이며 권위인 까닭에, 우리의 모든 선교의 온전히 통합된 범위의 핵심에 복음전도를 계속 두도록 하자. 우리가 행하는 모든 것은 두 가지 곧 하나님의 사랑과 은혜의 구현과 선포, 그리고 예수 그리스도를 통한 그의 구원 사역이라야 한다.

2. 구술문화

전 세계 인구의 대다수는 말로 의사소통을 하는 사람들이다. 이들은
글을 읽고 쓰는 수단들을 통해 배울 수 없거나 배우지 않는 사람들이다.
이들의 절반 이상은 앞에서 정의한 미전도 종족들이다. 이들 가운데는

자신들의 언어로 된 성경의 한 구절도 갖고 있지 않은 인구가 3억 5천만 명 정도로 추정된다. "일차적 구전 학습자들" 이외에도 많은 "이차적 구전 학습자들"이 있다. 그들은 기술적으로는 읽고 쓸 수 있지만 의사소통 분야에서 시각적 학습 방식이 부상하고 이미지가 지배하면서, 구술적인 의사소통 방식을 더 선호하는 사람들이다.

우리가 구술이라는 주제를 인식하고 행동을 취함에 있어, 다음 사항들을 행하자.

A. 읽고 쓸 수 있는 신자들이라 하더라도 제자 훈련 프로그램에서 구술적 방법론을 더 많이 사용하도록 하자.

B. 우선, 미전도 미접촉 종족 집단들이 주로 사용하는 언어로 구전형태의 이야기성경을 이용할 수 있도록 하자.

C. 선교단체로 하여금 개척전도자들과 교회개척자들을 위하여 적절한 구술훈련과 함께 복음전도, 제자 훈련과 리더십 훈련을 위한 구전 성경 이야기의 기록과 배포를 포함하는 구술전략들을 개발하도록 권면하자. 이 전략들은 스토리텔링, 춤, 예술, 시, 암송, 그리고 연극을 가지고, 구원에 대한 성경 전체 이야기를 전하는 데 효과적인 구술적·시각적 의사소통 방식들을 사용할 수 있을 것이다.

D. 남반구의 지역교회들이 미전도 종족들의 세계관 특유의 구전방법들을 통해 그 지역에 있는 미전도 종족집단들과 관계를 맺도록 장려하자.

E. 신학교들이 구전방법론으로 목회자들과 선교사들을 훈련할 교과과정을 제공하도록 장려하자.

3. 그리스도 중심의 지도자들

매우 많은 지역에서 일어나고 있는 교회의 급속한 성장이 피상적이고 취약한 것은, 부분적이기는 하지만 제자화된 지도자들이 부족하기 때문이고, 또한 세속적인 권력과 높은 신분, 또는 개인적 축재를 위해 그들의 지위를 너무 많이 사용하기 때문이다. 그 결과 하나님의 백성들은 고통을 겪고, 그리스도는 수치를 입으며, 선교는 약화되고 있다. 그에 대한 우선적인 해결책은 '리더십 훈련'에 있다고 흔히들 말하고 있다. 그래서 실제로 온갖 종류의 리더십 훈련 프로그램들이 확장되어가고 있다. 그러나 아마도 다음의 두 가지 이유 때문에 문제는 여전히 남아 있다.

첫째, 지도자들을 경건하고 그리스도를 닮도록 훈련한다는 것은 잘못된 길로 돌아가는 것이다. 성경적으로 보면, 일차적으로, 이미 성숙한 제자도의 기본적인 삶을 살고 있는 사람들만이 리더십을 위임받아야 한다.[주80] 오늘날 리더의 지위에 있는 많은 사람들이 거의 제자화되어 있지 않다. 그렇다면 그들의 리더십 개발에서 그러한 기본적 제자화를 포함시키는 일 외는 다른 대안이 없다. 틀림없이 오늘날 세계 교회에서 그리스도를 닮지 않은 세속적인 리더십이 만연해 있는 것은 이 세대가 환원주의적인 복음 전도와 제자 훈련 경시, 그리고 피상적인 성장을 추구하고 있다는 명백한 방증이다. 리더십 실패에 대한 해답은 더 많은 리더십 훈련이 아니라 더 나은 제자훈련이다. 지도자는 먼저 그리스도 그분의 제자여야 한다.

둘째, 어떤 리더십 훈련 프로그램은 경건한 성품은 무시하고 잡다한 지식과 테크닉, 기술에 초점을 두고 있다. 이와는 대조적으로 진정한 기독교 지도자들은 종의 심성과 겸손, 온전함과 순결함, 탐욕 없는 마음과 기도, 하나님의 영에 대한 의존과 인간에 대한 깊은 사랑을 가진 그리스도를 닮은 이들이라야 한다. 더 나아가 어떤 리더십 훈련 프로그램은, 바울이 자신의 지도자의 자질 목록에 포함시킨 하나의 핵심 기술, 곧 하나님의 말씀을 그분의 백성들에게 가르치는 능력에 대한 구체적인 훈련이 결핍되어 있다. 성경을 가르치는 것은 제자 삼기의 가장 주된 수단이지만 현대 교회 지도자들에서는 심각하게 결핍된 요소이다.

A. 우리는 새 신자들을 가르치고 양육하는 장기적인 사역을 통해 제자 삼는 데 고도로 집중적인 노력을 하여 하나님이 지도자로부르시고 교회에 허락하신 이들이 성숙도와 종 됨이 성경적 기준에 부합하게 되는 모습을 보기를 열망한다.

B. 우리는 우리의 지도자들을 위한 기도에 헌신 할 것을 새롭게 다짐한다. 우리는 하나님이 성경적으로 신실하고 순종적인 지도자들을 더 많이 배출하고 보호하며 격려해 주시기를 열망한다. 우리는 하나님이 자신의 이름을 더럽히며 복음의 능력을 손상시키는 지도자들을 꾸짖으시고 제거하시며 회개로 인도하시기를 기도한다. 더 나아가 우리는 하나님께서 그 무엇보다 그리스도를 알고 그분을 닮으려는 열망을 지닌, 제자로 훈련된 종으로서의 새 시대의 지도자들을 일으키시기를 기도한다.

C. 기독교지도자의 위치에 있는 우리들은 자신의 연약함을 인정하고

그리스도의 몸 안에서 서로 책임을 지는 은사도 받아들여야한다. 자기에게 책임을 묻는 단체(곧, 자기가 속해 있는 집단)에 순종할 것을 우리는 권한다.

D. 우리는 신학교들과 리더십훈련 프로그램을 실시하는 모든 이들이 단지 지식을 전달하거나 등급을 매기는 것이 아니라, 영성과 인격 형성에 좀 더 집중할 것을 강하게 권고한다. 그리고 우리는 포괄적인 '전인적' 리더십 개발의 일부로서 이미 그렇게 하고 있는 사람들로 인하여 진심으로 기뻐한다.

4. 도시들

도시는 인간의 미래와 세계 선교에 결정적으로 중요하다. 현재 전 세계 인구의 절반이 도시에 거주하고 있다. 도시에는 대개 다음과 같이 크게 네 부류의 사람들이 살고 있다. (1) 차세대 젊은 층 (2) 이주한 미전도 종족 (3) 문화 형성층 (4) 최하위 빈곤층.

A. 우리는 우리 시대에서 거대하게 도시화가 부상하는 상황에서 하나님이 역사하고 계심을 깨닫는다. 그래서 우리는 교회와 선교 지도자들이 도시 선교에 긴급히 전략적으로 주시하면서 이 현실에 대처할 것을 촉구한다. 우리는 하나님이 도시를 사랑하시듯 거룩한 분별력과 그리스도를 닮은 긍휼로 도시를 사랑하고, 그곳이 어디든 ??도시의 복지를 추구하라??는 그분의 명령에 순종해야 한다. 우리는 도시의 실재에 응답하는 적합하고 유연한 선교 방법들을 습득하고자 노력할 것이다.

5. 어린이들

모든 어린이들이 위험에 처해있다. 전 세계에 대략 20억 명 정도의 어린이들이 있는데, 그들 중 절반은 빈곤의 위험에 처해 있고, 수백만 명의 어린이들은 번영의 위험에 처해 있다. 부유하고 안전한 환경에서 살고 있는 어린이들은 모든 것을 가지고 살고 있으나 삶의 목적은 상실한 채 살고 있다. 어린이들과 젊은이들은 단지 미래의 교회일 뿐 아니라 오늘의 교회다.

젊은이들은 하나님의 선교의 적극적인 대행자들로서 막대한 잠재력을 지니고 있다. 그들은 하나님의 음성에 민감하고 그분께 기꺼이 응답하는 영향력을 가지고 있지만 아직 충분히 활용되지 않고 있는 거대한 자원들이다. 우리는 어린이들 가운데, 그리고 그들과 함께 섬기는 훌륭한 사역을 기뻐하고, 그 필요가 매우 크기에 그 사역이 확장되기를 열망한다. 성경에서 보듯이 하나님은 사람들의 마음을 움직이기 위해 어린이들과 젊은이들—그들의 기도와 통찰력, 그들의 말과 진취성—을 사용하실 수 있고, 또 정말로 사용하신다. 그들은 세상을 변화시킬 ??새로운 에너지??이다. 어른들의 합리적인 접근 방법으로 그들의 어린아이 같은 영성을 억누르지 말고 그들의 말을 경청하자.

이를 위해 우리는 다음과 같이 다짐한다. 곧

A. 어린이들을 위해 그리고 어린이들을 통해 하나님의 사랑과 하나님의 목적을 반영하는 참신한 성경적·신학적 질문을 통해, 그리고 "사람들 가운데 한 어린아이를"[주81] 세우신 예수님의 도전적인 행위에서 나타나는 신학과 선교의 심오한 의미를 재발견함으로써 어린이들을 진지하게 대하도록,

B. 우리는 어린이들의 가족들이나 공동체들과 함께 일할 수 있는 곳이면 어디서나 다음 세대의 어린이와 젊은이들을 위한, 그리고 그들을 통한 통전적인 사역이 세계 선교의 필수적인 요소라는 확신을 갖고, 전 세계 어린이들의 필요를 채우기 위해 인력을 훈련하고 자원들을 제공하려고 노력하기로,

C. 우리는 폭력, 착취, 노예, 인신매매, 매춘, 성차별과 인종차별, 상업적 이용(commercial targeting), 고의적인 유기를 포함한 어린이 학대의 모든 실상을 폭로하고 그에 저항하며 그에 상응하는 행동을 취하기로 다짐한다.

6. 기도

이 모든 우선순위들 가운데서도, 우리는 기도에 새롭게 헌신하자. 기도는 소명이자 명령이며 은사다. 기도는 우리 선교의 모든 요소들을 위한 필수적인 근거이자 원천이다.

A. 우리는 한 마음으로 집중하여, 지속성과 성경이 말하는 대로 깨끗한 마음으로 다음과 같이 기도할 것이다.

1. 하나님이 그분의 성령의 능력 가운데 세계 곳곳으로 일꾼들을 보내 주시기를 위하여,
2. 복음의 진리 선포와 그리스도의 사랑과 능력 증거를 통해, 모든 종족과 지역의 잃어버린 자들이 하나님의 영에 힘입어 그분께 이끌려 오기를

위하여. 그리고

3. 하나님 백성의 성품과 행위와 말로 인해 하나님의 영광이 드러나고 그리스도의 이름이 알려지고 찬양 받으시기를 위해 기도할 것이다. 우리는 그리스도의 이름으로 인해 고난 받는 형제자매를 위해 부르짖을 것이다.

4. 우리의 공동체 안에 공의가 세워지고 창조세계를 청지기로서 돌보고, 하나님의 평화의 축복이 넘치는 가운데, 하나님의 뜻이 하늘에서와 같이 땅에서도 이루어지기를, 그리하여 하나님 나라가 임하기를 위해 기도할 것이다.

B. 우리는 이세상의 나라가 우리 하나님과 그리스도의 나라가 될 그날을 고대하면서, 열방 가운데 하나님의 역사하심을 바라보면서 지속적으로 감사드릴 것이다.

IIE. 그리스도의 교회가 겸손과 정직과 단순성을 회복하기

'걷는다' 라는 말은 우리의 삶의 방식과 일상의 행위에 대한 성경적 은유다. 바울은 그리스도인들이 어떻게 걸어야 하는지, 또 어떻게 걸어서는 안 되는지 에베소서에서 일곱 번 언급하고 있다.[주82]

1. 하나님의 새로운 인류로서, 구별되어 걸어가기[주83]

하나님의 백성은 주님의 길을 따라 걷거나, 아니면 다른 신들의 길을 따라 걷는다. 성경을 보면, 하나님의 가장 큰 문제가 이 세상의 열방들에 있는 것이 아니라 그분이 창조하고 열방들의 복의 통로로 부르신 백성들에게 있다. 선교를 성취하는 데 가장 큰 장애물은 하나님 백성들의 우상숭배다. 왜냐하면, 우리가 열방들로 하여금 유일하게 참되시고 살아 계신 하나님을 예배하도록 부르심을 받았는데, 우리 자신이 주변 사람들의 거짓 신들을 따른다면, 우리는 비참하게 실패하는 것이기 때문이다.

그리스도인의 행위와 비그리스도인의 행위에 차이가 없다면, 일례로 부패와 탐욕적 행위, 성적 방종이나 이혼율, 신자 되기 이전의 종교적 관습으로의 회귀와 또는 다른 인종들에 대한 태도, 소비주의적인 삶의 방식이나 사회적 편견과 같은 것에서 아무런 차이가 없다면, 그 때는 세상 사람들은 우리의 기독교는 아무 변화도 가져오지 못하는가 하고 당연히 생각하게 된다. 이럴 때 우리의 메시지는 우리를 바라보고 있는 세상에 어떤 진정성도 제시하지 못한다.

A. 우리는 모든 문화에 속한 하나님의 백성은 의식적으로 또는 무의식적으로 주변문화의 우상들에 사로잡힐 수 있다는 사실을 직시하도록 서로에게 도전한다. 거짓된 신들과 교회 안에 있는 그들의 존재를 확인하고 폭로하는 예언자적 분별력을 위해 기도하고, 또한 주 예수님의 이름과 권세로 회개하고 우상숭배를 버릴 수 있는 용기를 위해 기도한다.

B. 성경적 삶이 없는 성경적 선교는 없으므로, 우리는 긴급히 다시 헌신한다. 그리고 그리스도의 이름을 고백하는 모든 이들이 세상의 방식들과는 근본적으로 구별된 삶을 살고, "하나님을 따라 의와 진리의 거룩함으로 지으심을 받은 새 사람을 입으라."고 도전한다.

2. 무질서한 성행위의 우상을 거부하고 사랑 안에서 걸어가기[주84]

결혼은 한 남자와 한 여자 사이의 헌신된 신실한 관계로 성립된다는 것이 창조에 담긴 하나님의 설계다. 결혼을 통해 그들은 자신들의 원가족과 구별된 새로운 사회적 개체 안에서 한 몸이 된다. 그리고 "성의 교제는 한 몸"의 표현으로서 결혼이라는 연합 안에서만 오로지 누릴 수 있다. 결혼을 통해 "둘이 하나가 되는" 이 사랑의 성적 결합은 그리스도의 교회와의 관계, 그리고 새로운 인류 안에서 유대인과 이방인의 하나 됨을 반영한다.[주85]

바울은, 하나님 사랑의 순결은 무질서한 성행위로 가장한 가식적인 사랑의 추함과 그에 따르는 모든 것과는 현저히 다르다고 말한다. 성경이 규정하는 결혼 이전의 성관계나 혼외정사를 포함해 모든 무질서한 성행위는 하나님의 뜻과 축복에서 벗어난 것이다. 무질서한 성행위를 둘러싼 성적 남용과 성 숭배는 결혼과 가족의 해체를 포함해 더 넓은 사회적 몰락을 초래하며, 고독과 착취라는 막대한 고통을 양산한다. 무질서한 성은 교회 자체 안에서도 심각한 이슈이며, 비참하게 리더십 실패의 일반적인 원인이기도 하다.

우리는 이 분야에서 실패한 것을 인식하고 겸손할 필요가 있음을 인정한다. 우리는 그리스도인들이, 성경이 요청하는 기준에 따라 삶으로써 우리 주위 문화에 도전하는 것을 보게 되기를 간절히 바란다.

A. 우리는 목회자들에게 다음과 같은 사항을 강력히 권면한다.

1. 건강한 관계와 가정생활을 위한 하나님의 계획에 담긴 좋은 소식을 적극적으로 선포할 뿐 아니라, 우리 주변 문화가 깨어지고 역기능적이 된 상황에서 그리스도인들이 함께 하여야 할 일들을 정직하게 말하면서, 교회 안에서 성에 관해 더 열린 대화를 갖기를 권한다.

2. 성적 유혹과 죄에 대해 우리 모두가 얼마나 연약한지를 인식하면서, 죄인을 위한 그리스도의 목회적 긍휼을 가지고 하나님의 기준을 분명하게 가르치기를 권한다,

3. 성적인 신실함의 성경적 기준에 따라 사는 긍정적 실례를 제시하도록 노력하기를 권한다.

B. 교회의 일원으로서 우리는 다음과 같이 헌신한다.

1. 신실한 결혼 생활과 건강한 가정생활을 강화하기 위해 교회와 사회 안에서 우리가 할 수 있는 모든 것을 행하기로;

2. 교회가 그리스도 안에서 독신자와 미망인, 자녀가 없는 이들을 돌보는 가족임을 확증하고, 그들이 교회에서 자신들의 은사를 온전히 활용할 수 있도록 그들의 존재와 공헌을 인정하기로;

3. 주변 문화 속에 있는 포르노, 간음, 난교 같은 다양한 형태의 무질서한 성행위에 저항하기로;

4. 어떤 이들을 동성애 행위로 이끄는 개성과 경험 같은 매우 핵심적인 이슈들을 이해하고 다루고자 노력하며; 그리스도의 사랑과 긍휼과 공의로 그들에게 다가가며, 모든 형태의 증오, 언어적이고 물리적인 학대, 동성애자들을 괴롭히는 것을 정죄하며 거부하기로;

5. 하나님의 구속적 은혜로 인해 변화와 회복의 가능성에서 제외되는 사람이나 상황이란 없음을 기억하기로 다짐한다.

3. 권력이라는 우상을 거부하고 겸손함으로 걸어가기[주86]

우리의 타락과 죄로 인해 권력은 종종 다른 사람들을 학대하고 착취하는 데 사용된다. 우리는 성, 인종, 혹은 사회적 지위의 우월함을 주장하면서 우리 자신을 높인다. 바울은 하나님의 영으로 충만한 사람들은 그리스도를 위해 서로에게 복종해야 한다고 요청하며, 교만과 권력의 우상의 이런 모든 표적들을 반대한다. 이러한 상호 복종과 서로를 향한 사랑은 결혼과 가족, 사회 경제적 관계에서 표현된다.

A. 우리는 모든 그리스도인 남편과 아내, 부모와 자녀, 고용인과 노동자들이 "그리스도를 경외하는 마음으로 서로에게 복종하라."는 성경의 가르침을 따라 살아가는 것을 보기를 열망한다.

B. 우리는 신자들이 하나님이 그분의 자녀들에게 요구하는 상호복종을 정직하게 논의하며 실천하도록 목회자들이 신자들을 돕도록 권한다.
탐욕과 권력과 학대가 만연한 세상에서 하나님은 교회가 온유한 겸손 그리고 교인들 간의 사심 없는 사랑의 처소가 되도록 교회를 부르고 계시다.

C. 우리는 특별히 그리고 긴급히, 그리스도인 남편들이 바울의 가르침에 나오는 남편과 아내에 관한 책임의 균형을 지키기를 요청한다. 상호 복종이란, 남편에 대한 아내의 복종은 아내를 사랑하고 돌보는 남편에 대한 복종이다. 이는 교회를 위한 예수 그리스도의 자기희생적인 사랑에서 보인 사랑이다.

어느 문화에서나 아내에 대한 언어적 · 정서적 · 육체적 학대는 어떤 형태로도 그리스도의 사랑과 양립하지 않는다. 우리는 어떤 문화적 관습이나 왜곡된 성경 해석이 아내를 때리는 것을 정당화하는 것을 거부한다. 이러한 행동이 목회자들과 지도자들을 포함해 그리스도인 사이에서 발견되는 것에 대해 우리는 애통해한다. 우리는 그러한 행위를 죄로서 단죄하는데 망설임이 없다. 그리고 그런 행위를 중단하고 회개할 것을 요청한다.

4. 성공이라는 우상을 거부하며 온전함 가운데 걸어가기[주87]

우리는 정직하지 않은 기초 위에 진리의 하나님 나라를 세울 수 없다. 그러나 '성공'과 '성과'에 대한 우리의 갈망을 통해, 우리는 거짓에 이르는 왜곡되고 과장된 주장과 함께, 우리의 정직(integrity)을 희생시키는 유혹을 받는다. 그러나 빛 가운데 걷는 것은 "의로움과 진실함에" 있다.[주88]

A. 우리는 모든 교회와 선교 지도자들이 우리의 사역을 드러냄에 있어, 전적으로 진실하지는 않아도 된다는 유혹을 물리칠 것을 요청한다. 우리가 근거 없는 통계로 보고서를 과장하거나 또는 무언가를 얻기 위해 진리를 왜곡할 때는 언제나 부정직한 것이다. 우리는 정직함으로 정결케 되기를, 그리고 그러한 왜곡과 조작, 그리고 과장을 버리게 되기를 위하여 기도한다. 우리는 영적인 사역에 임하는 모든 이들이 측량 가능하고 가시적인 성과들에 대하여, 주어진 책임 이상으로, 비현실적인 요구를 하지 않기를 요청한다. 성실과 투명성이 충만한 문화를 위해 노력하자. 주님은 마음을 감찰하시고 정직을 기뻐하시므로, 우리는 하나님의 빛과 진리 가운데 걸어가기를 선택할 것이다.[주89]

5. 탐욕이라는 우상을 거부하고 검소함 가운데 걸어가기[주90]

'번영 복음'이 전 세계적으로 널리 설교되고 가르쳐지고 있는 일은 심각한 우려를 일으키고 있다. 우리는 번영 복음은 신자들이 건강과 부의 복을 받을 권리가 있으며, 그들은 믿음의 긍정적인 고백을 통해 이러한 복들을 얻을 수 있고, 또한 재정적 또는 물질적 선물들을 통해 '씨 뿌림'을 얻을 수 있다고 가르치는 복음이라고 규정한다. 번영에 대한 이와 같은 가르침은 모든 대륙의 많은 종파들에 걸쳐 나타나는 현상이다.[주91]

우리는 하나님의 기적적인 은혜와 능력을 확증하며, 살아 계신 하나님과 그분의 초월적인 능력 가운데 소망의 믿음을 실천하도록 사람들을 이끄는 교회 성장과 사역을 환영한다. 우리는 성령의 능력을 믿는다. 그러나 우리는 하나님의 기적적인 능력이 자동적으로, 또는 인간의 기술에 의하여, 인간의 말이나 행위, 은사, 목적, 의식적 행사에 의하여 조작된다는 것은 부인한다.

우리는 인간의 번영에 대해 성경적 비전이 있으며, 성경이 물질적인 번영(건강과 부 둘 다)을 하나님의 복에 대한 가르침 안에 포함하고 있다는 것을 믿는다. 그러나 우리는 영적인 번영이 물질적인 번영에 의해 측정될 수 있다거나 부가 언제나 하나님의 축복의 표지라는 주장은 비성경적인 가르침으로서 거부한다. 성경은 부가 종종 억압과 속임수, 또는 부패에 의해서도 획득할 수 있음을 보여 준다. 우리는 또한 빈곤과 질병이나 일찍 죽는 것이 항상 하나님의 저주나 믿음이 부족한 증거, 또는 저주의 결과라는 주장도 거부한다. 성경은 그와 같이 지나치게 단순화한 설명을 부인하기 때문이다.

우리는 하나님의 능력과 승리를 찬양하는 것은 바람직하다고 받아들인다. 그러나 번영 복음을 열정적으로 추구하는 많은 사람들의 가르침이 심각하게 성경을 왜곡시키고, 그들의 행위와 삶의 방식이 때로 비윤리적이며 그리스도를 닮지도 않았다고 우리는 믿는다. 대개 그들은 진정한 복음전도를 기적을 추구하는 것으로 대체하고, 회개로의 요청을 설교자가 소속된 단체에 대한 헌금으로의 요청으로 대체한다. 우리는 많은 교회들에서 이러한 가르침이 목회적으로 해를 입히고 영적으로 건전하지 못한 영향을 끼치고 있음을 애통해한다. 우리는 그리스도의 이름으로 병든 자들에게 치유를 가져다주고자 하며, 가난과 고통으로부터의 영원한 구원을 가져다주고자 솔선하는 모든 시도는 기쁨으로 강력하게 지지한다. 그러나 번영 복음은 가난에 대한 영원한 해결책을 결코 제공하지 않으며, 영원한 구원에 대한 참된 메시지와 수단으로부터 벗어나게 한다. 이러한 이유로 번영 복음은 거짓된 복음이라고 분명하게 말할 수 있다. 따라서 우리는 균형 잡힌 성경적 기독교와 양립하지 않는 번영에 대한 지나친 가르침을 거부한다.

A. 우리는 교회와 선교지도자들이 번영복음이 많이 보급되고 있는 상황에서는 주의 깊게 살핀 예수 그리스도의 가르침과 본을 가지고 그들의 가르침을 점검하여 볼 것을 긴급히 촉구한다. 각별히 우리 모두는 번영 복음을 지지하는 데 일반적으로 사용되고 있는 성경 본문들을 그들의 온전한 성경적 문맥과 적절한 균형을 참고하면서 해석하고 가르칠 필요가 있다. 빈곤의 상황에서 번영에 대한 가르침이 제시될 때, 우리는 가난한 자들을 위한 정의와 지속적인 변혁을 초래하는 진정한 긍휼과 행동으로, 그

러한 가르침에 대항해야 한다. 무엇보다 우리는 자기 이익과 탐욕을, 그리스도의 참된 제자도의 표지들인 자기희생과 관대한 베풂에 대한 성경적 가르침으로 대체해야 한다. 우리는 더욱 검소한 삶의 방식을 호소하는 로잔의 역사적인 요청을 확증한다.

IIF. 선교의 연합을 위해 그리스도의 몸 안에서 협동하기

바울은 그리스도인의 연합이 우리와 하나님과의 화해, 그리고 이웃 간의 화해에 근거한 하나님의 창조라고 가르친다. 이러한 이중적 화해는 십자가를 통해 성취되었다. 우리가 연합 안에서 살아가고 동반자적 협력 안에서 일할 때, 우리는 십자가의 초자연적이고 반문화적 능력을 드러내게 된다. 그러나 우리가 함께 협력하는 데 실패하여 분리를 보일 때, 우리의 선교와 메시지를 손상시키고 십자가의 능력을 부인하는 것이다.

1. 교회 안에서의 연합

분열된 교회가 분열된 세상에 줄 수 있는 메시지는 없다. 우리가 화해된 연합의 삶을 살지 못하는 것은 선교의 진정성과 효율성을 막는 주요한 장애물이다.

A. 우리는 우리의 교회들과 단체들의 분열과 대립에 대해 애통해한다. 우리는 그리스도인들이 은혜의 영을 함양하며 "평안의 줄로 성령의 하나되게 하시는 모든 일에 힘쓰라."는 바울의 권면에 순종하기를 깊이 그리고 긴급히 열망한다.

B. 우리는 가장 깊이 있는 연합은 영적이라는 것을 인정하지만, 가시적이고 실제적이며 지상적인 연합의 선교적 능력을 더욱 깊이 깨닫게 되기를 열망한다. 따라서 우리는 전 세계 그리스도인 형제자매들이 우리의 공동의 증거와 선교를 위해 그리스도의 몸을 분리하려는 유혹을 거부하고 가능한 한 어디에서든 화해와 회복된 연합의 길을 찾을 것을 촉구한다.

2. 세계 선교에서의 동반자적 협력

선교에서 동반자적 협력은 단지 효율성에 관한 것만이 아니다. 그것은 우리가 함께 주 예수 그리스도께 복종하는 전략적이고 실제적인 작업이다. 우리는 너무도 자주 우리 자신의 정체성(인종, 교파, 신학 등)을 우선시하고 보존하는 방식으로 선교에 참여해 왔고, 오직 한 분이신 우리의 주님이자 주인께 우리의 열정과 사랑을 드리는 데 실패했다. 선교에 있어서 그리스도의 우선성과 중심성은 신앙고백 이상이어야 한다. 그것이 우리의 전략과 실천, 연합을 결정해야 한다.

우리는 대다수의 세계에서 새로 일어나고 있는 선교 운동의 성장과 동력, 그리고 "서구에서 비서구로"라는 낡은 도식이 종결되었음을 기뻐한다. 그러나 우리는 선교적 책임의 배턴이 세계 교회의 한 지역에서 다른 지역으로 넘겨졌다는 생각을 받아들이지 않는다.

과거에 서구세계가 가지고 있던 승리주의(곧, 우월감)를 거부하면서, 바로 같은 사악한 생각을 아시아, 아프리카, 또는 라틴 아메리카에서 한다는 것은 이치에 닿지 않는다.

그 어떤 한 종족, 그룹이나 국가, 또는 대륙이, 자기들만이 선교의 지상명령을 완성하는 특권을 가지고 있다고 주장할 수는 없다. 오직 하나님만이 주권자이시다.

A. 우리는 세계선교에 함께 공헌할 동일한 기회를 갖고 서로를 인정하고 받아들이도록 부르심을 받은, 세계 모든 지역의 교회와 선교 지도자들로서 함께 단결한다. 저들이 우리의 대륙이나 특정 신학, 조직, 친구 집단에 속한 사람들이 아닐 찌라도 그리스도께 순종하는 가운데, 의심과 경쟁과 교만을 내려놓고, 하나님이 들어 쓰시는 저들로부터 기꺼이 배우자.

B. 동반자적 협력은 재정에 관한 것 이상이다. 무분별한 돈의 투입은 때때로 교회를 부패하게 하고 분열시킨다. 교회는 많은 돈을 가진 사람들이 모든 결정권을 갖는다는 원리에 따라 운영하지 않는 것을 결정적으로 분명히 하자. 우리 자신이 선호하는 명칭, 슬로건, 프로그램, 시스템, 방법을 다른 교회에 더 이상 부과하지 말자. 대신에 남과 북, 동과 서의 참된 상호관계를 위하여, 주고받는 상호의존을 위하여, 선교에서의 진정한 우정과 참된 동반자를 특징으로 하는 존중과 존엄성을 위해 일하자.

3. 동반자적 협력 관계에 있는 남자와 여자

성경은 하나님이 자신의 형상을 따라 남자와 여자를 창조했고, 그들에게 땅을 함께 다스릴 지배권을 주셨다고 말한다. 그런데 하나님께 대항해 함께 반역을 도모한 남자와 여자를 통해 죄가 인류의 삶과 역사로 들어왔다. 하나님은 그리스도의 십자가를 통해 남자와 여자에게 똑같이 구원과 용납과 연합을 가져다 주셨다. 오순절에 하나님은 모든 육체에게, 아들과

딸들에게 동일하게 예언의 영을 부어 주셨다. 따라서 여자와 남자는 창조와 죄, 구원과 성령 안에서 동등하다.[주92]

남자건 여자건, 기혼자건 미혼자건 우리 모두는 하나님의 은혜의 청지기로서 다른 이들의 유익을 위해, 그리고 그리스도를 찬양하고 그분께 영광 돌리기 위해 하나님의 은사들을 사용할 책임이 있다. 그러므로 우리 모두는 또한 하나님의 모든 백성들로 하여금 하나님이 교회를 부르신 모든 섬김의 영역에서 하나님이 허락하신 모든 은사들을 수행할 수 있도록 해야 할 책임이 있다.[주93] 우리는 다른 사역을 멸시함으로 성령을 소멸하지 말아야 한다.[주94] 나아가 우리는 그리스도의 몸 안에서의 사역을 우리가 요구하는 지위와 권리로서가 아니라 우리가 섬기도록 부름 받은 하나의 은사요 책임이라고 여긴다.

A. 우리는 로잔의 역사적 입장을 지지한다. "우리는 성령의 은사들이 하나님의 모든 백성들, 남자와 여자에게 주어지며, 복음화를 위한 그들의 동반자적 협력은 공동의 선을 위해 환영받아야 하는 것임을 확증한다."[주95] 우리는 성경 시대부터 현재까지 여자들이 남자와 여자 모두에 대한 사역을 통해 세계 선교에 기여한 거대하고 희생적인 공헌을 인정한다.

B. 우리는 성경에 신실하고 순종하고자 하는 사람들 간에도 상이한 견해들이 있음을 인정한다. 어떤 이들은 여성은 가르치거나 설교해서는 안 된다는 의미로 사도들의 가르침을 해석하거나 또는 여성이 그렇게 할 수는 있으나 남성을 지배하는 유일한 지도자로서가 아니라 남자와 함께 해야 한다고 해석한다.

다른 이들은 여성의 영적 동등성과 신약 교회에서 여성들이 유익한 예언의 은사를 수행하고, 또 그들의 가정에서 교회를 호스트한 것 등은, 지도하고 가르치는 영적 은사가 여성과 남성 모두의 사역 에서 받아들여지고 수행될 수 있음을 암시하는 것이라고 해석한다.[주96] 우리는 이러한 논의들의 다양한 측면을 가진 이들에게 다음과 같은 사항을 요청한다.

  1. 우리가 의견을 달리할 수 있다 하여, 그것이 분열과 파괴적인 언사, 혹은 서로에 대한 불경건한 적대감을 가질 근거는 아니기에, 우리는 논쟁의 이슈들과 관련해 비난하지 않고 서로를 수용할 것을;[주97]
  2. 원 저자들과 현대의 독자들의 상황과 문화를 바로 고려해, 신중하게 성경을 함께 연구할 것을;
  3. 진정한 고통이 있는 곳에서는 긍휼을 보여 주어야 하고, 정직이 결핍되고 불의가 있는 곳에서는 그에 맞서 저항해야 하며, 어떤 형제나 자매 안에 나타난 성령의 분명한 역사를 거부하는 곳에서는 회개해야 함을 인정할 것을;
  4. 권력과 지위를 얻으려고 세속적으로 노력하는 것이 아니라, 예수 그리스도의 종 됨을 반영하는 남녀의 사역에 헌신할 것을 요청한다.

  C. 바울이 권고했듯이[주98], 우리는 교회들에게 선한 것을 가르치고 모범을 보이는 경건한 여성들을 인정하고, 여성들이 교육, 봉사, 리더십, 특히 복음이 불의한 문화적 전통에 도전하는 상황에서 여성들을 위해 더 넓은 기회의 문을 개방할 것을 권면한다. 우리는 여성들이 하나님의 은사를 활용하거나 그들의 삶에 대한 하나님의 부르심을 따르는 것에 방해받지 않기를 열망한다.

4. 신학 교육과 선교

신약 성경은 (사도 바울이 했던) 복음 전도 및 교회 개척 사역과 (디모데와 아볼로가 했던) 교회 양육 사역 사이에는 긴밀한 동반자적 협력 관계가 있음을 보여 주고 있다. 이 두 가지 과제는 예수님이 ("그들에게 세례를 베풀기" 전에) 전도하여 제자를 삼고, "내가 너희에게 분부한 모든 것을 가르쳐 지키게 하라"고 하신 지상명령에 통합되어 있다. 신학 교육은 복음 전도를 넘어 선교의 일부다.[주99]

지상에서의 교회의 선교는 하나님의 선교를 섬기기 위한 것이고, 신학 교육의 선교는 교회의 선교를 강화하며 수반하기 위한 것이다. 신학 교육은 첫째는, 목회자-교사로서 교회를 이끌어가는 이들을 훈련하여, 그들을 신실함과 적실성, 명확성을 가지고 하나님의 말씀의 진리를 가르치도록 구비시키는데 있으며, 둘째는, 모든 문화적 상황에서 하나님의 진리를 이해하고 적실성 있게 소통하는 선교적 과제를 위해 하나님의 모든 백성들을 구비시키는데 있다. "하나님 아는 것을 대적하여 높아진 것을 다 무너뜨리고 모든 생각을 사로잡아 그리스도에게 복종하게" 하듯[주100] 신학 교육은 영적 전쟁에 참여한다.

A. 교회와 선교단체들을 이끄는 우리는 신학교육이 본질적으로 선교적이라는 것을 인정해야한다. 신학 교육을 제공하는 우리는 신학 교육이 의도적으로 선교적임을 명확히 할 필요가 있다. 학문 기관에서 신학 교육의 위치는 그 자체가 목적이 아니라 이 세상 속에서의 교회의 선교를 돕기 위한 것이기 때문이다.

B. 신학교육은 모든 형태의 선교 사역과 동반자적 협력관계에 있다. 우리는 공식적으로나 비공식적 차원에서, 그리고 현지 · 국내 · 지역 · 국제적 차원에서 성경에 충실한 신학 교육을 하는 모든 이들을 격려하고 후원한다.

C. 우리는 신학교육 기관과 신학교육의 프로그램을 작성하는 사람들이 자신들의 교과과정과 조직, 그리고 정신에 대한 '선교적 검증'을 해서, 저들이 진정으로 자신들의 문화에서 교회가 직면한 필요와 기회를 섬기고 있다는 것을 확실히 하기를 촉구한다.

D. 우리는 모든 교회개척자들과 신학교육자들은 성경을 단지 교리적 진술로가 아닌 실제적인 측면에서 동반자적 협력의 중심에 둘 것을 열망한다. 복음전도자들은 자신들의 메시지의 내용과 권위의 최상의 원천으로 성경을 사용해야한다. 신학 교육자들은 성경 연구를, 학문과 실천의 모든 다른 분야들에 통합적이고 영향을 끼치는 기독고 신학의 핵심 훈련으로 다시 중심에 두어야 한다. 무엇보다 신학 교육은, 성경을 전하고 가르치는 주된 책임에 목회자-교사들을 구비시키는 데 기여하여야 한다.[주101]

결론

하나님은 그리스도로 말미암아 세상을 자기와 화목하게 하셨다. 하나님의 영은 케이프타운에서, 그리스도의 교회가 세상을 향한 하나님의 화해케 하시는 사랑의 대사가 되라고 부르셨다. 주 예수 그리스도께서 친히 우리 가운데 거하시고 우리 가운데 걸으셨기에, 하나님은 그리스도의 이름으로 그분의 백성들이 함께 모였을 때 그분의 말씀의 약속을 지키셨

다.[주102]

우리는 주 예수 그리스도의 음성을 듣고자 힘썼다. 그리고 그리스도는 그분의 자비 안에서 성령을 통해 경청하는 자신의 백성들에게 말씀하셨다. 성경 강해와 총회 연설, 그리고 그룹 토의를 통해 나온 수많은 목소리들을 통해 다음의 두 가지 주제가 반복되어 들렸다.

*성숙으로, 그리고 수적인 성장뿐 아니라 질적인 성장으로 이끄는 급진적인 순종의 제자도의 필요성.

*연합으로, 그리고 믿음과 소망 안에서의 성장뿐 아니라 사랑 안에서의 성장으로 이끄는 급진적인 십자가 중심의 화해의 필요성.

제자도와 화해는 우리의 선교에 필수적이다. 우리는 우리의 피상성과 제자도의 결핍이라는 수치, 그리고 분열과 사랑의 결핍이라는 수치를 애통해한다. 이 두 가지는 우리의 복음 증거를 심각하게 훼손하기 때문이다.

우리는 이 두 가지 문제에서 주 예수 그리스도의 음성을 분별한다. 이는 복음서에 기록되었듯이 그리스도께서 가장 안타까운 심정으로 교회에게 주신 말씀 중 두 가지와 일치하기 때문이다. 마태복음에서 예수님은 우리에게, 모든 민족으로 제자를 삼으라는 근원적인 명령을 주셨다. 요한복음에서 예수님은 우리에게, '서로 사랑하라. 그리하여 세상이 우리가 예수님의 제자임을 알도록 하라.' 는 근원적인 방법을 주셨다. 2000년 후 전 세계에서 모인 그분의 백성들에게 예수님이 동일한 말씀을 주실 때 우리는 놀라지 말고 주인의 음성 듣기를 기뻐해야 한다. 제자를 삼으라. 서로 사랑하라.

제자 삼으라

성경적 선교는 그리스도의 이름을 주장하는 사람들이 십자가를 지고 자기를 부인하며, 겸손, 사랑, 정직, 관대함, 그리고 종 됨의 길을 걸으며 그분을 따름으로써 그분과 같이 될 것을 요청한다. 제자도와 제자 삼기에 실패하는 것은 우리의 선교의 가장 기초적인 차원에서 실패하는 것이다. 그분의 교회에 대한 그리스도의 부르심은 우리에게 복음서를 통해 새롭게 다가온다. "와서 나를 따르라.", "가서 제자 삼으라."

서로 사랑하라

예수님은 세 번에 걸쳐 "새 계명을 너희에게 주노니 서로 사랑하라. 내가 너희를 사랑한 것 같이 너희도 서로 사랑하라."라고 반복하셨다.[주103] 예수님은 세 번에 걸쳐 "아버지여, 그들도 다 하나가 되게 하소서."라고 기도하셨다.[주104] 이 명령과 기도는 둘 다 선교적이다. "너희가 서로 사랑하면 이로써 모든 사람이 너희가 내 제자인줄 알리라.", "그들도 다 하나가 되어 우리 안에 있게 하사 세상으로 아버지께서 나를 보내신 것을 믿게 하옵소서." 예수님은 이 점을 강하게 강조하셨다. 이는 더 이상 강하게 강조될 수 없었다.

세계 복음화와 그리스도의 신성의 인정은 우리가 그분께 실제로 순종하느냐, 하지 않느냐에 따라 도움이 될 수도 있고 방해를 받을 수도 있다. 그리스도와 그분의 사도들의 부르심은 "서로 사랑하라"와 "평안의 매는 줄로 성령의 하나 되게 하신 것을 힘써 지키라"는 명령으로 우리에게 새롭게 다가온다.[주105] "우리가 처음부터 들은 소식"에 순종하고자 우리가 새롭게 헌신하는 것은 하나님의 선교를 위해서다.[주106] 그리스도인들이 성령의 능력으로 화해를 이룬 사랑의 하나됨 가운데 살 때, 세상은 예수님을 알게 될 것이고 우리가 그분의 제자인 것을 알게 될 것이며, 그분을 보내신 아버지를 알게 될 것이다.

아버지 하나님과 아들과 성령의 이름으로, 그리고 하나님의 무한하신 자비와 구원하시는 은혜에 대한 믿음의 유일한 기초 위에서, 우리는 성경적 제자도의 개혁과 그리스도를 본받는 사랑의 혁명을 진정으로 열망하며 기도한다.

우리가 사랑하는 주님을 위하여, 그리고 그분의 이름으로 우리가 섬기는 세상을 위하여 우리는 이것을 우리의 기도로 삼고 우리는 이일에 헌신한다.

케이프타운 서약 [미주]

[1] 갈 5:6; 요 14:21; 요일 4:9, 19

[2] 마 22:37-40; 롬 13:8-10; 갈 5:22; 벧전 1:22; 요일 3:14; 4:7-21; 요 13:34-35; 요 1:18 & 요일 4:12; 살전 1:3; 고전 13:8, 13

[3] 신 7:7-9; 호 2:19-20; 11:1; 시 103; 145:9, 13, 17; 갈 2:20; 신 10:12-19

[4] 신 6:4-5; 마 22:37; 레 19: 18, 34; 마 5:43-45; 요 15:12; 엡 4:32; 요 3:16-17

[5] 롬 5:5; 고후 5:14; 계 2:4

[6] 신 4:35, 39; 시 33:6-9; 렘 10:10-12; 신 10:14; 사 40:22-24; 시 33:10-11, 13-15; 시 96:10-13; 시 36:6; 사 45:22

[7] 신 4, 6,

[8] 존 스토트, 로마의 메시지(John Stott, The Message of Romans, The Bible Speaks Today (IVP, 1994) p. 53.

[9] 시 138:2

[10] 요 14:6; 롬 8:14-15; 마 6:9; 요 14:21-23

[11] 신 32:6, 18; 1:31; 8:5; 사 1:2; 말 1:6; 렘 3:4, 19; 31:9; 호 11:1-2; 사 103:13; 사 63:16; 64:8-9

[12] 요 3:16; 요일 3:1; 롬 8:32; 히 9:14; 갈 2:20; 갈 1:4-5

[13] 마 5:9, 16, 43-48; 6:4, 6, 14-15, 18, 25-32; 7:21-23

[14] 요 1:3; 고전 8:4-6; 히 1:2; 골 1:15-17; 시 110:1; 막 14:61-64; 엡 1:20-23; 계 1:5; 3:14; 5:9-10; 롬 2:16; 살후 1:5-10; 고후 5:10; 롬 14:9-12; 마 1:21; 눅 2:30; 행4:12; 15:11; 롬 10:9; 딛 2:13; 히 2:10; 5:9; 7:25; 계 7:10

[15] 눅 6:46; 요일 2:3-6; 마 7:21-23

[16] 마 16:16; 요 20:28; 벧전 1:8; 요일 3:1-3; 행 4:12

[17] 창 1:1-2; 시 104:27-30; 욥 33:4; 출 35:30-36:1; 삿 3:10; 6:34; 13:25; 민 11:16-17, 29; 사 63:11-14; 벧후 1:20-21; 미 3:8; 느 9:20, 30; 슥 7:7-12; 사 11:1-5; 42:1-7; 61:1-3; 32:15-18; 겔 36:25-27; 37:1-14; 욜 2:28-32

[18] 행 2; 갈 5:22-23; 벧전 1:2; 엡 4:3-6; 11-12; 롬 12:3-8; 고전 12:4-11; 고전 14:1; 요 20:21-22; 14:16-17, 25-26; 16:12-15; 롬 8:26-27; 엡 6:10-18; 요 4:23-24; 고전 12:3; 14:13-17; 마 10:17-20; 눅 21:15

[19] 시 119:47, 97; 딤후 3:16-17; 벧후 1:21

[20] 신 30:14; 마 7:21-27; 눅 6:46; 약 1:22-24

[21] 마닐라선언문의 문단 7; 딛 2:9-10

[22] 시 145:9, 13, 17; 시 104:27-30; 시 50:6; 막 16:15; 골 1:23; 마 28:17-20; 합 2:14

[23] 시 24:1; 신 10:14
[24] 골 1:15-20; 히 1:2-3
[25] 행 17:26; 신 32:8; 창 10:31-32; 12:3; 계 7:9-10; 계 21:24-27
[26] 행 10:35; 14:17; 17:27
[27] 시 145:9, 13, 17; 147:7-9; 신 10:17-18
[28] 창 18:19; 출 23:6-9; 신 16:18-20; 욥 29:7-17; 시 72:4, 12-14; 82; 잠 31:4-5,8-9; 렘 22:1-3; 단 4:27
[29] 출 22:21-27; 레 19:33-34; 신 10:18-19; 15:7-11; 사 1:16-17; 58:6-9; 암 5:11-15, 21-24; 시 112; 욥 31:13-23; 잠 14:31; 19:17; 29:7; 마 25:31-46; 눅 14:12-14; 갈 2:10; 고후 8?9; 롬 15:25-27; 딤전 6:17-19; 약 1:27; 2:14-17; 요일 3:16-18
[30] 로잔언약의 문단 5
[31] 레 19:34; 마 5:43-44
[32] 마 5:38-39; 눅 6:27-29; 23:34; 롬 12:17-21; 벧전 3:17-22; 4:12-16
[33] 롬 13:4
[34] 요일 2:15-17
[35] 창 3; 살후 1:9
[36] 막 1:1, 14-15; 롬 1:1-4; 롬 4; 고전 15:3-5; 벧전 2:24; 골 2:15; 히 2:14-15; 엡 2:14-18; 골 1:20; 고후 5:19
[37] 롬 4; 빌 3:1-11; 롬 5:1-2; 8:1-4; 엡 1:3-14; 골 1:13-14; 벧전 1:3; 갈 3:26?4:7; 엡 2:19-22; 요 20:30-31; 요일 5:12-13; 롬 8:31-39
[38] 롬 1:16
[39] 갈 5:6
[40] 엡 2:10
[41] 약 2:17
[42] 딛 2:11-14
[43] 롬 15:18-19; 16:19; 고후 9:13
[44] 롬 1:5; 16:26
[45] 창15:16; 히 11:8; 창 22:15-18; 약 2:20-24
[46] 롬 8:4
[47] 요 14:21
[48] 요일 2:3
[49] 살전 2:13-14; 요일 4:11; 엡 5:2; 살전 1:3; 4:9-10; 요 13:35
[50] 요 13:34-35; 17:21
[51] 히 13:1-3; 고전 12:26; 계 1:9
[52] 계 3:17-20

[53] 엡 1:9-10; 골 1:20; 창 1?12; 계 21?22
[54] 로잔언약의 문단 4, 5.
[55] 통전적 선교에 관한 미가선언문(The Micah Declaration on Integral Mission)
[56] 살전 1:3
[57] 엡 2:10
[58] 골 3:23
[59] 1981년, 유엔총회 전 의장이었던 찰스 말릭(Charles H. Malik)은 "대학의 비평"이라는 제목의 파스칼 강연에서 다음과 같이 주장했다. "대학은 세상을 움직이는 명확한 지점이다. 교회가 할 수 있는 것들 중, 대학생들을 그리스도에게 인도하는 것 보다 더 큰 섬김과 복음적인 운동은 없다. 무엇보다 효율적인 수단으로 대학을 변화시킬 수만 있다면, 세상은 변화될 것이다."
[60] 엡 1:10; 2:1-16; 3:6; 갈 3:6-8. (케이프타운 서역 IIF, '선교의 일치를 위한 그리스도의 몸 안에서의 동반자적 협력하기'를 참조하라.)
[61] 엡 2:11-22; 롬 3:23; 롬 10:12-13; 엡 2:18
[62] 신 32:8; 행 17:26
[63] 계 7:9; 21:3, 계 21:3 본문에는 "그들은 그의 백성'들'이 될 것이다"라고 복수로 표현하고 있다.
[64] 행 4:32-37; 갈 2:9-10; 롬 15:23-29; 고후 8?9
[65] 고후 5:16
[66] 요 9:1-3
[67] 마닐라선언문의 문단 12
[68] 벧전 3:15-16. 행 19:37과 비교하라.
[69] 고후 12:9-10; 4:7-10
[70] 마닐라선언문의 문단 12
[71] 고후 2:15
[72] 행 11:20-24
[73] 행 15:19
[74] 롬 14:1-3
[75] 창 50:20
[76] 레 19:33-34; 신 24:17; 룻 2; 욥 29:16; 마 25:35-36; 눅 10:25-37; 14:12-14; 롬 12:13; 히 13:2-3; 벧전 4:9
[77] 렘 29:7
[78] 렘 29:7; 벧전 2:13-17; 딤전 2:1-2; 롬 13:1-7; 출 1:15-21; 단 6; 행 3:19-20; 5:29
[79] 엡 4:11-12
[80] 딤전 3:1-13; 딛 1:6-9; 벧전 5:1-3

[81] 막 9:33-37

[82] 다양하게 번역되지만 다음의 본문들은 모두 "걷는다"라는 동사를 사용하고 있다. 엡 2:2; 2:10; 4:1; 4:17; 5:2; 5:8; 5:15

[83] 엡 4:17-32

[84] 엡 5:1-7

[85] 엡 5:31; 2:15

[86] 엡 5:15?6:9

[87] 엡 5:8-9

[88] 엡 5:9

[89] 대상 29:17

[90] 엡 5:5

[91] 로잔 신학위원회가 소집한 아프리카 신학자들이 내놓은 '아크로퐁 선언: 번영신학 비판'의 전문(The Akropong Statement: A critique of the Prosperity Gospel)을 참조하라. www.lausanne.org/akropong

[92] 창 1:26-28; 창 3; 행 2:17-18; 갈 3:28; 벧전 3:7

[93] 롬 12:4-8; 고전 12:4-11; 엡 4:7-16; 벧전 4:10-11

[94] 살전 5:19-21; 딤전 4:11-14

[95] 마닐라선언문의 14항

[96] 딤전 2:12; 고전 14:33-35; 딛 2:3-5; 행 18:26; 21:9; 롬 16:1-5, 7; 빌 4:2-3; 골 4:15; 고전 11:5; 14:3-5

[97] 롬 14:1-13

[98] 딛 2:3-5

[99] 골 1:28-29; 행 19:8-10; 20:20, 27; 고전 3:5-9

[100] 고후 10:4-5

[101] 딤후 2:2; 4:1-2; 딤전 3:2b; 4:11-14; 딛 1:9; 2:1

[102] 레 26:11-12; 마 18:20; 28:20

[103] 요 13:34; 15:12; 17

[104] 요 17:21-23

[105] 엡 4:1-6; 골 3:12-14; 살전 4:9-10; 벧전 1:22; 요일 3:11-14; 4:7-21

[106] 요일 3:11

세계복음화를 위한
로잔운동의 역사와 신학

· 2013년 11월 11일 초판 1쇄 인쇄
· 2024년 03월 15일 초판 1쇄 발행
· **지 은 이** ǀ 조 종 남
· **발 행 인** ǀ 김 수 곤
· **발 행 처** ǀ 도서출판 선교횃불(ccm2u)
· **전   화** ǀ 02-2203-2739
· **팩   스** ǀ 02-2203-2738
· **등 록 일** ǀ 1999년 9월 21일 제54호
· **등 록 처** ǀ 서울시 송파구 백제고분로 27길(삼전동)
· **이 메 일** ǀ ccm2you@gmail.com
· **홈페이지** ǀ www.ccm2u.com

ⓒ 도서출판 선교횃불

* 파본은 교환해 드립니다.
* 이 출판물은 저작권법의 보호를 받는 저작물이므로
  무단전재와 무단복제를 금합니다.